湖北省社会科学基金项目

中国广告监管制度研究

RESEARCH OF THE ADVERTISING REGULATION SYSTEM IN CHINA

廖秉宜 著

人民出版社

目　　录

第一章 导　　论

广告产业是国家文化产业的主导性产业之一,广告产业的健康发展与产业竞争力的提升对于推动国家文化产业战略实施,更好地服务国家经济和社会发展战略目标的实现具有重大意义。广告市场是社会子系统的重要构成,广告监管创新也是国家社会管理创新战略的重要内容。广告监管制度的完善可以规范广告市场行为,服务国家社会管理创新战略,促进广告市场与经济社会和谐发展。本章重点探讨国家社会管理创新战略下我国广告监管制度优化的紧迫性与重要意义,系统梳理和评析国内外相关研究成果,构建本书的研究框架、研究思路与研究方法。

第一节　研究缘起

一、问题的提出

1. 社会管理创新作为国家战略

党的十六大以来,党中央高度重视和谐社会建设工作,强调要加强社会管理创新。2004 年 6 月,党的十六届四中全会提出要"加强社会建设和管理,推进社会管理体制创新"。2006 年 10 月,党的十六届六中全会通过的《关于构建社会主义和谐社会若干重大问题的决定》提出:"加强社会管理,维护社会稳定,是构建社会主义和谐社会的必然要求。必须创新社会管理体制,整合社会管理资源,提高社会管理水平"。2007 年 10 月,党的十七大报告进一步强调:"要健全党委领导、政府负责、社会协同、公众参与的社会管理格局,健全基层社会管理体制"。2009 年 12 月,中共中央政治局常委会议审议同意关于深入推进社会管理创新等"三项重点工作"的意见。2011 年 2 月,中共中央举办省部级主要领导干部社会管理及其创新专题研讨班,这是全面把握国内外形势、从党和国家事业发展全局出发作出的重要决策。2011 年 5 月,中共中央专门召开会议,研究加强和创新社会管理工作,并于同年 7 月下发了《关于加强和创新社会管理的意见》。2012 年 11 月,党的十八大报告指出:"要围绕构建中国特色社会主义管理体系,加快形成党委领导、政府负责、社会协同、公众参与、法治保障的社会管理体制"。社会管理创新已经成为党和国家发展战略的重要构成。2014 年 10 月,党的十八届四中全会审议通过了《中共中央关于全面推进依法治国若干重大问题的决定》,提出要"坚持法治国家、法治政府、法治社会一体建设,实现科学立法、严格执法、公正司法、全民守法,促进国家治理体系和治理能力现代化。"

关于社会管理的概念,国内学界通常认为有广义和狭义之分,广义的社会管理是指整个社会的管理,即包括政治子系统、经济子系统、思想文化子系统和社会生活子系统在内的整个社会大系统的管理。狭义的社会管理,主要是指与政治、经济、思想文化各子系统并列的社会子系统或者社会生活子系统的管理。① 本书研究所指称的社会管理是狭义的社会子系统管理的概念。现代社会管理既是政府向社会提供公共服务并依法对有关社会事务进行规范和调节的过程,也是社会自我服务并且依据法律和道德进行自我规范和调节的过程。社会管理分为政府社会管理与社会自主管理两个组成部分。②

社会管理创新具有以下四大特点:(1)系统性。社会管理的主体分为政治组织(政府)、经济组织(企业)、社会组织、公民,因而社会管理创新必然包括政治组织、经济组织、社会组织以及公民参与社会管理在内的系统创新。(2)协同性。党和政府所强调的社会管理新格局,除了"党委领导、政府负责"的国家主导层面的因素之外,还突出了"社会协同、公众参与、法治保障",强调的是国家与社会之间的对话、沟通与协商,其基本目标就是要建构国家与社

---

① 郑杭生主编:《中国社会发展研究报告 2006——走向更讲治理的社会:社会建设与社会管理》,北京:中国人民大学出版社 2006 年版,第 2 页。
② 李培林:《创新社会管理是我国改革的新任务》,《人民日报》2011 年 2 月 22 日。

会之间的协同发展格局。社会管理创新体现为各个子系统的协同创新,从而更好地发挥政府行政管理与社会组织自我管理的职能。(3)层次性。即政府在社会管理中居于主导地位。中国的社会管理创新不仅不应该否定政府的主导性作用,而且还需要强化其对社会组织发展的支持、引导和规范的主导性功能,并同时实现国家与社会之间的协同发展,建构起一种良性的社会秩序。①由于中国社会管理的多元主体发展还不成熟,尤其是社会组织提供公共产品和服务的能力尚不完善,因此,在社会管理主体由一元向多元转变的过程中政府应该起到引导作用。②(4)动态性。社会管理不是静态的,而是一个动态的过程。社会管理的手段不仅有行政手段,还有法治、道德观念、规章制度等手段。社会管理的对象是管人和事,即规范人们的行为,管理社会的公共事务。

当前,我国的社会管理存在以下突出问题:从政府社会管理层面来看,政府职能转变不到位,突出表现为政府职能的"越位"与"缺位";政府的社会管理手段还比较单一,主要采用行政性手段和强制性手段解决社会问题,轻视法制规范和道德管理;政府的某些部门以及工作人员在实际工作中利用手中的职权与民争利,成为直接的利益相关者;重政府的行政管理,轻社会协同的作用;在管理的环节上,往往重事后处理,轻源头治理。从社会组织管理层面来看,当前我国社会组织发育还不是很成熟,政府和社会组织对其功能认识不足,没有把社会组织真正纳入经济社会发展总体布局;社会组织法规体系尚不健全,立法层次较低,政策环境不完备;业务主管部门和民政部门双重社会组织管理体制与社会组织发展不相适应;部分社会组织行政色彩严重,没有很好地在社会管理中发挥应有的作用。③从公民参与社会管理层面来看,当前我国公民缺乏社会管理的意识、动力和途径,原因固然有多方面,但是制度的缺失无疑是公民参与社会管理的最大障碍。社会管理创新已经成为当前中国政

① 唐文玉:《当前中国社会管理创新向何处去?——基于国家与社会关系的分析视角》,《思想战线》2012年第1期,第40—41页。
② 马平:《借鉴西方社会管理经验,推动中国社会管理创新》,《管理世界》2011年第9期,第16页。
③ 向春玲:《论多种社会主体在社会管理创新中的作用》,《中共中央党校学报》2011年第5期,第90页。

治、经济和社会发展的核心话语。

面对日益复杂的社会矛盾和日益繁重的社会管理任务,仅靠党和政府的力量已远远不够,必须是政府、社会组织、社会成员广泛参与。针对我国当前在社会管理领域存在的核心问题,首先,必须切实转变政府职能,由经济主体型和投资型政府向公共服务型政府转变,由单一的运用行政性手段和强制性手段向综合运用行政、司法和社会组织管理手段转变;其次,需要高度重视社会组织的协同作用,加大培育社会组织的力度,创新社会组织管理模式,充分发挥社会组织服务社会、规范行为、表达诉求、社会监督的职能,同时完善相关法律法规,规范社会组织的行为,加强社会组织的自我建设和人才队伍建设,提高自身服务社会的能力和公信力;最后,要鼓励公民参与社会管理,"在社会管理中,社会成员既是社会管理的对象,又是社会管理的主体,他们对社会公共事务有知情权、参与权、监督权。公民参与是实现公民权利的基本途径,可以有效防止公共权力的滥用,使公共政策更加科学和民主,从而,促进社会生活的和谐与安定"。① 由此可见,提高社会管理的协同度和公众参与度,调动一切积极因素参与社会管理,提升政府、社会组织和公众社会管理的效能和水平,成为当前我国社会管理创新的重点。

2. 广告市场亟须创新社会管理

在国家产业政策和市场模式的作用下,2014 年中国广告业营业额持续保持增长态势。根据国家工商行政管理总局发布的数据,2014 年中国广告经营额再创新高,达到 5605.60 亿元,比上一年增长 11.67%,占全国 GDP 的比重为 0.88%。广告经营单位和从业人员继续增加,全国有广告经营单位 543690户,比 2013 年增长了 22.08%,广告从业人员达到 2717939 人,比 2013 年增加了 3.66%。② 近年来,中国广告产业获得了快速的发展,对国民经济的直接贡献率大幅度提升。

中国广告产业的快速发展与国家广告产业政策有着重大关联。2008年,国家工商行政管理总局发布《关于促进广告业发展的指导意见》,这是

---

① 俞可平:《公民参与的几个理论问题》,《学习时报》2006 年 12 月 18 日。
② 转引自张军、薛妍妍:《2014 年中国广告业统计数据分析报告:2014 年中国广告经营额达到 5600 亿》,《现代广告》2015 年第 7 期,第 20 页。

继 1993 年发布《关于加快广告业发展的规划纲要》之后又一个指导广告产业发展的重要政策性文件。2009 年,国务院常务会议审议通过《文化产业振兴规划》,第一次将广告业纳入国家重点文化产业予以政策扶持。2011年,国家发展和改革委员会发布《产业结构调整指导目录(2011 年本)》,把"广告创意、广告策划、广告设计、广告制作"列为鼓励类产业,这是广告业首次进入国家鼓励类产业目录。2012 年,国家工商行政管理总局印发了《关于推进广告战略实施的意见》、《广告产业发展"十二五"规划》、《国家广告产业园区认定和管理暂行办法》等指导广告产业发展的重要政策文件。中国广告经营额、广告经营单位和广告从业人员近年来的快速增长,也是对国家广告产业政策的积极回应,广告业已经成为新增劳动力就业的重要行业。

同时,随着中国广告市场规模的扩大,以及广告经营单位和从业人员的增多,广告市场存在的问题也日益凸显,尤其表现为虚假违法广告数量的增多。2013 年,国家工商行政管理总局查处违法广告案件 44103 件;在违法广告中,虚假广告为 12885 件,非法经营广告为 7795 件,占了所有案件的近一半。在治理虚假违法广告的过程中,责令停止发布广告 15295 件、停业整顿 124 户、吊销执照 61 户,甚至有 7 个案件中的 22 人在 2013 年被移送司法机关。被处罚的虚假广告中户外广告有 3355 件,网络广告有 2896 件,传统媒体广告有2592 件,印刷品广告有 2070 件。可见,当前我国户外广告和网络广告中的虚假广告问题尤为突出,传统媒体中的虚假广告也不容忽视。在违法广告类别上,房地产类以 4297 件居首,医疗服务(4098 件)、药品(3664 件)、食品(3376件)、家用电器(1195 件)、商场销售(1192 件)紧随其后。可见,房地产、医疗服务、药品和食品广告问题依然突出,工商行政管理部门亟待提高监管力度和监管水平。① 随着互联网广告行业的快速发展,在网络广告的设计、制作、发布等方面均存在不同程度的监管缺失,网络广告监管制度建设问题亟须提上议事日程。

---

① 国家工商行政管理总局:《2013 年中国广告业统计数据报告:2013 年中国广告经营额突破 5000 亿》,《现代广告》2014 年第 5 期,第 31 页。

社会管理是对包括广告市场在内的各个社会子系统的管理。当前我国在社会管理领域存在的问题,在广告行业也表现得十分突出。近年来,我国违法广告数量居高不下,究其深层原因,在于我国广告监管制度目前还不完善,不能适应广告业快速发展的需要。

从政府广告行政监管角度来看,主要存在以下问题:(1)监管主观性强、随意性强导致的高社会成本和低效率。主要表现在政策的频频出台,以及部分领导凭主观意识干预广告的监督管理,即"以权代法"、"以情代法"的现象。(2)多头管理引发的相互推诿,出现政府管理的缺位或越位现象。广告行政监管的缺位表现为行业管理不到位、执法机关执法不到位、法律法规不到位等。由于广告监管涉及工商行政管理部门、药品食品监督管理部门、卫生行政管理部门、新闻出版广播电视管理部门等多个政府行政部门,各个不同利益部门之间缺乏制度性的沟通机制,导致实际监管过程中相互推诿、监管缺位或越位。(3)广告监管条块分割,导致各主体部门之间执法艰难。省级以下的工商行政管理机关既接受上级工商行政管理部门的领导,又接受各地政府的领导,整个广告监管体系呈现出一种双重领导下的条块分割局势。在这种错综复杂的关系里,一旦出现问题,由于涉及各个地方的经济利益,各广告监管部门常常无所适从,要么"睁一只眼、闭一只眼",要么陷入各利益集团的相互扯皮之中,执法行为步履艰难。

从广告行业组织社会管理角度来看,主要存在以下问题:(1)体制性障碍导致广告行业自律组织监管缺位。由于体制的影响,广告行业自律组织发育先天不足,广告市场中介机构严重缺乏,政府行政管理长期以来承担了过多广告监管责任,甚至替代了广告行业自律。这导致了广告监管依赖于单一的政府行政监管,严重地阻碍了行业自律组织和功能的发育,最终导致了广告行业自律的"缺位"。(2)权威的外生性导致广告行业自律组织缺乏组织威信。中国广告协会和各地广告协会带有浓厚的行政色彩和官办色彩,受国家工商行政管理总局和地方工商行政管理部门直接领导,广告协会组织成为政府部门的职能延伸,成为实质上的"类政府组织"。有着浓厚行政色彩的广告协会,由于其组织机构和人事任免都是由工商行政管理部门决定,往往会造成广告协会的领导"对上不对下",无法真正反映广告企业的诉求、真正维护广告行业的利益,从而使得广告行业自律组织缺乏内生性的组织威信。

从广告行业社会监督角度来看,主要存在以下问题:(1)社会监督主体的参与度不高。消费者协会、新闻媒介和公民个人构成广告社会监督的三大主体,无论是消费者的维权,还是新闻媒介的打假,主要以商品和服务为对象,广告监督所占的比例很小;此外,公民个人由于不知晓广告监督权如何行使以及无法专业地识别违法广告,因而参与度目前也不高。(2)广告社会监督机制没有建立。表现在广告社会监督缺乏明确的责任组织和工作程序,同时缺乏与行政监管、司法管理、行业自律的协同创新管理机制。

针对我国广告市场监管中存在的诸多问题,当前迫切需要创新社会管理体制机制,通过广告监管体系建设与规制政策优化,来实现对我国广告市场的科学管理,保障消费者的合法权益,维护正常的广告市场秩序,为中国广告产业健康发展创造良好的市场环境。

二、研究的意义

1. 开展中国广告监管制度研究,可以从学理上丰富广告规制理论与实践的内容

我国关于广告监管的研究主要集中于以下几个方面:广告法律法规的缺失与修订问题、广告伦理失范与行业自律问题、广告的社会责任问题、广告审查机制的问题、虚假广告的规制问题、特殊商品广告的规制问题、特殊形式广告的规制问题、特殊性质广告的规制问题等。研究成果大都侧重于从广告监管的某个微观层面展开研究,对于完善我国广告监管体制机制具有重要价值,然而却无法从宏观层面回答中国广告监管所面临的问题。如果说广告监管微观层面重在修补,那么广告监管制度宏观层面的研究则是对广告监管的重构,它不仅强调广告监管机构和广告审查机构、广告行业协会、社会团体和消费者组织等各个子系统的体制机制创新,而且强调广告监管体系的协同创新。本书综合运用社会管理创新理论、市场规制理论、信息经济学和博弈论理论的研究范式,从广告监管体系建设与规制政策优化的宏观层面,解析中国广告监管制度存在的问题,并提出解决方案,将有助于从理论层面深化对广告规制的研究,丰富广告规制理论与实践的内容。

2. 开展中国广告监管制度研究,是推进国家社会管理创新战略实施的需要

社会管理创新战略已经成为国家发展战略的重要构成。广告市场是社会子系统的组成部分,广告监管创新是社会管理创新战略的重要内容。社会管理创新的理论与实践成果可以为广告监管创新提供重要的理论资源和实践资源;反过来,广告监管创新也可以有力地推进国家社会管理创新战略的实施,其理论和实践研究成果对于丰富社会管理创新理论具有重要价值。广告监管制度建设中关于广告审查的制度安排与制度创新、广告法律法规体系的合理化构建、广告自律组织体制机制创新、广告社会监督机制的建立与完善、广告素养教育的理念与实践探索、基于产业发展的广告监管与自律,是社会管理创新理论在广告监管制度创新中的具体运用,对于发挥政府主导职能以及行业协会和社会组织协同创新功能,调动公众广泛积极参与广告社会监督,规范广告市场行为,促进广告产业科学发展具有重要意义。

3. 开展中国广告监管制度研究,可以为政府制定广告规制政策、规范广告市场行为和引导广告产业发展提供决策咨询

中国广告产业的健康发展,一方面需要广告市场主体增强法律意识和道德意识,切实维护公平公正的市场竞争环境,另一方面更需要政府制定科学的广告规制政策对广告市场活动进行规范和指导。我国广告监管制度长期表现为重行政监管,轻行业自律和社会监督,其直接后果就是广告行政监管成本高,广告监管绩效低,违法广告发生概率高而发现概率小,最终导致虚假违法广告现象时有发生,损害政府形象、产业形象和公众利益。广告监管体系建设与规制政策优化研究成果从宏观层面审视我国广告监管制度存在的核心问题,并提出具体对策,可以为我国政府制定广告规制政策提供决策咨询。政府从宏观层面推进广告监管体制改革和机制创新,可以避免广告法律法规的随意性与相互冲突,提高政府广告监管的权威性与科学性。

4. 开展中国广告监管制度研究,对于指导我国广告协会体制机制创新,完善广告社会监督体系以及推进广告素养教育实施具有重要价值

狭义上的广告监管只是广告行政管理机关和有关国家机关对广告的监管。广义上的广告监管,指的是广告行政管理机关和有关国家机关、广告行业

协会以及社会团体、监督组织依照广告法和相关法律、行政法规和自律规则等规范性文件的规定,对广告行业和广告活动实施的监督、管理、协调与控制活动。本书研究采取广义的广告监管概念,从广告监管制度建设的视角,构建了广告审查制度创新、广告法律法规体系创新、广告自律组织体制机制创新、广告社会监督机制创新、广告素养教育创新、基于产业发展的广告监管创新的系统框架。本书的学术观点对于完善我国广告监管体制机制,发挥广告协会自律监督和广告社会监督职能,提升广告从业人员和公众广告素养,增强广告市场主体诚信经营的自觉性,规范广告市场行为,具有重要价值。

第二节　国内外相关文献述评

一、国内相关文献述评

1. 关于广告监管体制的研究

国内关于广告监管体制的研究主要集中在两个层面:一是政府主导型广告监管体制研究,二是广告监管方式创新研究。

关于政府主导型广告监管体制的研究,重点分析政府主导型广告监管体制形成的原因、特点、影响以及对策等。范志国、殷国华认为,从各国的广告监管实践看,主要有自律主导型和政府主导型两种模式。自律主导型广告监管模式以美国、日本等国家为代表,即以行业自律为主,通过加强由广告业各方共同组建的非营利的行业自律审查机构的作用,规范广告市场竞争秩序,确保公正的市场竞争,同时辅以国家法律、行政监管、消费者及社会团体和舆论的监督,形成较为完善的广告监管模式。政府主导广告型模式以中国和法国为代表,即以国家的法律和行政监管为主,以自律和社会监督为辅。这种监管模式包括事前监管、事中监管、事后补救三种方式。在政府主导型监管中,尽管也强调行业自律和社会监督,但其自律仅是促使行业遵守法律法规。① 政府主导型广告监管体制是基于我国现实的必然选择。张金海认为,我国实行的

---

① 范志国、殷国华:《构建中国广告监管长效机制》,《广告人》2011 年第 9 期,第 117 页。

是政府主导型广告监管体制,即以政府监督管理为主、以广告行业自律为辅、以社会监督为补充的广告监督管理体制。尽管这种监管体制在实际运行中存在着某些问题,却是我国现实状况下的必然选择。其主要原因在于:我国目前正处于经济转型时期,市场经济发育不健全,需要政府发挥引导和规范的作用;广告本身具有外部性及信息不对称的特征,必须依靠政府的干预进行监管;我国广告业超速发展引发了一系列问题,只有政府才能对其进行规制;我国其他监管力量薄弱,更要发挥政府的主导作用。① 但是,政府主导型广告监管体制也暴露出一些深层问题,引起学界的广泛关注,这些问题集中表现为:(1)多头管理引发政府管理的缺位或越位现象。在广告监管实践中经常发现,由于行业及商品类别的复杂性,商业广告的监管涉及不同的政府部门,也就形成了“各部门齐抓共管”的现象。由于各部门的利益不同,在监管过程中容易出现“条块分割”、“责任不清”、“问责制度不健全”等问题,在一些领域常常出现监管的“空白”。近年来,经常可以看到由各部门参加的“运动式”的集中清理(例如,对化妆品广告的整治),这种非常态的、非长效的监管手段,暴露出监管过程中的不足。(2)广告审查“双轨制”的制度性缺陷。周茂君认为,我国现行的广告审查制度由两部分组成:一是由相关行业的行政主管部门对“利用广播、电影、电视、报纸、期刊以及其他媒介发布药品、医疗器械、农药、兽药等商品广告”进行审查;二是除上述四种特殊商品广告之外的其他商品或服务广告,则由广告经营者和广告发布者负责“审查”。广告审查的这种“双轨”制从 1995 年《广告法》正式施行后就形成了,它存在“制度性缺陷”、“独立性缺乏与随意性泛滥”、“广告审查标准过于笼统、抽象”和“广告审查结果的法律责任追究机制欠缺”等弊端,已经被实践证明不符合中国国情和广告管理实际。② (3)广告监管中行业协会自律职能的缺位。徐卫华认为,在建立市场经济的过程中,特别是在我国广告业高速发展的背景下,我国“政府主导型”监管体制也出现了一些现实问题,如监管主观性、随意性强导致高社会成本和低效率,多头管理引发政府管理的缺位或越位现象,以及广告监管条块

---

① 张金海:《我国广告监管体制的合理性建构》,《现代广告》2006 年夏季学术刊。
② 周茂君:《建立我国“行业类型”广告审查制度构想》,《武汉大学学报(哲学社会科学版)》2011 年第 6 期,第 166 页。

分割导致各主管部门之间执法艰难等。但从结构角度来说,我国现行广告监管体制高度依赖政府,造成广告监管体制中政府成为事实上的唯一主体,广告行业组织则实际"缺位"。① 针对中国广告监管体制存在的问题,学者们主张构建中国广告监管的长效机制,完善政府主导型广告监管体制,完善广告法律法规体系,构建广告自律审查机构及其机制,发挥新闻媒体舆论监督和消费者组织和个人监督的作用。

关于广告监管方式创新的研究,重点分析广告监管方式中存在的突出问题,提出了具体对策。例如,针对目前我国没有建立起全国性的广告监管信息系统,异地之间的广告监管信息无法互通,导致投机的违法、违规广告行为屡次发生,得不到全国范围的有效控制的现状,胡仁春提出建立全国统一的广告监管信息系统的构想。② 为了提高广告监管的效率,有学者提出建立广告信用档案、实行分级管理的建议。例如,江云苏认为可以在全程监管的基础上,建立广告信用档案。信用档案由经营准入、经营行为和退出行为三方面的信用指标构成,是评价广告经营单位信用程度的有力证据,推行信用分类监管。根据广告经营单位信用指标所反映的信用状况,制定"广告经营单位信用评价等级标准"并实施分类监管。③ 上述研究成果比较富有创见性,对于完善我国广告监管体制、提升广告监管绩效具有重要的应用价值。

2. 关于虚假广告治理机制的研究

关于虚假广告治理机制的研究主要从两个方面展开:一是对虚假广告的成因、危害和治理对策的研究,二是对重点行业虚假广告治理机制的研究。

对虚假广告的成因、危害和治理对策的研究。研究者从不同角度分析了虚假广告产生的原因并提出了相应对策。于林洋从法经济学角度对虚假广告泛滥的根源作了深入分析,认为从法经济学意义上讲,虚假广告是经营者利益博弈的结果,利益驱动是虚假广告泛滥的经济动力,违法成本低则为虚假广告

---

① 徐卫华:《论我国"政府主导型"广告监管体制》,《湖南大众传媒职业技术学院学报》2006年第4期,第38页。

② 胡仁春:《建立全国广告监管信息系统的构想》,《新闻传播》2007年第2期的,第36页。

③ 江云苏:《构建广告信用监管体系浅思》,《工商行政管理》2004年第4期,第9页。

泛滥提供了条件。现行司法救济不足、行政监管不力、监管体制不完善、消费者自身问题等因素直接或间接降低了虚假广告的违法成本。规制虚假广告的有效方法是提高虚假广告的违法成本。① 应飞虎也从法律视角分析了虚假广告治理不力的原因、虚假广告治理中的基本问题、对目前虚假广告治理相关策略的评价,并提出了完善虚假广告治理机制的对策,认为应该从违法者、潜在违法者、消费者、执法机构等方面进行制度的构建和完善,具体的治理对策应该基于如何确定最佳的法律责任、如何应对执法资源短缺、如何提供充分有效信息等问题而展开。② 其对虚假广告治理机制的研究比较深入而且具有代表性。此外,郑净方分析了虚假广告的表现与危害,指出虚假广告的成因主要有:利益驱使,消费者处于弱势,缺乏自我保护意识;监管力度不够;法律法规不完善。并提出对于虚假广告应综合治理,构建一个多维的治理机制,即建立信息强制披露制度、增强消费者权益自我保护意识、加强监管力度、强化广告媒体自律、完善广告法律法规。③ 国内学者关于虚假广告治理机制的研究大都主张从多维视角予以建构,也有学者从行业自律和加强媒体广告刊播监管的角度提出了具体的对策建议,具有重要的启示价值。丁汉青从博弈论视角对虚假广告的经济动因进行了深入分析,并从英国广告行业自律角度审视解决中国虚假广告问题的可能途径,提出中国广告行业自律体系的有效运转需要解决以下问题:一是媒体把关广告的激励机制,二是对违反行业准则的广告主的威慑力,三是广告行业自律机构的独立性。④ 郭平、李洪帅认为,虚假广告泛滥的原因及其事实说明,由行政主导的、以打击广告主为首要对象的广告治理模式,不仅成本大而且成效差。以消费者为主体、以媒体为监督对象、以预防为主的虚假广告治理模式比现行广告治理模式有无可比拟的优势。应引入惩罚性赔偿制度惩治媒体刊登虚假广告。引入惩罚性赔偿制度会形成双重激励机制,一方面给媒体以守法激励,另一方面给消费者私人执法激励,会从

---

① 于林洋:《虚假广告泛滥根源的法经济学解释》,《经济问题探索》2007 年第 7 期,第 76—78 页。

② 应飞虎:《对虚假广告治理的法律分析》,《法学》2007 年第 3 期,第 81—90 页。

③ 郑净方:《虚假广告治理的多维策略》,《中国工商管理研究》2005 年第 5 期,第 65—67 页。

④ 丁汉青:《虚假广告的经济动因及治理办法》,《新闻与写作》2007 年第 10 期,第 24—25 页。

根本上遏制虚假广告。① 张如成认为应建立健全对媒体发布广告的监管机制,规范媒体发布广告的行为,加强媒体的自律,从传播渠道上对虚假违法广告实施封堵,因此,他主张建立广告监测网络和公示制度,建立健全大众媒体刊播广告的审查管理制度,加强立法和执法,把责任追究和处罚落到实处,提高依法经营意识、加强媒体自律,完善举报奖励制度,发挥社会监督作用。②

对特殊行业虚假广告治理机制的研究,主要涉及虚假医疗广告、虚假药品广告、虚假医疗器械广告等。杜国清、黄升民、徐冉从广告传播的角度分析了我国药品广告存在的问题及对策,指出当前我国药品广告突出问题集中表现为宣传产品的广告仍为主要形式,塑造品牌形象意识薄弱,广告传播内容单一、创意表现雷同,媒体组合策略单一、投入产出比较低,虚假、违法广告大量存在,公众对药品广告的认同度较低,并提出了具体的对策建议。③ 林如辉分析了我国药品广告的现状,指出我国药品广告存在不科学表示功效的断言和保证、产品功能主治的宣传超出批准的内容、非药品宣传药品功效等问题,认为应在理顺监管体制、提高药品广告制作和发布准入门槛、加强法制建设、加大打击力度等方面加强管理。④ 针对虚假医疗广告的泛滥问题,2005 年"两会"期间,政协委员傅民魁等三十余人呼吁整治医疗广告。随后卫生部常务副部长高强在参加医卫界政协委员联组讨论会时表示,我国将全面取消医疗广告,并表示相关方案正拟上报国务院批准。针对国内对医疗广告的错误认识及做法,黄合水指出,商品社会广告不可缺少,只要医疗行业,继续走市场化道路,医疗广告就有存在的必要。广告作为医疗市场信息传播的工具,只是医疗市场种种问题的最终表现形式,却并非根本原因,以取消广告来整顿医疗市场是治标不治本的做法,忽略了虚假医疗广告产生的深层原因:医疗广告信息

---

① 郭平、李洪帅:《虚假广告治理:把媒体作为首要监管对象》,《广东行政学院学报》2008 年第 2 期,第 62—66 页。

② 张如成:《对大众媒体治理虚假违法广告的思考》,《新闻界》2006 年第 6 期,第 112 页。

③ 杜国清、黄升民、徐冉:《中国药品广告传播存在的问题及对策研究》,《中国药事》2011 年第 1 期,第 39—42 页。

④ 林如辉:《违法药品广告的现状及监管措施初探》,《中国药事》2008 年第 9 期,第 745 页。

的特殊性和信息传播渠道的不健全;市场化运作与巨额利润的驱动;法律法规的不健全与行政执法不力。他认为将医疗市场问题罪魁祸首的帽子扣在广告头上并一棍子打死,实在是粗暴武断的做法;简单地取消医疗广告并不能解决一切现存问题,反而会引发一系列新的问题。①

3. 关于广告法律法规的研究

国内学者关于广告法律法规的研究,主要从广告法律法规存在的问题角度提出具体修订建议,或从广告法律法规体系构建或具体的某个方面展开。

一是从广告法律法规体系构建的角度展开研究。吴予敏经过对北京、上海、广州、深圳等地广告管理部门的重点调研,认为国家现行广告法律、法规和行政管理办法需要根据市场经济体制改革的深化进一步修订和完善,并提出了八点建议:其一,需要通过法律形式建立并保护归属清晰、责权明确的广告行业的现代产权制度;其二,需要将广告内容和社会效果监管目标与促进广告业迅速而健康地发展的目标结合起来;其三,需要公平地保障消费者、广告经营者和广告主三方的合法权益;其四,需要从偏重广告内容审查和行政处罚的法规导向转变为注重广告市场规范化管理的法规导向;其五,需要通过制定相对稳定的法律法规,引导中国广告市场走向统一、开放和有序竞争;其六,需要按照国际通行的广告市场管理规则,推动中国广告市场的国际化,提高中国广告行业的国际竞争力;其七,需要增强广告经营者和广告主的信用意识,形成以职业道德为支撑、以产权为基础、以法律为保障的广告从业信用制度,建立政府监管、社会监督、行业自律三位一体的广告监管体系;其八,需要将广告业作为文化产业的重要组成部分,发挥广告在精神文明建设中的积极作用。②针对1995年实施的《中华人民共和国广告法》(以下简称《广告法》,存在的问题,陈培爱、林升梁分析了十大问题及对策,具体涉及内容:完善《广告法》立法宗旨;《广告法》在语言文字应用条款上的缺憾;关于《广告法》第18条规定

---

① 黄合水:《医药广告——医疗市场痼疾的始作俑者?》,《广告大观(综合版)》2005年第6期,第39—41页。

② 吴予敏:《中国广告法规体系亟待改革完善》,《广告大观(综合版)》2005年第11期,第150—151页。

的考察;关于《广告法》第 30 条规定的问题及对策;儿童广告规则模糊;网络广告和比较广告的几点问题;把"形象大使"纳入《广告法》调整范畴;广告审查制度缺少可操作性;广告行业协会的地位尚未明确。① 张翔认为《广告法》的修订,应该处理好在经济快速发展过程中的意识变革与广告监管的关系,这样才能真正符合行业发展和经济发展的要求。他认为提升广告监管效果,应该对广告法律法规进行系统调整、修订和完善,而不能仅仅局限于一部《广告法》的修订;提升广告监管效果,应该正确处理好广告法律与行政法规的关系;提升广告监管效果,应该正确界定广告行政规章的效力;提升广告监管效果,应对广告管理中的行政审批进行精简和改革;提升广告监管效果,应该正确看待广告法律法规滞后的现象,完善行业自律机制,维护诚实信用原则。② 陈柳裕以《广告法》中的"广告"为视角展开分析和论证,同时评判现行广告法制之各种制度设计的功能和价值。通过对《广告法》中的"广告"诸要素的分析,以及对《广告法》所列举之违法商业广告的类型化梳理,提出要从《广告法》与《消费者权益保护法》的关系看《广告法》之完善,从《广告法》与《反不正当竞争法》的关系看《广告法》之完善。③ 王军分析了我国广告失范现象、广告监管体制和具体的广告监管制度,提出了《广告法》修订建议:一是规范明星代言问题,二是加大新媒体广告监管力度,三是规范植入式广告。④ 阮卫分析了美国广告法规对我国《广告法》修订的启示,指出建立一个被赋予适当权利和明确职责的权威管理机构,在维护消费者利益、促进行业稳步发展的基点上制定明细的法规条款,激励诚实守法者,重惩恶意违法者,应是我们努力的方向。⑤

　　二是从广告法律法规的某个方面谈《广告法》修订问题,如关于比较广

----

① 陈培爱、林升梁:《〈广告法〉十大问题及对策》,《广告大观(综合版)》2006 年第 6 期,第 41—43 页。

② 张翔:《系统看待〈广告法〉的修订——兼谈意识变革与广告监管的关系》,《广告大观(综合版)》2006 年第 6 期,第 44—45 页。

③ 陈柳裕:《〈广告法〉上的"广告"——兼论〈广告法〉之修改和完善》,《商业经济与管理》2007 年第 10 期,第 74—79 页。

④ 王军:《广告治理和监管的法规政策研究》,《中国广播电视学刊》2011 年第 12 期,第 73—75 页。

⑤ 阮卫:《美国广告法规对我国〈广告法〉修订的启示》,《新闻界》2008 年第 6 期,第 178 页。

告、荐证者责任、更正广告、公益广告、误导广告、违法广告的媒体规制等。吕
蓉分析了我国比较广告的现状、比较广告应把握的原则,提出了比较广告监管
的建议,主张明确允许比较广告的存在,制定关于比较广告的专门、系统的法
律规范,加强对相关出证机构的管理,严禁误导性比较广告。① 药恩情分析了
我国规制广告荐证者的立法现状、我国广告荐证行为立法之检讨、完善我国广
告荐证责任制度等问题。指出广告荐证者包括团体荐证者与自然人荐证者,
广告荐证者应当为虚假广告侵权行为承担民事责任,并为此承担相应的行政
责任,同时广告荐证者应当承担比广告主较轻的刑事责任。② 杨景越、杨同庆
认为公益广告应该纳入我国《广告法》之中,同时明确公益广告的概念和主体
构成,明确公益广告的主管机关。③ 范志国认为在对《广告法》进行修改与调
整的过程中,应当充分考虑《广告法》与相关法律,如《反不正当竞争法》《著作
权法》《商标法》《消费者权益保护法》等法律的协调;在修改和调整《广告法》
时,导入"误导广告"及"可能造成误导的广告"概念,进一步完善《广告法》的
概念体系,对于切实保护消费者的合法权益、创造公平的竞争环境、构建和谐
社会具有重要意义。④ 李明伟认为"更正广告"是广告监管部门针对虚假违法
广告的一种行政处罚措施,在美国、澳大利亚等国家经常被使用。我国的《广
告法》虽然也有规定,却极少使用,而且在程序、形式、力度等方面都与西方
国家有很大不同。鉴于中国公众和广告监管机关对更正广告的认识程度以
及中国广告监管的实际需要,作者着力分析更正广告的法理依据和功能优
势。⑤ 药恩情等对媒体广告违法行为的法律规制进行了深入的分析,认为
媒体广告违法行为的泛滥严重影响了我国的广告市场秩序。为了维护广告
市场秩序,作者从立法角度对媒体广告违法行为的原因和对策进行分析,认
为立法不完善是广告违法行为发生的重要原因。广告立法的不完善表现

① 吕蓉:《关于比较广告有关问题的思考》,《工商行政管理》2003 年第 13 期,第 48—49 页。
② 药恩情:《广告荐证者的法律责任》,《长春理工大学学报(社会科学版)》2011 年第 3
期,第 27—29 页。
③ 杨景越、杨同庆:《广告法增加公益广告规定的建议》,《广告人》2009 年第 11 期,第
143—144 页。
④ 范志国:《日本广告监管给我们的启示》,《广告人》2008 年第 1 期,第 83 页。
⑤ 李明伟:《"更正广告"的法理研究》,《国际新闻界》2009 年第 5 期,第 111 页。

在:广告法律规范之间存在比较严重的内部冲突,发布违法广告的法律责任过轻,广告诉讼制度不完善。在分析原因的基础上,提出了完善广告立法的对策,即进行广告法典编纂,完善广告法民事责任制度,完善行政法律制度和建立代表诉讼制度。①

4. 关于广告自律与广告伦理的研究

国内学者关于广告自律与广告伦理的研究集中在两个方面:一是对中外广告行业自律组织机制的研究,二是广告社会责任与伦理规范的研究。

关于中外广告行业自律组织机制的研究主要从两个方面展开。一是关于国外广告行业自律组织机制的研究。范志国、殷国华分析了日本广告监管的三层构造、日本广告审查机构(JARO)在广告监管中的重要作用、公正竞争规约在广告监管中的意义、日本广告自律机制对我国的启示,指出我国构建广告自律审查机构的意义。② 周建明分析了日本的广告自律与他律,指出日本的广告管理由自律与他律构成,主要有三个层次,即行业自律控制、行政指导、法律法规调整。三个层次相互衔接,环环相扣,形成了一个完整的控制链,有效地保护了消费者的合法权益。③ 罗健分析了美国广告行业自律体系、运作机制及其主要的广告自律准则,并分析了美国广告自律体系的特点,即广告主具有较强的社会责任意识、企业之间的相互监督是实现广告监督的重要途径、广告相关行业组织的地位与权威得到尊重、跨行业协同形成有效公正的广告自律。④ 钱婕分析了加拿大儿童电视广告自律体系,指出目前加拿大的儿童广告自律体系由三部分组成,即事先防范——自律准则的颁布与实施;事后追惩——投诉平台的建立与应用;公众教育——健康生活方式的倡导与媒介素养的提升。钱婕的研究成果对完善我国儿童电视广告自律体系具有重要借鉴意义。二是关于中国广告行业协会组织机制的研究。刘林清分析了广告行业

---

① 药恩情、赵婷、胡爱花:《论媒体广告违法行为的法律规制》,《中北大学学报(社会科学版)》2009 年第 3 期,第 1—5 页。

② 范志国、殷国华:《日本广告自律机制给我们的启示》,《中国广告》2010 年第 5 期,第122—124 页。

③ 周建明:《日本的广告自律与他律》,《国际新闻界》2005 年第 4 期,第 62 页。

④ 罗健:《美国广告行业自律体系运作及特点》,《商场现代化》2008 年 12 月(上旬刊),第33—34 页。

自律的内容与形式、广告行业自律的作用,并提出了加强广告行业自律的措施:广告从业人员自觉遵守行业自律规范;强化广告协会的自身建设,充分发挥广告协会的作用;政府给予帮助和支持;建立保障广告行业自律的法律规范。① 程士安分析了中国广告行业协会的重要职能以及实践探索与发展的方向,指出广告行业协会为组织内成员提供特定的服务是其首要的功能,广告行业协会需要开展行业成员之间的信息沟通与交流,促进协调与发展,同时促进行业内外的利益关联者之间互惠互利的合作,并发挥行业规范与自律职能等。② 陈刚等针对中国广告行业协会层面的变化,指出在短期内,中国广告业协会代表中国广告业整体利益和形象的位置是不可能也不应该被动摇的。中国广告业协会本来应该是广告业联合会,之下有代表广告业各个部分的各种行业协会,而广告业联合会应该是各个行业协会的联合协调机构。但目前的状况较为特殊,在一段时间内,将会保持多家协会并存的局面,而且不排除新的广告行业协会出现的可能。行业协会之间需要竞争,在竞争中每一个协会都有压力而不断地提高自己,但另一方面更需要合作,遇到广告业的大问题,每一个协会都可以利用自己的资源和影响力,从不同的角度和各个层面来代表行业进行沟通,形成合力。一些地方广告协会的转制已经成功,但全面转制肯定需要一个过程,而且不能一刀切。虽然政府的支持是必要的,但在这个阶段,任何行业协会都必须尽快地摆脱过渡阶段的依赖性,把依托行政的威慑力形成的影响力转化成通过服务获得的行业认同和信赖。③ 倪嵋认为广告行业协会只有拥有了独立的法律地位和法定职权,才能真正承担起行业服务、自律、代表、协调的基本职能。作者提出了关于确立广告行业协会独立地位的立法建议和关于广告行业协会改革的构想。④

关于广告社会责任与伦理规范的研究。杨海军认为广告伦理是广告业健

① 刘林清:《论广告行业自律》,《中国工商管理研究》2001 年第 7 期,第 25—27 页。

② 程士安:《中国广告行业协会在实践中探索与发展》,《广告大观(综合版)》2007 年第 8 期,第 32—33 页。

③ 陈刚、季尚尚:《微妙地前行——谈中国广告行业协会层面的变化》,《广告大观(综合版)》2007 年第 8 期,第 27—29 页。

④ 倪嵋:《关于确立广告协会为行业协会的独立法律地位的研究暨广告协会改革设想》,《中国广告》2009 年第 10 期,第 66—70 页。

康、持续、有效发展的保障,而广告伦理的沦丧和缺位导致了问题广告的滥觞、严重制约了广告业的发展愿景。广告"势能理论"揭示了广告伦理失范的根本原因,而"广告转移"理论则探讨了广告伦理失范的扩散机制。广告伦理的重构面临着新的发展机遇,其构建的过程也是一个复合的多元过程。作者指出"整合营销传播""公益广告与公关广告""新广告运动""绿色广告传播""广告素养教育"与"广告场"六个命题不仅是一个递进式发展过程,同时由于中国广告市场传播的复杂性,它们交互影响,共同构成"广告文明"塑造的重要通路。① 陈正辉从虚假广告、恶俗广告、名人广告、歧视广告和强迫广告等方面梳理了广告社会责任缺失的主要表现,分析了造成广告社会责任缺失的主要原因,从法制建设、行业自律、消费者觉悟以及人文关怀等方面,提出了中国广告社会责任重塑的具体措施。②

5. 关于广告市场活动监管的研究

广告市场活动监管的研究具体包括两个层面:一是从产业发展的视角审视广告监管问题,二是从具体行业发展的角度研究广告监管与行业发展的关系。

首先,从产业发展的视角审视广告监管问题。丁俊杰指出,长期以来,我国广告监管的重点放在市场主体资格和广告内容方面:广告公司够不够资格,媒体具不具备资格,内容违不违法、有没有色情、说没说"第一"等,但对市场主体行为监管的重要性还认识不足。至于零代理、互相撬客户、比价、恶性竞争、挖人才等问题,我国的监管认识更是不够,这方面要着重加强改进。不正当竞争、市场垄断、代理制有名无实,这些问题非常严重,说明我国对广告行为的监管力度不够。③ 杨同庆认为广告经营者和广告发布者的广告经营活动规范主要分为两个方面:一是市场准入规范;二是具体广告市场经营行为规范。对广告市场经营主体行为实施经常性的监督管理,是我国广告监督管理机关的日常工作。在广告市场监督管理的过程中,广告监管部门的重点工作是通过资格审查,严把广告市场准入关;通过日常监测,严把广告发布关;通过执法

---

① 杨海军:《广告伦理与广告文明缔构》,《新闻与传播研究》2007年第3期,第15—21页。
② 陈正辉:《广告社会责任的缺失和重塑》,《广告研究》2010年第6期,第88—94页。
③ 丁俊杰:《WTO与广告监管(下)》,《广告导报》2003年第1期,第75页。

监督,严把广告行为规范关。广告监管机关对广告主在广告市场中广告行为的监督管理,重点体现在对广告主经营资格、经营范围、提供广告证明及不正当竞争行为的查处等方面。① 王瑞龙分析了广告活动中不正当竞争行为的认定、广告活动中不正当竞争行为的表现、广告活动中不正当竞争行为的原因、广告活动中不正当竞争行为的控制。他指出一是要推行广告代理制,把控制欺骗性广告、比较广告等一些不正当竞争行为的主要责任交给广告经营者;二是健全广告法律制度;三是加大执法力度;四是提高广告活动主体的自律水准。② 还有学者关注到市场环境和传播环境变化对广告市场活动监管的新挑战。陈刚认为中国的市场环境和传播环境呈现出全新的特色,全球范围广告业的巨变、加入 WTO 后日益激烈的全球化竞争,使得中国的广告管理面临新的挑战。作者指出需要针对广告业的新变化,采取相应的措施,加强广告管理。比如,广告公司集团化,媒介购买公司以及媒介投资公司的迅速扩张,以及与之相关的跨国广告集团对本土广告公司的并购与挤压、广告代理制的名存实亡和新的广告交易制度的逐渐形成等。对这些新的问题,广告管理部门应该进行深入研究,采取有效措施进行管理。③ 廖秉宜分析了欧美媒介购买公司强势扩张对中国传媒业和广告业的深层影响,具体表现为:跨国媒介购买公司将客户资源整合起来集中采买媒介,增强与媒体谈判议价的砝码,这种"以量定价"的方式无疑会大大压缩媒体的利润空间;跨国媒介购买公司庞大的媒介购买量和年媒介购买额,以及对广告公司、广告主媒介选择的决定性影响,对中国中小媒体的发展构成极大的威胁;跨国媒介购买公司参与媒介节目内容的制作,影响媒体的未来发展;同时跨国媒介购买公司发展挤压广告公司的利润空间;跨国媒介购买公司积极开发本土新客户,开源"截"流,对本土广告公司发展极为不利。作者主张引导和扶持媒介集团组建媒介广告公司,并发展为提供全媒体代理的整合传播公司;鼓励本土广告公司组建媒介购买公司,进而发展成为专业的整合营销传播集团;通过建立媒介集团与本土广告代

① 杨同庆:《广告市场经营活动规范》,《城市党报研究》2005 年第 5 期,第 60—62 页。
② 王瑞龙:《广告活动中不正当竞争行为的表现与控制》,《中南民族学院学报(哲学社会科学版)》1996 年第 5 期,第 29—33 页。
③ 陈刚:《中国广告管理的四个问题》,《广告大观(综合版)》2005 年第 5 期,第 147 页。

理业的战略联盟,提升产业竞争优势。①

近年来,国内学界和业界就户外广告拍卖与户外广告市场治理问题展开热烈的讨论。针对不少城市采用行政手段拆除户外广告,以公共资源名义重新规划的问题,黄升民认为:第一,户外广告牵涉公共环境,把它视为公共资源并没有错误,问题是户外广告的建造和经营有其历史过程,在社会主义市场经济的时代背景之下,我们必须尊重产权拥有者和经营者的合法权益,不应采用简单粗暴"一刀切"的行政手段处理问题;第二,既然是公共资源,充分的民主讨论协商是非常有必要的,一个街区乃至一个城市要不要户外广告,如何建立户外广告,应该有市民听证会,应该征询各方意见,建造和拆除都应该有共识,而不是由个别人的好恶所决定;第三,在充分协商议论的基础之上,应该为户外广告的建造和拆除建立相应的条例或者法规,让经营者、监督者、规划者有章可循、有法可依,以促进户外广告的健康发展。②

此外,以网络广告为代表的新媒体广告监管研究、植入式广告监管研究、电视直销广告监管研究、手机媒体广告监管研究等也成为近年来国内广告学界研究的热点课题。

综观国内学界关于广告监管的研究,既有宏观层面的广告监管体制研究,也有微观层面如《广告法》修订等方面的研究;既有国外广告监管案例的分析,也有中国广告监管问题及对策的思考;既有对广告内容形式的法律法规研究,也有对广告市场活动的规范管理研究等。这些研究成果对于完善我国广告监管体制机制具有重要的理论价值与实践意义。然而,目前关于广告监管领域的研究也存在一些严重不足:一是从国内学界广告监管的研究文献来看,微观层面的研究成果比较多,而宏观层面的研究成果则比较少,缺少从宏观层面研究广告监管制度建设问题。我国广告法律法规的频繁出台,一方面反映了我国广告市场的快速变化与发展,另一方面也反映出我国广告监管理论研究的滞后性。当前我国广告学界亟须从宏观层面构建广告监管制度的科学体

① 廖秉宜:《欧美媒介购买公司的发展、影响及对策分析》,《新闻与传播研究》2011年第3期,第85—89页。
② 黄升民:《户外广告告急》,《广告大观(综合版)》2005年第11期,第29页。

系,创新广告监管方式,从而有效指导我国广告监管的实践,避免"头疼医头,脚疼医脚"。二是尽管"以行政监管为主,行业自律和社会监督为辅"的广告监管体制得到学界和业界较大程度的认可,然而在如何实现政府行政职能转换、如何改革行业协会体制机制、如何发挥社会监督的作用、如何实现三者的协同创新等方面还有待深入研究。从现有的文献来看,关于广告社会监督机制创新与广告素养教育创新推广等方面的研究成果还比较少。三是重视广告内容和形式监管的研究,而基于产业发展的广告市场监管创新方面的研究文献非常少。广告监管的目的一方面是规范市场行为,维护公平公正的市场环境,另一方面是促进广告业健康发展,推动广告业更好地服务国家经济建设和社会发展的战略目标。本书立足于从宏观角度研究广告监管制度优化问题,运用社会管理创新理论、市场规制理论、信息经济学和博弈论理论等,深入研究广告审查的制度安排与制度创新、广告法律法规体系的合理化构建、广告行业自律组织体制机制创新、广告社会监督机制的建立与完善、广告素养教育的理念与实践探索、基于产业发展的广告市场监管与自律,力求构建广告监管制度的协同创新模式,具有一定的理论价值与实践创新意义。

二、国外相关文献述评

笔者分别以广告监管(Advertising Regulation)和广告自律(Advertising Self-regulation)为关键词,利用美国社会科学引文索引(SSCI)和艺术与人文引文索引(A&HCI)数据库,对国外的相关文献进行了检索。通过数量的统计发现,从研究的行业类别来看,食品广告、药品广告、烟草广告、酒类广告、医疗广告是国外学术界关注的重要领域。在食品广告监管研究文献中,儿童食品广告监管问题成为探讨的重点议题之一。同时,国外学者近年来尤其关注新媒体广告监管与自律的重要性。随着互联网广告的快速发展,互联网广告监管与自律问题也成为国外广告学术界关注的重要领域,尤其是网络虚假广告以及网络药品广告、医疗广告、医疗器械广告和生物制剂广告监管,更成为研究热点。保险广告监管、超市广告监管、汽车广告监管、政治广告监管、性别歧视广告监管、兽医广告监管、银行信贷广告监管、户外广告监管的研究文献数量虽然不是很多,但也反映出在不同时期这些领域的广告监管问题比较突出,引起国外广告学术界的关注。

　　关于广告监管的宏观研究主要涉及以下内容：广告监管的政治经济学分析、广告监管与经济福利研究、广告监管的作用与产品质量研究、传播模式与广告监管研究、美国广告监管与反托拉斯政策的发展研究、美国联邦政府对虚假陈述和欺骗性电视示范的广告监管、虚假广告监管研究、美国联邦政府广告监管重点的变化、消费者保护与广告监管、全球化背景下的消费主义运动与广告监管、美国广告自律委员会（ASRC）、在广告审查过程中政府监管的作用、从广告监管政策限制看美国广告监管改革，此外还包括新西兰广告监管、德国广告监管，以及中国大陆、香港特区和台湾地区政府广告监管比较研究等。从国外广告监管研究文献可以看出，西方学者开始运用经济学、政治经济学、信息经济学理论开展广告监管问题研究。例如，马克·罗（Marc T.Law）和泽伊内普·汉森（Zeynep K.Hansen）从政治经济学的角度分析了广告监管的起源和效果，指出广告监管之所以必需，是因为它建立起一种机制，而通过这种机制，企业可以提高广告的可信度。① 保罗·鲁宾（Paul H.Rubin）从信息经济学视角分析了通过广告进行商业欺诈的成因及对策，指出欺骗就是操纵信息以获取某种优势。作者提出以下主要观点：一是关于商品价格的真实信息不应被政府管理部门限制；二是虚假广告对信任品的伤害最大，因而政府广告监管对这些信任品最有用；三是认为广告最好是由专门化的政府部门来监管；四是广告监管必须限制虚假的陈述。文章最后提出了虚假广告的治理对策以及负面信息的强制披露和补救政策措施等。② 关于广告监管的研究涉及诸多领域，尤其值得关注的是国外学者对消费者保护与广告监管的研究、全球化背景下消费者主义运动与广告监管的研究，这体现出国外广告学界对广告监管的研究视角开始转向消费者，对于中国广告监管研究的深入具有重要的借鉴意义。

　　西方发达国家的广告自律体系比较完善，国外关于广告自律的宏观研究

---

　　① Hansen Z K, Law M T., "The Political Economy of Truth-in-Advertising Regulation during the Progressive Era", *Journal of Law & Economics*, 51(2), 2008, pp.251-269.

　　② Rubin P H, "Regulation of Information and Advertising", *Competition Policy International*, 4(1), 2008, pp.169-192.

文献主要集中在美国和英国广告自律机制比较研究、美国全国广告处(NAD)/国家广告审查局(NARB)广告自律审查研究、法国广告审查局(BVP)的广告自律审查、瑞典消费者申诉制度与广告自律、澳大利亚的广告自律审查、巴西的广告自律、广告自律的真正目的与局限、虚假广告与广告自律的局限等。综观国外关于广告自律研究的文献成果,学者们充分肯定了广告自律的重要性,并对美国、英国、法国、瑞典、澳大利亚、巴西等国的广告自律机制进行了深入研究,但同时也意识到广告自律的局限性,主张政府广告监管的必要性。在广告自律体系非常发达的西方国家,对政府的广告监管,学者们也表现出浓烈的研究兴趣。西方发达国家有着高度完善的广告自律体系,政府广告监管作为广告自律强有力的后盾,可以极大地提高广告自律审查机构的权威性和执行力,对我国广告监管制度建设具有重要的启示价值。

关于广告法律法规管理的研究主要涉及美国联邦贸易委员会(Federal Trade Commission,简称FTC)和食品药品管理局(Food and Drug Administration,简称FDA)的广告法律法规管理。在美国的广告监管体系中,FTC和FDA是最重要的广告监管机关。FTC是通过FTC法以及相关法规(如联邦贸易例行规章、贸易规制及规则等)来维护自由竞争的机构。联邦贸易例行规章推进了各行业的自律规则,具有保护消费者的性质,是FTC规制的重点,其规制的尺度就是贸易规制及规则。FDA主要负责对食品、药品、化妆品广告的监管,并于1938年颁布了《食品·药品·化妆品法》。国外研究文献关于FTC和FDA广告法律法规监管的内容主要包括:FTC的广告法律法规监管,FTC的减肥广告法规监管,FTC的虚假广告法规监管,基于消费者利益的FTC广告法规监管,FTC的药品广告、食品广告和化妆品广告法规监管,FDA关于直接针对消费者的处方药广告法规监管,FDA的食品和药品广告法规监管等。

西方发达国家广告业发展比较早,广告监管体系相对比较成熟和完善,广告监管与自律方面的研究成果比较多。综观国外广告监管与自律方面的学术成果,主要呈现出以下特点:一是高度重视精细化研究,如国外广告学术界高度重视对医药广告、食品广告(包括儿童食品广告)、烟草广告、酒类广告、医疗广告监管的研究,为行业广告法律法规的完善提供具体对策及建议;二是高度重视前沿性问题的研究,如国外学术界近年来针对网络广告监管展开的研究,对于规范网络广告市场具有重要意义;三是高度重视政府广告监管的研究,如国外学术界关于政府广告监管的研究文献明显多于广告自律的研究文献。西方学者关于广告监管的研究取向,与西方发达的广告产业与完善的广告监管体系密切相关。

我国广告业起步较晚,广告监管制度体系还很不完善。对于中国广告学术界而言,有两个重要的研究取向:一是精细化研究取向,如特殊行业广告监管研究、特殊形式广告监管研究、特殊性质广告监管研究、广告违法行为的法律责任研究、国外广告法规与监管研究等;二是宏观研究取向,如从宏观层面审视我国广告监管体制改革与广告监管体系的科学化建构。从学术研究与行业发展的角度来看,两种研究取向相互交织,共同推动我国广告监管研究与广告监管事业的发展。综观国内广告监管方面的研究成果,精细化研究成果居多,宏观研究成果较少;在宏观层面的研究成果中,阐释性研究成果居多,批评建构性研究成果较少,不利于我国广告监管事业的科学发展。本书从宏观层面审视我国广告监管制度存在的问题,力求建构科学合理的广告监管制度体系,以此回应中国广告监管的现实问题,这也是本书研究的价值所在。

第三节　研究框架、研究内容与研究方法

一、研究框架

广告监管制度建设是国家社会管理创新战略的重要构成,在国家经济发展战略背景下,广告产业的经济价值和社会文化价值正日益凸显。然而,由于广告市场信息不对称导致的机会主义和道德风险也随之加剧,广告监管制度优化问题已经成为当前我国广告产业健康发展的重要议题。社会管理创新的理论范式与研究框架为广告监管制度创新研究提供了重要的理论资源和分析框架。本书的研究框架如图 1.1 所示。

二、研究内容

本书共分为九章,各章节既存在逻辑上的联系,同时又自成一体。

```
                    ┌─────────────────────────────┐
                    │      中国广告监管制度研究      │
                    └─────────────────────────────┘
```

国家发展战略框架下的广告产业	信息不对称与广告市场道德风险	广告审查的制度安排与制度创新	广告法律法规体系的合理化构建	广告行业自律组织体制机制创新	广告社会监督机制的建立与完善	广告素养教育的理念与实践探索	基于产业发展的广告监管与自律

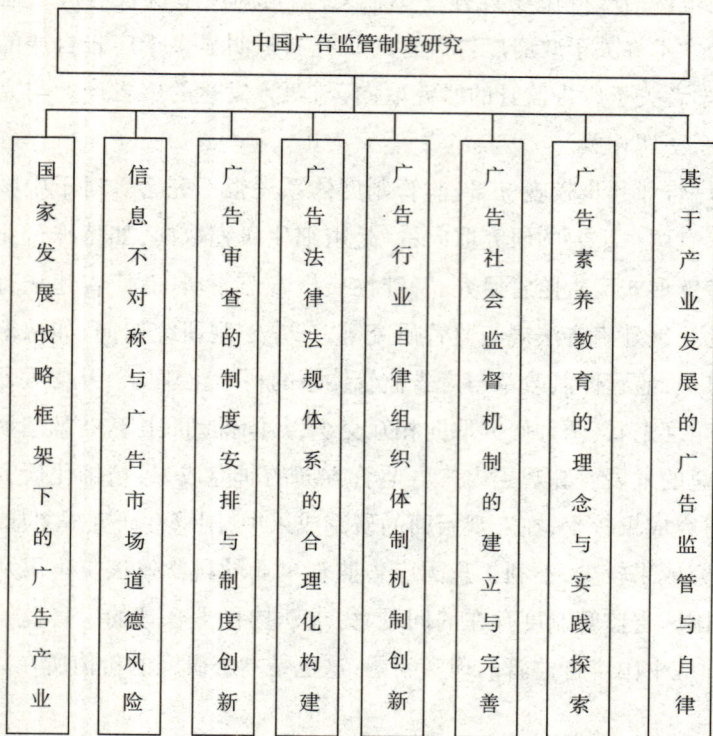

图 1.1 本书的研究框架

第一章：导论。该章重点阐述国家社会管理创新战略背景下中国广告市场的现状与广告监管制度优化的理论价值与实践意义,系统梳理和评述国内外相关研究文献的价值与不足,构建本书研究框架、研究思路和研究方法。

第二章：国家发展战略框架下的广告产业。该章重点分析广告产业与国家文化产业战略、经济发展方式转型战略和企业"走出去"战略之间的高度关联性,深度解析广告产业的经济价值和社会文化价值。本书认为经济价值是广告的核心价值,社会文化价值是广告的衍生功能,但影响现代社会文化的建构,广告社会文化功能的张大及其负外部性问题的凸显,亟须优化广告监管体系与规制政策。

第三章：信息不对称与广告市场道德风险。该章重点研究虚假违法广告的发生机制及其社会危害,指出广告本质上是一种信息传播工具,旨在消除消费者与企业之间的信息不对称,但是由于经济利益的驱使与媒体的工具性限制,以及广告诱导性功能的不断扩张,广告又在不断加剧市场的信息不对称,这是一对悖论。在广告市场上,广告主、广告媒体、广告公司、广告受众之间均存在信息不对称,信息优势方可能会利用自己的信息优势,产生机会主义倾向,并做出"败德行为",如制作和发布虚假违法广告、误导性广告和有悖社会伦理道德的广告。违法广告监管制度体系不健全、违法风险小和违法成本过低,无疑会增加违法广告发生的概率。广告市场的规范化发展有利于营造公平公正的市场竞争环境,维护企业和消费者的合法权益,推动广告业健康发展。

第四章:广告审查的制度安排与制度优化。该章重点研究广告审查机构与广告市场主体之间的博弈模式,深入解析发达国家广告审查制度的类型及特点,同时分析了中国广告审查的制度变迁及其存在的制度缺陷,在此基础上,提出中国广告审查制度优化的路径。

第五章:广告法律法规体系的合理化构建。该章重点分析发达国家广告法律法规体系及其特点、中国现行广告法律法规体系及其存在的问题,在对国内外广告法律法规进行比较研究的基础上,提出中国广告法律法规体系构建与完善的思路。

第六章:广告行业自律组织体制机制优化。该章重点研究广告伦理道德与广告行业自律之间的关系,分析中国广告行业自律组织现状及存在的体制性问题,并提出中国广告行业自律组织体制机制优化的对策。

第七章:广告社会监督机制的建立与完善。该章重点研究广告社会监督的类型与意义以及中国广告社会监督机制的特点及其存在的问题,进而提出中国广告社会监督机制建立与完善的策略。

第八章:广告素养教育的理念与实践探索。该章重点研究广告素养教育的内涵及其意义,指出广告素养教育的核心就是提高广告从业人员和一般公众正确认知广告、理性评价广告和正确使用广告的意识和能力,广告素养教育的实施对于促进广告市场的规范化运作、提升广告行业的整体形象、促进广告产业可持续发展具有重大而深远的意义。同时深入分析了广告素养教育的对象和内容以及广告素养教育的困境,并提出了具体对策。

　　第九章：基于产业发展的广告监管与自律。本章重点阐述广告监管与中国广告产业发展阶段、广告产业国际竞争力提升的重大关联，并从广告市场规范的角度深入审视中国广告产业面临的核心问题，由此提出中国广告市场监管创新的对策。

　　结语阐述了中国广告监管的制度安排必然是基于国家利益、市场利益和公众利益的多重因素的考量，并寻求三者利益的统一。

三、研究方法

1. 唯物辩证法

　　唯物辩证法是一种研究自然、社会、历史和思维的哲学方法，也是进行科学研究的基础。本书坚持以马克思主义为指导，坚持马克思主义唯物辩证法和唯物史观，坚持唯物辩证法的普遍联系观和发展观。唯物辩证法用普遍联系和发展的观点看待世界和历史，认为世界是一个有机的整体，认为世界上的一切事物都处于相互影响、相互作用、相互制约之中，反对以片面或孤立的观点看问题；发展是指事物由简单到复杂、由低级到高级的变化趋势，一个事物的发展往往是一个"不平衡→平衡→新的不平衡→新的平衡"的波浪式前进、循环往复式上升的过程。本书运用唯物辩证法的普遍联系观和发展观，对我国广告监管制度的历史特点与发展演变、内在联系与运行机制及存在的问题作了深入分析，在对广告监管规律性认识与分析的基础上，提出广告监管制度构建与优化的策略。

2. 文献研究法

　　本书所涉及的文献主要有两部分：一是国内外关于广告监管与广告伦理研究的文献成果。这些成果集中探讨了广告监管的若干问题，从而构成了本书开展研究的基础性文献。二是国内外广告法律法规政策和广告伦理规范文件等资料性文献。作者搜集了国内外大量的相关资料性文献，对于开展本课题的研究提供了丰富的史料基础。例如，本书中关于广告审查的规范性文件、国内外广告法律法规、国内外广告自律规范等的研究，大都采用了文献研究法，相关学术观点的提出也是建立在对国内外大量文献资料进行综合分析的基础上。

3. 比较研究法

比较研究法是指依据一定的标准,对两个或两个以上有联系的事物进行考察,寻找其异同,探求普遍规律与特殊规律的方法。按时空的区别,比较研究法可分为横向比较与纵向比较。横向比较就是对空间上同时并存的事物的既定形态进行比较。纵向比较即时间上的比较,就是比较同一事物在不同时期的形态,从而认识事物的发展变化的过程,揭示事物的发展规律。本书运用比较研究法,通过对不同国家广告审查制度的类型及特点、广告法律法规体系及其特点、广告行业自律组织的运行机制、广告素养教育的实施等进行横向比较,并对中国广告监管的不同时期进行纵向比较,从而发现广告监管的本质与发展规律。

4. 归纳推理法

归纳推理法或称归纳法,是在认识事物过程中所使用的思维方法,是指以一系列经验事物或知识素材为依据,找出基本规律或共同规律。本书中关于发达国家广告审查制度类型及特点、发达国家广告法律法规体系及特点等的研究都采用了归纳推理法,从各国的相似性中归纳出具有规律性的特点。同时,本书关于广告监管制度建设的研究也采用了归纳推理法,通过对国内外大量研究文献和资料文献的深入研究,归纳总结出广告监管的规律性认识和实践。

除上述研究方法外,本书还采用了统计分析法、案例分析法、跨学科研究方法等。各种研究方法之间不是互相排斥和替代的,不是孤立地使用某种方法,而是有机地结合起来,兼收并蓄,博采众长,从不同视角、不同侧面揭示广告监管的本质和内在的客观规律。

第二章　国家发展战略框架下的广告产业

广告产业对于国民经济和社会发展的重要性正日渐凸显,但是广告产业的负外部性问题也日益突出。中国广告监管制度建设旨在规范广告市场主体行为,维护广告市场主体的合法权益,为广告产业发展创造公平、公正、公开透明的竞争环境,促进中国广告产业健康发展,进而提高国家社会管理创新水平。本章重点探讨广告产业与国家经济发展战略的高度关联性,研究广告产业的经济价值和社会文化价值。

第一节　国家经济发展战略与广告产业

一、国家文化产业战略与广告产业

当前,世界各国高度重视文化产业的发展,并将其上升为国家战略,以期在未来的国际竞争中占领制高点。

1. 西方经济发达国家高度重视包括广告产业在内的文化创意产业发展

自 20 世纪 40 年代法兰克福学派的霍克海默尔和阿道尔诺首次使用"文化产业"这个概念以来,文化产业作为一种新兴产业在西方经济发达国家逐渐被接受和重视。创意产业概念起源于英国,是英国文化产业中的亮点。约翰·霍金斯在《创意经济》一书中首次提出了"创意产业"的概念,将其界定为"其产品都在知识产权法的保护范围内的经济部门"。1998 年,英国政府出台《英国创意产业路径文件》,将"创意产业"定义为"源于个人创造力、技能与才华,通过知识产权的生成和取用,可以创造财富并提供就业机会的产业",包括广告、建筑设计、艺术品与文物、电子游戏、音乐、出版、广播电视等 13 个门类。十多年来,在政府的引导和推动下,英国创意产业增加值占 GDP 的比重超过 7%,且每年都以高于 5% 的速度在增长,2012 年的总收益增长 9.4%,成为英国增速最快的产业。从事创意产业的企业超过 10 万家,从业人员 200 多万人,占英国就业总数的 8% 以上。据英国文化、媒体与体育部 2014 年 1 月发布的数据显示,创意产业每年为英国经济带来 714 亿英镑的收益,相当于平均每小时就有 800 万英镑入账。可以说,创意产业已成为推动英国经济发展的重要动力,在增强英国文化软实力、提高其国际影响力等方面发挥着重要作用。①

2. 文化产业发展问题逐渐上升到中国国家经济发展战略的高度

我国文化产业的发展起步较晚。1992 年,国务院办公厅综合司编著的《重大战略决策——加快发展第三产业》使用了"文化产业"一词。党的十六大报告明确提出"积极发展文化事业和文化产业"的基本任务,要求"完善文化产业政策,支持文化产业发展,增强我国文化产业的整体实力和竞争力"。这是"文化产业"概念第一次在党的文献中出现,对于我国文化产业发展具有标志性意义。2009 年,国务院发布《文化产业振兴规划》,首次系统分析了振兴文化产业的重要性、紧迫性,确立了振兴文化产业的指导思想、基本原则和规划目标,并将广告等九大行业确定为国家重点文化产业,标志着我国文化产业发展进入国家发展战略层面。2010 年,党的十七届五中全会提出,在"十二五"时期"推动文化产业成为国民经济支柱性产业"。

3. 广告产业是我国文化产业的主导性产业之一

2013 年,我国文化产业增加值达到 2.1 万亿元左右,占 GDP 的比重为 3.57%,其中广告产业经营额 5019.75 亿元,占全年文化产业增加值的 23.9%。由此可见,广告产业是文化产业的重要组成部分。长期以来,广告产业的产业定位问题一直困扰着理论界和实务界。由于产业定位不清,在制定产业政策方面,广告产业从某种程度上长期被遗忘了。欧美国家的情况与中国形成鲜明对比,美国、英国、法国、日本等国政府高度重视广告产业发展,它

---

① 王冰清:《英国文化创意产业发展的成功经验》,《中国民族报》2014 年 10 月 31 日第 8 版。

们既是经济大国,同时也是广告产业强国。近年来,中国政府高度重视包括广告产业在内的文化产业的发展,《文化产业振兴规划》的出台以及"推动文化产业成为国民经济支柱性产业"战略的提出,为广告产业的发展提供良好的政策环境,广告产业界要抓住机遇,实现产业转型升级,提升广告产业国际竞争力,这将会极大地推动国家文化产业和国民经济的发展。

二、经济发展方式转型与广告产业

党的十七大报告指出,加快经济发展方式转变,推动产业结构优化升级,这是关系国民经济全局紧迫而重大的战略任务,要坚持走中国特色新兴工业化道路,坚持扩大国内需求特别是消费需求的方针,促进经济增长由主要依靠投资、出口拉动向依靠消费、投资、出口协调拉动转变,由主要依靠第二产业带动向依靠第一、第二、第三产业协同带动转变,由主要依靠增加物质资源消耗向主要依靠科技进步、劳动者素质提高、管理创新转变。实现经济发展方式转变与推动广告产业发展关系密切。

1. 实现经济发展方式的转变,迫切要求发展我国广告产业

经济发展方式转变的核心是由原来的投资、出口拉动经济增长的方式,转变为消费、投资、出口协同拉动经济增长的方式,"消费"成为中国经济发展新的关键词。广告作为重要的营销传播工具,在塑造品牌、刺激消费方面发挥着重要作用。广告对人们消费观念的培育和改变,无疑会刺激消费增长。由此可见,发展广告产业是推动中国经济发展方式转型的战略步骤。

2. 发展我国广告产业,也是提升中国经济国际竞争力的现实需要

中国经济的国际竞争力,更多体现为中国企业在国际上的市场竞争力。长期以来,中国的出口商品大都是低附加值的,价格非常低廉,利润也十分微薄,这不利于中国经济的可持续发展。提高高附加值商品的出口数量,将是未来中国企业国际化战略的必由之路。这一目标的实现,需要有强大的广告产业作为支撑。伴随中国大型民族企业的国际化,中国的广告集团也必然要走向国际化。因而,培育大型广告集团,提升广告产业竞争力,是产业发展的迫切需要。

三、企业"走出去"战略与广告产业

根据英国经济学家邓宁的投资发展周期理论和其他国家参与国际投资的实践,中国将进入参与国际投资的第三阶段,对外直接投资呈现快速增长态势。实施"走出去"战略,有助于中国企业在国际分工体系中占据有利地位,是中国企业提高国际竞争能力和成长为具有较强实力的跨国公司的必由之路,是缓解人民币升值压力和突破贸易壁垒的有效手段,可以降低对外贸易顺差,改善与相关国家的经贸关系。与引进外国直接投资相比,鼓励中国企业"走出去",发展"追赶型"对外直接投资是获得国外先进技术更为有效的途径。①

实施"走出去"战略,不仅需要企业有高技术含量的产品,同时也需要产品有高附加值,广告在塑造品牌、提升品牌附加值上发挥着重要作用。在中国企业走向国际市场的进程中,需要本国优势的跨国广告集团为其提供营销传播服务,这是基于以下原因:一是欧美、日韩等国的跨国企业大都是与本国跨国广告公司共同开拓国际市场;二是在为企业提供营销传播服务时,广告公司人员如果没有强烈的民族情感、民族自豪感和使命感,没有对该企业所在国的深入研究和文化认同,则服务质量难以保证,中国的跨国企业很难完全依靠他国的广告公司成长为世界顶级的企业。可以说,发展广告产业是提升民族企业品牌附加值、实现"走出去"战略的现实必需。

中国民族企业发展是推动中国经济发展的重要动力,增强民族企业的国际国内市场竞争能力,提升民族品牌在国际国内市场的知名度和美誉度,是全球化背景下中国经济发展的重大课题。当前,制约中国经济发展的因素比较多,其中,缺少中国本土的强势品牌,严重限制着中国企业产品的出口,不利于中国经济的可持续发展。发展我国广告产业,可以更好地服务于中国民族企业的品牌战略,不仅能够提升中国民族企业在国内市场的竞争实力,还能为中国企业实现"走出去"战略提供重要保障,提高中国企业在国际市场的竞争力。

---

① 参见李东阳、周学仁:《中国企业"走出去"的战略意义》,《光明日报》2007 年 1 月 28 日理论综合版。

第二节　广告产业的经济价值

一、广告产业与国民经济的高度关联性

广告产业是国民经济的重要产业门类。2011 年新修订的《国民经济行业分类》将广告业列为商务服务业。统计数据显示,1981—2014 年,中国广告产业的年均增长率大大高于同期国内生产总值(GDP)和全国社会消费品零售总额的年均增长率。1981—2014 年全国广告经营额、GDP 和社会消费品零售总额及增长情况如表 2.1 所示。

表 2.1　1981—2014 年全国广告经营额、GDP 和社会消费品零售总额及增长情况①

年份	全国广告经营额及增长幅度		全国 GDP 及增长幅度		全国社会消费品零售总额及增长幅度	
	总　量（万元）	增长率（%）	总　量（亿元）	增长率（%）	总　量（亿元）	增长率（%）
1981	11800	686.7	4898.1	7.6	2350.0	9.8
1982	15000	27.1	5333.0	8.9	2570.0	9.4
1983	23407	56.1	5975.6	12.0	2849.4	10.9
1984	36528	56.1	7226.3	20.9	3376.4	18.5
1985	60523	65.7	9039.9	25.1	4305.0	27.5
1986	84478	39.6	10308.8	14.0	4950.0	15.0
1987	111200	31.6	12102.2	17.4	5820.0	17.6
1988	149294	34.3	15101.1	24.8	7440.0	27.8
1989	199900	33.9	17090.3	13.2	8101.4	8.9
1990	250173	25.2	18774.3	9.9	8300.1	2.5

① 数据来源:根据国家工商行政管理总局统计中心历年发布的《中国广告业统计数据报告》和国家统计局发布的历年 GDP 和社会消费品零售总额数据重新整理。

续表

年份	全国广告经营额及增长幅度		全国 GDP 及增长幅度		全国社会消费品零售总额及增长幅度	
	总　量（万元）	增长率（%）	总　量（亿元）	增长率（%）	总　量（亿元）	增长率（%）
1991	350893	40.3	21895.5	16.6	9415.6	13.4
1992	678475	93.4	27068.3	23.6	10993.7	16.8
1993	1340874	97.6	35524.3	31.2	14270.4	29.8
1994	2002623	49.4	48459.6	36.4	18622.9	30.5
1995	2732690	36.5	61129.8	26.1	23613.8	26.8
1996	3666372	34.2	71572.3	17.1	28360.2	20.1
1997	4619638	26.0	79429.5	11.0	31252.9	10.2
1998	5378327	16.4	84883.7	6.9	33378.1	6.8
1999	6220506	15.7	90187.7	6.2	35647.9	6.8
2000	7126632	14.6	99776.3	10.6	39105.7	9.7
2001	7948876	11.5	110270.4	10.5	43055.4	10.1
2002	9031464	13.6	121002.0	9.7	48135.9	11.3
2003	10786800	19.4	136564.6	12.9	52516.3	9.1
2004	12646000	17.2	160714.4	17.7	59501.0	13.3
2005	14163000	12.0	185895.8	15.7	68352.6	14.9
2006	15730018	11.1	217656.6	17.1	79145.2	15.3
2007	17409626	10.7	268019.4	23.1	93571.6	18.2
2008	18995614	9.1	316751.7	18.2	114830.1	22.7
2009	20410322	7.5	345629.2	9.1	132678.4	15.5
2010	23405076	14.7	408903.0	18.3	156998.4	18.3
2011	31255529	33.5	484123.5	18.4	183918.6	17.1
2012	46982791	50.3	534123.0	10.3	210307.0	14.3

年份	全国广告经营额及增长幅度		全国 GDP 及增长幅度		全国社会消费品零售总额及增长幅度	
	总　量（万元）	增长率（%）	总　量（亿元）	增长率（%）	总　量（亿元）	增长率（%）
2013	50197500	6.8	588018.8	10.1	242842.8	15.5
2014	56056000	11.7	636138.7	8.2	271896.1	12.0

2014 年中国广告经营额达 5605.60 亿元,比 2013 年增长 11.7%。2014年中国广告经营额占 GDP 的比重为 0.88%。广告经营单位和从业人员继续增加,全国有广告经营单位 543690 户,比 2013 年增长了 22.08%,广告从业人员达到 2717939 人,比 2013 年增加了 3.66%。广告产业高速发展的背后,是改革开放以来中国经济的快速发展。广告产业已经成为国民经济的重要组成部分,成为中国新增劳动力就业的重要行业。

广告产业发展与国民经济发展具有高度相关性。广告产业是一个高度依附性的产业,受到国家宏观经济政策,以及其他产业发展的影响。改革开放以来,中国广告产业的快速发展得益于中国经济的持续稳步发展。广告产业具有高渗透性和强辐射力,其规模化发展和竞争力提升对于推动国民经济发展和提升民族品牌附加值具有巨大的推动作用。[1] 通过计量经济模型分析,广告营业额与 GDP 和社会消费品零售总额存在强正相关关系。从 1981 年到2014 年,广告经营额与 GDP、社会消费品零售总额的皮尔森相关系数分别高达 0.982 和 0.989,统计意义十分显著(如表 2.2 所示)。

表 2.2　1981—2014 年全国广告经营额、GDP、社会消费零售总额简单相关分析

	指　标	国内生产总值(GDP)	社会消费品零售总额
广告经营额	Pearson 相关系数	.982**	.989**
	显著性(双侧)	.000	.000
	N	34	34

[1]　廖秉宜:《自主与创新:中国广告产业发展研究》,人民出版社 2009 年版,第 10 页。

续表

指标		国内生产总值(GDP)	社会消费品零售总额
国内生产总值（GDP）	Pearson 相关系数	1	.997＊＊
	显著性（双侧）		.000
	N	34	34

说明：＊＊表明相关系数在0.01水平（双侧）上显著。

一些快速成长的行业,也是广告投放额最大的行业,如食品、汽车、化妆品、房地产、药品行业等。（如表2.3所示）从下表中可以看出,近年来各个行业的广告投放额明显增加。2014年,食品类广告投放额比上一年度增长了42.6%,成为品类投放排名第一,汽车、化妆品、房地产分居二至四席,药品、家用电器、酒类、信息产业、金融保险、服装服饰排在五到十位,次序与2013年相同。

表 2.3 2010—2014 年中国部分行业的广告投放额①

单位:万元

类别 \ 年份	2014 年	2013 年	2012 年	2011 年	2010 年
食 品	7665000	5375000	3797050	2550307	2056272
汽 车	6378000	6040000	4371682	3083117	1773572
化妆品	6137000	5948000	5095779	2109165	1723013
房地产	6013000	5863000	4080313	3393293	2397747
药 品	2678000	2345000	2660587	1950267	1643486
家用电器	2468000	2297000	2050889	1403375	1194305
酒 类	2112000	2064000	1714081	1040949	731965
信息产业	1952000	1749000	1645559	1128135	809654

广告产业通过提升企业国际国内市场竞争力、刺激和拉动消费增长、提高

---

① 数据来源:根据国家工商行政管理总局、中国广告协会和《现代广告》杂志历年发布的中国广告业发展统计数据报告整理。

传媒经济收益等方式,强力推动国民经济高速发展。世界经济发展的经验不断证明,经济发达国家必然有发达的广告产业,美国、英国、法国、德国等西方经济发达国家亦如此,亚洲新兴市场国家如日本、韩国的广告产业也十分发达。发达的广告产业为本国广告企业参与国际市场竞争提供了重要智力支持。在服务本国企业跨国经营的过程中,也逐渐成长为世界性的广告集团,如美国的宏盟集团、IPG 集团,法国的阳狮集团、哈瓦斯集团,英国的WPP 集团,日本的电通集团、博报堂集团和旭通集团,韩国的第一企划、伊诺盛等。

广告产业的核心价值在于通过创意提升其他产业的附加值,这里的创意不仅指广告创意,还指产业创新、产品创意、营销创意、策划创意等诸多方面,是一个"大创意"的概念。广告产业的发展不仅对文化产业和国民经济的数量增长作出了重要贡献,而且通过创意强有力地拉动了文化产业和国民经济的发展。长期以来,中国都是西方发达国家的产品加工厂,产品附加值低,缺乏市场竞争力,销售利润微薄,中国以资源消耗型为主的经济面临转型,发展文化创意产业等知识经济型产业成为新世纪中国占领市场制高点的重要战略选择。中国已经成为世界第二大经济体,然而中国离世界经济强国的地位还有一段距离,只有拥有了一大批具有国际竞争力的跨国企业集团,拥有了一大批在国际上知名的顶级品牌,拥有了一大批高智商的从事国际企业经营管理的高端人才,中国经济才能真正走上强大之路。中国经济的强大之路,离不开提供智力支持的广告产业,这是世界经济发展的重要经验,也被中国经济发展三十多年的实践所证明。

近年来,国家高度重视包括广告业在内的文化创意产业的发展。2009 年7 月,国务院常务会议审议通过了《文化产业振兴规划》,将包括广告在内的九大行业列为重点文化产业,并予以重点扶持发展。2011 年 3 月,国家发展改革委以中华人民共和国国家发展和改革委员会第 9 号令的形式,发布了《产业结构调整指导目录(2011 年本)》,作为体现广告行业核心竞争力的"广告创意、广告策划、广告设计、广告制作"进入指导目录中的鼓励类(详见《产业结构调整指导目录(2011 年本)》第 32 项"商务服务业"中第 7 条)。这是广告业核心服务项目首次列入产业结构调整指导目录。广告产业是文化产业的重要构成,推动文化产业成为国民经济的支柱性产业,已经上升为国家经济发展战略。广告产业是文化产业的重要组成部分,占文化产业增加值近1/4的份额,提高中国广告产业经营额,可以强有力地推动中国文化产业发展,服务国家经济发展战略。

二、广告是传媒产业重要的经济来源

中国传媒广告产业发展与传媒产业化、集团化制度安排有着重大关联。1978年,财政部批准《人民日报》等新闻单位实行"事业单位,企业化管理"。1979年1月4日,《天津日报》刊登蓝天牙膏等广告,拉开了报纸广告的序幕。1月14日,《文汇报》发表《为广告正名》文章,为中国广告业恢复做了舆论上的准备。1月28日,上海电视台在黄金时间播出第一例商业广告——参桂养容酒。3月15日,中央电视台首次播出外商广告"西铁城——星辰表誉满全球"。中央电视台、中央人民广播电台成立广告科,从而开启了中国媒介的产业化进程。

中国传媒体制改革经历了三个重要发展阶段:第一个阶段,1978年提出的"事业单位,企业化管理"是中国传媒体制变革的起点,自此传媒的产业属性开始彰显,传媒不仅是事业单位,作为党和政府的喉舌,也具有产业属性,需要强化经营管理意识,实现传媒资产的保值增值。第二个阶段,以1996年《广州日报》报业集团的成立为标志,随后大批报业集团和广电集团纷纷成立,成立传媒集团之后,必须实现内部资源的整合和媒介市场的扩张,这就要求传媒集团的经营管理层必须树立产业经营意识,实现传媒集团社会效益和经济效益的双丰收。第三个阶段,在2003年文化体制改革的背景之下,提出将公共事业型传媒和产业经营型传媒"两分开",明确产业经营型传媒必须强化经营意识,在市场化过程运作中提升其竞争能力。中国传媒体制变革的三个阶段,并没有改变媒介的所有权,而是为媒介的多元补偿机制提供了政策保证,传媒不断探索多元的资源补偿机制,有效实现了传媒经济效益与社会效益的结合。

长期以来,广告是传媒产业最重要的经济来源。从广告营业额和年增长率的变化可以看出中国传媒发展的现状。从广告营业额来看,报纸、杂志、电

视、广播四大媒体分别从 1983 年的 7330.3 万元、1081.1 万元、1624.4 万元、1806.9 万元,增长为 2014 年的 5016661 万元、816154 万元、12785033 万元、1328438 万元,1991 年电视首次超过报纸广告营业额并一直保持领先优势。从广告营业额年增长率来看,1992—1994 年中国传媒广告营业额增长最快,其次是 2000—2003 年又出现了增长的高峰,2004 年后传媒广告营业额增长速度明显放缓,2004 年报纸广告和杂志广告同时出现负增长,被业内认为是报业的"拐点"。近年来,传统媒体面临互联网媒体的巨大冲击和挑战,2014 年,除电视外,广播电台、报社、期刊社的广告营业额都出现了下降,增长率分别为-5.91%、-0.60%、-6.41%。中国四大传统媒体广告营业额及年增长率情况如表 2.4 所示。

表 2.4 1983—2014 年中国四大传统媒体广告营业额及年增长率统计[①]

年度（年）	报　纸		杂　志		电　视		广　播	
	营业额（万元）	增长率（%）	营业额（万元）	增长率（%）	营业额（万元）	增长率（%）	营业额（万元）	增长率（%）
1983	7330.3	—	1081.1	—	1624.4	—	1806.9	—
1984	11864.7	61.80	1297.2	20.00	3397	9.1	2323	28.60
1985	22011.4	85.50	2809.3	116.50	8669.6	102.2	2670.7	15.00
1986	25602.8	16.30	3565.2	26.90	11514.4	67.4	3564	33.40
1987	35549.2	38.90	4542.9	27.40	16927.3	47.0	4721.2	32.50
1988	50170.8	41.00	7056.7	55.50	25583.2	51.1	6383.7	35.20
1989	62940.1	25.60	8506.4	20.40	36190.2	41.5	7459.9	16.90
1990	67710.5	7.60	8683	2.10	56136.8	55.1	8641.6	15.80
1991	96187.6	42.10	9989.3	15.00	100052.1	82.1	14049.3	41.80
1992	161832.4	68.20	17266.6	72.80	205470.5	105.4	19920.4	41.80
1993	377109.9	133.00	18447	6.80	294390.7	43.3	34944.3	75.40

① 资料来源:根据《中国广告业二十年统计资料汇编》,中国统计出版社 2000 年版;《现代广告》历年发布的中国广告业统计数据报告整理。

续表

年度 （年）	报　纸		杂　志		电　视		广　播	
	营业额 （万元）	增长率 （%）	营业额 （万元）	增长率 （%）	营业额 （万元）	增长率 （%）	营业额 （万元）	增长率 （%）
1994	505442	34.00	39506	114.20	447600	52.0	49569	41.90
1995	646768	28.00	38229	-3.20	649800	45.2	73769	48.80
1996	776891	20.10	56096	46.70	907894	39.7	87267	18.30
1997	968265	24.60	52709	-6.00	1144105	26.0	105776	21.20
1998	1043546	7.80	71328	35.30	1356380	18.6	133036	25.80
1999	1123256	7.60	89232	25.10	1561496	15.1	125243	-5.80
2000	1464668	30.40	113400	27.10	1689126	8.2	151947	21.30
2001	1577000	7.70	118600	4.60	1793700	6.2	182800	20.30
2002	1884800	19.50	152100	28.30	2310300	28.8	219000	19.80
2003	2430100	28.90	243800	60.30	2550400	10.4	255700	16.30
2004	2307242	-5.10	203698	-16.40	2915415	12.4	329346	28.80
2005	2560497	11.00	248669	22.10	3552867	21.9	388583	18.00
2006	3125894	22.10	241033	-3.10	4040249	13.7	571858	47.20
2007	3221927	3.10	264648	9.80	4429522	9.6	628202	9.80
2008	3426737	6.40	310246	17.20	5015037	13.2	683409	8.80
2009	3704633	8.10	303792	-2.10	5361903	6.9	718703	5.20
2010	3815060	2.90	322270	6.10	6798263	26.8	771668	7.40
2011	4694530	23.05	520883	61.63	8979233	32.08	909525	17.86
2012	5556310	18.36	832723	59.87	11322728	26.10	1410556	55.09
2013	5047018	-9.17	872077	4.73	11011042	-2.75	1411868	0.09
2014	5016661	-0.60	816154	-6.41	12785033	16.11	1328438	-5.91

　　随着传媒产业经营意识的强化，广告经营部门在传媒企事业单位中的地位越来越重要，经营导向成为国内很多传媒经营管理者的共识。传媒广告收入的增加，不仅对传媒自身的发展有重大意义，而且对文化产业的发展同样意

义重大。中国传媒肩负着双重责任和使命,一是要提升传媒的经济价值,以传媒品牌吸引广告客户;二是要注重传媒的社会文化价值,以精品内容吸引受众,提升受众的文化品位,必须做到二者的统一。然而,在传媒广告经营的具体运作实践中,一些传媒经营管理者过分追求经济利益,忽视传媒所肩负的社会责任,一定程度上也为虚假广告提供了生存空间和土壤,因而需要对其进行有效规制。

三、广告是提升品牌竞争力的重要营销工具

广告是塑造品牌的重要营销传播手段。随着市场竞争的日趋激烈,广告在企业中的地位迅速提升。广告作为现代企业的重要营销传播工具,是现代企业营销组合的重要构成,并以其特有的销售促进功能,作为一种最为重要的传播推广要素获得独立发展,在企业的整体营销系统中发挥着举足轻重的作用。改革开放三十多年来,中国涌现出了一大批优秀的民族品牌,这些品牌的成长与中国民族企业现代企业制度的建立与科学的经营意识和理念的实践有着密切关系,同时与中国广告产业的发展也息息相关。

每年的中央电视台黄金资源广告招标,一直被业内看成是行业的风向标。央视作为中国目前影响最大的电视媒体,成为企业广告资源争夺的焦点。2013 年中央电视台黄金资源广告招标预售总额 158.8134 亿元,比 2012 年的 142.5757 亿元增长了 11.39%,这也是央视 19 年广告招标历程中的又一高度。从央视 2015 年黄金资源广告招标预售结果来看,食品饮料、家电、汽车、金融、旅游、IT、日化等行业是目前央视广告的主力军。海尔、美的、格力和海信四大家电巨头齐聚央视,加多宝、王老吉、伊利、光明等食品饮料行业均放大了投放量。许多互联网巨头也开始在央视投放广告,如腾讯、百度、新浪、360、阿里巴巴、京东等,而且投放力度很大,很多都是做 60 秒的广告,尽管互联网企业在央视投放的广告所占比重还不大,但增速很快。除此之外,央视招标现场首次纳入了新媒体项目,美的、东风日产中标 2015 年央视新闻客户端合作伙伴项目。参与央视黄金资源广告竞标的企业,很多是中国的知名企业,这些企业通过成功的广告传播与营销推广树立了在行业中的领导品牌地位,提升了品牌的竞争力,赢得了消费者的口碑。这些企业加大央视广告投放力度,一

方面反映了广告对于品牌竞争力提升的重要价值,另一方面也折射出近年来行业的高速发展与行业竞争的日益加剧,企业如果要维持和扩大自己的市场份额,必须加大传播的力度。

四、广告对于现代社会的消费者也是一种必需

1. 广告为消费者提供信息指导

消费者生活节奏的不断加快,使得商品信息收集的时间成本大大增加;市场上商品的极度丰富,则增加了消费者选择的难度。广告作为一种信息传播方式,它提供给消费者关于商品某些方面的信息,如商品的特性、外观、品质、价格或形象等,给消费者提供一个购买该商品的理由。广告可以告知市场上新商品的信息,让消费者了解该类商品的最新科技成果,特别是一些高科技含量的商品;可以告知商品的促销信息,让消费者购买到物美价廉的商品,得到实实在在的好处;广告还可以告知该商品能解决消费者某些方面的突出问题;等等。另外,广告在反映时尚潮流的同时,也在不断创造着流行文化。广告成为人们了解现代社会的一面镜子,消费者通过接触大量广告,可以增进与社会的联系,知道现在社会上流行什么,年轻人喜欢什么,不至于使自己落后于时代。

2. 节省了消费者收集信息的成本

广告在为消费者提供消费信息指导的同时,也在帮助消费者节省收集信息的成本。当消费者产生某方面的需求时,可以通过这样几种途径来满足:一种是通过实地考察比较、货比三家,最终决定在哪家购买何种品牌的商品;二是通过他人的推荐,如根据亲朋好友中使用过该类商品的亲身体验来选择;三是通过大量收集相关的广告信息,了解该类商品中各品牌的特点,如各品牌的知名度、美誉度、信任度等是否存在差异。第一种方式时间成本和经济成本太高,尤其是在现代发达的工业社会,消费者生活节奏快,而且商品极度丰富,人们根本没时间也不愿意支付这样的成本;第二种方式获取的往往只是少数几个品牌的信息,在个性化消费的时代,也会受到一定的限制;第三种方式则是大众社会的现实选择。消费者通过大量的免费广告信息来形成对商品的印象,根据这些印象以及消费者的具体需求,迅速作出购买决定,从而大大节省

时间成本和经济成本。

3. 广告降低了消费者认知风险

消费者在选择商品时有很多的考虑因素,之所以非常谨慎,是因为其在购买商品时存在一个认知风险的问题。行为学家认为有五种类型的认知风险:金钱风险(有可能因此损失钱财)、功能风险(也许不能发挥效用,也不能兑现承诺)、身体风险(看样子有点危险,有可能伤害我自己)、社交风险(我要是买了这个东西,不知道朋友们会怎么想)、心理风险(如果买了这个东西,我也许会感到内疚或是不负责)。消费者很少可能去购买那些没有做过广告的商品,原因很简单,就是购买的风险成本太高。在现代社会,广告商品意味着企业对消费者作出的承诺,作为一种公众消费品,它的品质应该是有保证的,它是一种知名的品牌,拥有广泛的消费群,必然受到社会的广泛监督。以高档汽车为例,我们来看看广告是如何来降低这些认知风险的:虽然汽车价格很昂贵,但广告提供了商品的全部信息,包括汽车性能、外观等,让你感觉物有所值,降低金钱风险;广告中用企业的研发人员以及车主的现身说法来表明汽车的安全性能,降低功能风险和身体风险;由于广告塑造了这款汽车高档的品牌形象,使得驾驶这款汽车的车主显得特别有身份有地位,降低社交风险;此外,由于广告中宣称这款新车燃油对环境造成的污染比其他车型要小得多,从而降低购买的心理风险。由此可见,广告在一定程度上消除了商品信息的不确定性,大大降低了消费者的购买风险。①

第三节　广告产业的社会文化价值

一、广告是大众文化的重要构成

大众文化是现代社会重要的文化景观,它是相对于高雅文化和精英文化而言的,也有别于民间文化。"大众文化是指在现代商品社会中应运而生的、以大众传播媒介为载体的、以现代都市大众为对象的文化形态,是一种带有浓

---

① 张金海、廖秉宜:《广告:消费者的绝对必需》,《现代广告》2005 年第 12 期,第 24—25 页。

厚商业色彩的、运用现代技术手段生产出来的文化。它涉及现代都市人的生活需求、心理需求、精神需求,它带给人们娱乐和休闲,是现代都市人的生活方式。大众文化涉及三个方面的内容:影视文化、大众消费、流行艺术。大众文化以其极大的张力渗透到社会生活的各个领域。"①

　　大众文化是现代商品经济社会的产物。随着大众传播媒介技术的发展,大众文化也获得了迅猛发展,成为影响当下社会的重要文化形态。大众文化具有以下重要特点:(1)商业性。大众文化本身就是商品社会的产物,商业性是大众文化最突出的特性之一。随着社会经济的发展和人们物质生活水平的提高,精神生活的需求也在不断增长,马斯洛的需求层次理论指出,人的需求包括五个层次,即满足衣食住行的生理需求、安全需求、归属感的需求、审美的需求、自我价值实现的需求,人的需求一般经历由低到高的过程,当低一层级的需求满足之后,人就会产生高一层级的需求,但人的需求也不是绝对直线式的,而可以是跳跃式的。现代社会人们对审美文化等方面的需求在不断提高,进而产生了巨大的文化消费市场,大众文化以工业技术的标准化、复制化、产品的商业化为前提而进行大批量的生产、复制和传播。(2)通俗性。大众文化之所以能够被大众所接受并广泛传播,其中一个重要的特性就是大众文化的通俗性,相对于高雅文化和精英文化而言,大众文化语言和故事情节的通俗性吸引了大量的受众。现代大众传播媒介技术的发展,更是为大众文化的传播提供了重要的载体。相对于图书而言,报纸和杂志更加具有通俗性,而相对于报纸和杂志而言,广播电视更加具有通俗性,相对于广播和电视而言,网络更具通俗性,因而,从媒介技术的发展轨迹来看,文化由于依附在一定的传播载体上,也必然要受到该种媒体传播特质的限制,以适应大众媒体的传播要求。文化形态在不断发生着变革,显著的标志就是朝着更加通俗化的方向发展,这也是传媒产业发展的必然趋势。(3)流行性。大众文化是一种流行文化,同时也是一种极具感染力的文化。大众文化与高雅文化是两种不同性质的文化。高雅文化是高悬于上层的社会意识形态,它一般指向人类存在的意

---

　　①　肖建华:《大众文化的批判与辩护——当代西方大众文化理论述评》,《国外社会科学》2007 年第 1 期,第 8 页。

义世界和终极关怀,它永远是一种超越性的东西。而通俗文化强大的生命力就在于它的现实性、具体性和可操作性,它涉及人们的日常生活,一般指向生活领域。事实上,大众文化也可以发展为高雅文化、精英文化,例如,利维斯将电影排除在他所说的严肃的文化形式之外,但即便在一些大众文化批判理论家看来,电影也是一种艺术,如埃森斯坦的作品。另外,相当一部分爵士音乐在今天早已被当做一种艺术,但爵士音乐在半个多世纪之前被批判理论和法兰克福学派斥责为大众文化的典型形式。希区柯克在好莱坞制作商业影片,很少人怀疑他是极具创造天赋的艺术家。早期的一些摇滚乐被音乐批评家视为丧失理智的胡言乱语,但随着趣味的演变,如今已成经典。(4)娱乐性。受众的需求表现出多元性,无论是高雅文化还是大众文化,都具有娱乐性的特质。现代人心理脆弱,精神紧张,而大众文化的大众流行和时尚正是医治这一文明病的良方。流行和时尚是鼓励大家一起来操作、模仿,形成一种无差别的共同经验,以达到社会群体的彼此相互认同。这种轻松、自由的游戏娱乐消解了传统的道德观、价值观,同时也消解了传统对人的禁锢,破除了迷信和愚昧,使人们的思想更解放、更具开拓性。如果没有大众文化的填充,私人生活领域中的文化需要将不能满足,在社会中就有可能出现更贫瘠的文化荒漠。

广告是大众社会中的重要文化景观,也是大众文化的重要构成。首先,广告传播着文化。广告不仅传播商品信息,而且传播着由创作者所赋予的文化信息,包括文化传统、价值观念、消费哲学、生活方式等,进而影响受众的消费观念和消费行为,甚至影响受众的生活方式和世界观、价值观以及人生观。从这个层面来看,广告是一种重要的文化形态。其次,广告是现代社会大众文化的重要构成。报纸、杂志、广播、电视、互联网、iPad、iPhone、MP4、影碟机、电影等都是大众文化传播的重要载体。电视剧、电影、流行歌曲、通俗文学、报纸周刊、网络文化、卡拉 OK、广告、流行服饰、家居设计、饮食文化等是大众文化的重要形式。当今时代,广告无孔不入地进入人们社会生活的每个领域,成为影响大众生活的重要文化形式。再次,广告是大众流行文化的反映,同时也是大众流行文化的助推器。广告是市场营销的重要手段,广告效果的达成必须建立在充分了解消费者及其需求的基础上,大众文化由于其通俗性和流行性等特点被大众所广泛接受并传播,进而成为大众普遍的一种文化心理,广告通过对大众流行文化元素的利用,最大限度地吸引受众眼球,在获取商业效果的同时,也在不断推动着大众文化的流行。此外,广告还可以创造一种全新的流行文化,进而丰富大众文化的内涵。

二、文化的利销性与广告对文化的利用

高雅文化、精英文化是少数人所独享的文化,而大众文化则恰恰相反,它是大多数人都可以享用的文化。大众文化所具有的商业性、通俗性、流行性和娱乐性等特性,促得大众文化成为现代社会重要的文化形态,深深植根于社会大众的意识领域。因而也可以说,大众文化是一种商业文化、通俗文化、流行文化和娱乐文化。利销性并不是大众文化与生俱来的特性,然而,一旦广告与大众文化相遇,大众文化的利销性特质便被不断放大,现代广告对大众文化的利用,正是在于大众文化是消费者最易于接受的一种文化形态。商业性是广告传播最本质的特性,商业广告从其产生之初就是一种商业传播工具,传播效果与销售效果是衡量广告传播是否有效的两个重要指标。有效的广告传播必须能够引起消费者注意、激发消费者兴趣、刺激消费者欲望、促进消费者行动。而要达到这些目的,广告不仅需要传播有形的产品信息,更需要传播无形的文化价值观念。只有品牌文化得到消费者的认同,消费者的品牌尝试与品牌忠诚才有可能真正建立起来。

雕牌洗衣粉的电视广告——年轻妈妈下岗了,为找工作而四处奔波。懂事的小女儿心疼妈妈,帮妈妈洗衣服,天真可爱的童音说出:"妈妈说,'雕牌'洗衣粉只要一点点就能洗好多好多的衣服,可省钱了!"门帘轻动,妈妈无果而回,正想亲吻熟睡中的爱女,看见女儿的留言——"妈妈,我能帮你干活了!"年轻妈妈的眼泪不禁随之滚落……这份母女相依为命的亲情与产品融合,成就了一个感人至深的产品故事,声声童音在心头萦绕,拂之不去,"雕牌"形象则深入人心。这则简单朴实的故事细腻而不落俗套,平实中又见精彩,叫人过目难忘。雕牌电视广告的成功之处正是在于广告策划创意者对中华文化的深入洞察和恰当运用。广告对文化的利用,其成功案例不胜枚举,根本原因正是在于文化的利销性。

三、文化功能是广告传播的衍生功能

大众文化之所以具有商业功能和文化功能。大众文化之所以与纯粹的艺术文化不同,正是在于其具有商业性。"大众文化是与文化工业的产生紧密相关的,是以工业方式批量生产、复制的文化产品,是商业时代的产物。"①近年来,国家提倡要大力发展文化产业,正是充分意识到大众文化的产业属性和商业功能。国务院常务会议审议通过的《文化产业振兴规划》,提出要以文化创意、影视制作、出版发行、印刷复制、广告、演艺娱乐、文化会展、数字内容和动漫等产业为重点,加大扶持力度,完善产业政策体系,实现跨越式发展。文化创意产业要着重发展文化科技、音乐制作、艺术创作、动漫游戏等企业,增强影响力和带动力,拉动相关服务业和制造业的发展。影视制作业要提升影片、电视剧和电视节目的生产能力,扩大影视制作、发行、播映和后产品开发,满足多种媒体、多种终端对影视数字内容的需求。出版业要推动产业结构调整和升级,加快从主要依赖传统纸介质出版物向多种介质形态出版物的数字出版产业转型。出版物发行业要积极开展跨地区、跨行业、跨所有制经营,形成若干大型发行集团,提高整体实力和竞争力。印刷复制业要发展高新技术印刷、特色印刷,建成若干各具特色、技术先进的印刷复制基地。演艺业要加快形成一批大型演艺集团,加强演出网络建设。动漫产业要着力打造深受观众喜爱的国际化动漫形象和品牌,以形成文化产业的重要增长点。同时,大众文化作为社会文化的重要构成,必然具有文化功能。商业功能与文化功能的结合,使得大众文化在推动文化发展的同时,由于受经济利益的驱使,也会给人类文化带来负面影响。"大众文化常常将商品形象转变为某种文化符号,并大量制造,引导流行的习俗风尚,它的跨国和跨地区的运作最终势必出现削弱民族文化、消泯个性、形成全球文化一体化和单一化的趋势。大众文化使人处于平均状态,这一方面缓解了人类的心理和精神的压力,但另一方面,这种平均状态又造成了生活不再向垂直方向深入,只是在水平方向滑动,一切都变得那样表浅浮泛、平淡无奇,从而造成对人生深度、意义深度的消解。再者,大众文化推

---

① 郑敏燕:《大众文化研究的文献综述》,《湖北经济学院学报(人文社会科学版)》2011 年第 3 期,第 133 页。

崇'游戏',而游戏一方面消解了传统价值,使人们获得了一定的思想解放;但另一方面,游戏只注重当下的感受和快乐,放弃了对深度价值和意义的追问和思考。大众文化一方面使生活审美化,从而消除了艺术与生活的距离,使艺术的因素在生活中扩散,变成生活本身;但另一方面又消解了艺术的神圣性、超越性。大众文化无论是影视文化、大众消费,还是流行艺术,更多的是注重感性的张扬,注重感受性,有时甚至不惜夸大感性的作用,从而导致公众的事物变成纯粹的娱乐,私事则变成刺激与疲乏的交替,以及对新奇事物的渴望。"①

　　广告是大众文化的重要构成,同样具有商业功能与文化功能。需要指出的是,商业广告最本质、最核心的功能是它的商业功能。广告本质是一种信息传播活动,它最早是基于市场信息不对称所产生的传播手段,广告本质的功能是消解企业和消费者之间的市场信息不对称,从而实现产品销售的目的。因而,广告从最早产生就具有商业性,商业性是广告与生俱来的特性。可以看到,广告具有极强的工具特性,评价广告好坏的重要指标就是广告的传播效果与销售效果。广告对大众文化的利用,在于文化的利销性,广告通过对文化的利用,一方面提升品牌的文化内涵和附加价值,另一方面也是张大、传播着文化。由此可见,文化的利销性与广告对文化的利用,强化了广告的文化功能。

　　文化功能是广告传播的衍生功能。商业功能是广告传播的本质功能,离开了这一前提单纯地谈论广告的文化功能,评价难免有失偏颇。大众文化的建构是一个多元体系,如影视剧、电视节目、动画片、小说、广告、演艺娱乐、文化会展等,都会对大众的社会价值观念和消费行为产生影响。广告只是大众文化的一部分,过分夸大广告的作用与忽视广告对大众文化的影响同样不可取。事实上,广告传播优秀文化,对于社会文化的建构与和谐社会的建设具有重大价值。反之,广告传播糟粕文化,则不利于社会价值观念的良性建构与和谐社会的发展。例如,有些广告宣扬男尊女卑、官本位主义、享乐主义、拜金主义等腐朽观念,这种情况就必须坚决制止。广告传播所具有的文化功能,要求广告行业从业人员加强自律,同时也要求政府对其加强行政监管,社会对其开

---

① 肖建华:《大众文化的批判与辩护——当代西方大众文化理论述评》,《国外社会科学》2007 年第 1 期,第 8 页。

展有效监督,从而杜绝糟粕文化的传播,净化广告传播环境,推动社会健康和谐发展。对于广告的社会文化影响和作用,没必要过分地加以夸大,广告的文化传播机能只是其基本的商业信息传播机能的一种扩展,一种深入,任何时候都不可能成为广告基本的主要机能。

四、广告传播的社会文化责任思考

广告是大众文化的重要构成,广告对文化的利用正是在于文化的利销性,商业功能是广告传播的本质功能,文化功能是广告传播的衍生功能,广告文化正功能的张大有利于主流文化和价值观念的建构。如直到如今还被人津津乐道的太阳神企业形象广告,一曲"当太阳升起的时候,我们的爱天长地久",传达和唤起的不就是一种崇高的生活理念吗?《北京人在纽约》播出后,孔府家酒的"孔府家酒,叫人想家"品牌形象广告,以及南方黑芝麻糊、中华牙膏的电视广告,它们所散发和激荡起的不就是一种浓郁的乡情、亲情和怀旧之情吗?这些广告都是以文化信息为切口,把人们喜欢的乐于接受的信息填入人们的心理空间,两相融贴,创造具有了较高文化品位的个性诉求,使浓郁的时代信息与文化信息融于广告之中,从而迅速地俘获了消费者的心,不仅取得较高的经济效益,同时也获得较好的社会效益。

广告可以引导传播一种健康、积极的文化,也可以迎合传播一种低俗、消极的文化,消解主流文化和价值观念,甚至对消费者造成某种程度的伤害。例如,电视上众多的儿童消费品广告中,"小公主""小王子"甚至"小皇帝",从产品命名到广告传播,一心追逐的只是产品的利销和商业利润的实现,至于因此可能对儿童心理造成的某种伤害,却常为广告传播者所忽视,或者说毫不顾及。曾经有一则电视广告竟然拿爱国诗人屈原来开涮。历史上伟大的爱国诗人屈原投江殉志的故事妇孺皆知,然而,在某啤酒的电视广告中,屈原却喝起啤酒不跳江上下求索了。湖南新闻频道播出了一则长沙当地某啤酒品牌的广告——屈原悲闷地站在江边,一边口里念着"路漫漫其修远兮,吾将上下而求索",一边摆出要投江的架势。就在这时候,坐在屈原身后的一位打扮洒脱的现代年轻人奉劝屈原说:"人都死了,你还能求索啥?"不想,这句话还真灵,屈原一扫愁容,笑逐颜开,与这位现代年轻人席地而坐,开怀畅饮该品牌啤酒。

这是一种典型的"戏说"广告,是对历史和历史人物的极其不尊重和不负责任,有哗众取宠之嫌。屈原备受湖南和全国人民景仰和热爱,如此拿"屈原投江"大做广告不仅是对全国人民感情的一种伤害,还会危及青少年对历史人物的认知。

随着市场竞争的日趋激烈,广告市场上的问题层出不穷,这些问题的出现有多方面的原因,有些是因为广告市场主体缺乏社会文化责任意识,过度追求经济利益所致;有些是因为广告法律法规不够完善,广告法的执法力度和违法的惩罚力度不够,使得违法广告的机会成本大大高于风险成本,从而导致广告主和广告公司铤而走险;有些是因为媒介监督和社会监督不够完善,很多违法广告得不到应有的惩处。由于消费者缺乏对广告真假的辨别能力,也导致一些虚假违法广告泛滥,给消费者的经济财产和身心健康造成损害。因而,必须加强对广告市场的监管,保证广告市场公平、健康、有序地运行,保障消费者的合法权益。

第三章　信息不对称与广告市场道德风险

广告本质是一种信息传播工具,旨在降低企业与消费者之间的信息不对称,但由于受经济利益的驱使以及媒体的工具性限制,历来的广告传播又在不断强化信息不对称。掌握信息优势的广告主、广告公司和广告媒体,如果缺乏有效的行政、法律规制和自律约束,就会产生机会主义倾向甚至做出"败德行为"。虚假违法广告发生的根源在于广告市场的信息不对称。广告监管制度建设的核心必须是最大限度地消解广告市场信息不对称,提高虚假违法广告的发现概率与违法成本,规避广告市场道德风险。本章重点探讨广告传播的本质及其功能演进,解析广告市场信息不对称的表现及特点,审视信息不对称条件下虚假违法广告的发生机制及其负面危害。

第一节　信息不对称与广告传播

一、信息不对称理论

自由市场经济确立了四大原则,即自身利益原则、买卖双方利益增长原则、完全信息原则与无外部性原则。在自由市场经济的交易过程中,获取自身利益是正当的,这也符合古典经济学关于"经济人"的假设,即个体或企业追求自身利益的最大化,但"经济人"在追求自身利益最大化的同时必须兼顾他方的利益,这就是我们常说的"互利"与"双赢"。所谓"完全信息"原则,即买卖双方有责任有义务充分交换买卖信息,不得有所欺瞒。所谓"无外部性"原则,也就是说不得发生其他社会成本,即不能损害买卖双方之外的他人利益。然而,在现实的市场环境下,由于信息不对称导致市场失灵和资源配置效率低下的情况却屡屡发生。自由市场经济正是因其"自由",所以需要必要的规约。

不对称信息(Asymmetric Information)是指交易的一方拥有另一方不拥有的信息,甚至第三方也无法验证,即使能够检验也要花费大量的人力、物力、财力和精力,在经济上是不划算的。① 在自由市场经济中,信息不对称现象通常表现为两种结果,一是信息占有优势方经常会做出"败德行为";二是信息占有劣势方不得不为信息占有优势方承担风险,从而使自己面临交易中的"逆向选择"。信息经济学认为,信息不对称造成市场交易双方的利益失衡,影响社会的公平、公正以及市场配置资源的效率,并提出了种种解决办法。在现实经济中,信息不对称现象十分普遍,占有信息优势方常常从交易中获取更多的利益,出现因信息力量对比过于悬殊导致利益分配结构严重失衡的情况。

在消费领域,由于信息不对称引发的社会问题也比较普遍。日常生活中,消费者购买消费品,最担心的就是上当受骗,这种心理主要源于买卖双方的信息不对称。最严重的问题在于,我们通常都是在信息不对称的情况下进行消费的。在生产者与消费者的关系问题上,消费者始终处于弱者地位。为了消除因信息不对称所引起的消费心理障碍,并降低消费风险,消费者往往需要耗费大量的时间、精力和财力,多方搜求相关信息(高档及耐用品消费尤其如此),更增添了消费者消费的成本负担。自由市场经济完全信息原则的确立,旨在消除因信息不对称所可能导致的商业误导与欺诈,降低消费者的消费风险,维护处于弱者地位的消费者的合法权益。

二、广告本质是一种信息传播工具

广告本质上是厂商向消费者传递的有关商品与服务的信息,以促进产品销售为其终极目的。在消费市场上,厂商和消费者之间处于明显的信息不对称状态。厂商对自己生产或销售商品的成本、质量、性能等要素的了解基本上

---

① 妥艳贞:《不对称信息经济学理论观点述评》,《兰州学刊》2004 年第 5 期,第 88 页。

接近"完全信息"的水平,处于明显的"信息优势"状态,而消费者在与生产商的博弈中处于明显的"信息劣势"。消费者与厂商之间的信息不对称,导致消费者购买存在知觉风险。消费者知觉风险主要有以下类型:(1)功能风险。是指产品不具备人们所期望的性能或产品性能比竞争产品低所带来的风险。(2)安全风险。是指产品可能对自己或他人的健康与安全产生危害的风险,如食品的营养与卫生标准是否达到国家规定的要求,热水器使用是否安全可靠等。(3)经济风险。是指担心定价过高或产品有质量问题招致经济上的损失所产生的风险。(4)社会风险。是指消费者所买的产品不为他人所欣赏或受到嘲笑所产生的社会风险。(5)心理风险。是指消费者购买行为可能对自我情感和情绪产生影响,如担心所购买产品是否适合自己,是否能体现自己的形象等。①

消费者需要尽可能充分地获取商品信息以降低知觉风险,从某种意义上来说,广告的功能就是为了消除生产与消费的信息不对称以及由此引发的消费者认知风险障碍,因为它不断告知着商品与服务的信息,传达着商品与服务的功能,诉求着购买者与消费者所能获取到的实际利益。问题在于,历来的广告传播,又都在不同程度上强化着生产与消费的信息不对称,所谓"王婆卖瓜,自卖自夸"即是,这是一对悖论。

三、广告传播的功利指向与媒体限制

大众媒体广告是一种付费传播形式。广告主支付一定费用委托广告公司代理广告业务并在媒体上发布广告作品,广告主是广告活动的出资方,广告公司是广告活动的代理方,广告媒体是广告活动的发布方。作为广告活动的出资方,广告主对广告活动负有最主要的责任,任何广告作品的刊播最终都要获得广告主的审核与认可。作为"经济人"的广告主必然追求自身利益最大化,通常会发布对自身企业和品牌有利的信息,隐瞒产品的瑕疵和对企业、品牌不利的其他信息,这是由广告主自身的趋利性所决定的。这也决定了广告必然是一种"自卖自夸",因为暴露产品自身的缺陷等负面信息不利于产品的销

---

① 王建军:《信息不对称下的消费者行为研究》,《经济师》2004年第5期,第260页。

售。广告主利用广告达到传播商品信息、塑造品牌形象、提升品牌口碑、促成产品销售等目的。由于广告主自身的趋利性,决定了广告绝对不可能是一种完全信息的传达,只可能是一种非完全信息。广告的非完全信息传播的特质,并不等于它就是一种合理的存在。当前公众对广告信任度日益下降,广告面临信任危机,核心原因正是广告的非完全信息传播,主要表现为广告市场中信息性广告的比重过小,诱导性广告的比重过大。此外,虚假广告和误导广告,也正是利用了消费者与企业之间的信息不对称。解决这一问题,一是要对广告市场进行有效的规范,通过建立健全广告审查制度,完善广告行政监管机制,发挥广告行业自律组织功能,调动消费者、社会团体和新闻媒体等力量,坚决制止违法虚假广告;二是加大信息性广告的创作和发布力度,这也是提升广告公信力的必然要求。

广告发布的媒体,也决定了广告是一种非完全信息传播。传统媒体如报纸、杂志、广播、电视等,其版面空间和刊播时间容量都是有限的,而且传统媒介的空间与时间的使用都是要支付费用的,即使广告主没有隐瞒完全信息的主观故意,出于成本考虑,在使用媒介的版面和时间时也会有所控制。企业不可能在 15 秒或 30 秒的电视广告中全方位介绍产品信息,也不可能在有限的报纸广告版面中罗列产品的所有信息,一是版面和时段不允许,二是受众也无法在短时间内记住那么多信息,因而,传统媒体广告受媒体特性的限制,必然是一种非完全信息的传播。那么,在网络媒体中,这一问题就不存在了吗?在理论上,网络媒体具有海量的信息存储容量,克服了传统媒体的局限,网络广告似乎可以实现一种完全信息的传播。但这只是一种理想状态,受广告主强烈商业功利目的的驱使,加上受众注意力的稀缺,网络广告也只能是一种非完全信息传播。然而,网络媒体与网络广告的出现,却为传统广告的发展打开了一扇大门,传统媒体环境下广告遭遇的信任危机在网络广告中得到部分程度的消解,如企业通过官网、博客、微博、微信公众号等及时发布有关商品的最新信息,让消费者及时、充分地了解企业和品牌信息;广告主在商业网站发布的有关商品和商品促销方面的信息,消费者可以通过搜索引擎及时获悉并作出消费购买决定;消费者在传统媒体上看到某商品的广告信息,对其产生兴趣,可以登录该企业的官网详细了解具体细节。这些都是传统广告所无法做到的。传统媒体广告与网络广告的有效整合,成为新时期营销传播整合战略的重要内容。

四、广告传播的功能演进及其影响

广告商品信息传播功能的演进,大体经历了以下几个发展阶段:最初的商品信息的告知功能,所谓广告即"有关商品或服务的新闻";20 世纪 30 年代至50 年代的劝服功能;60 年代以来的诱导功能;90 年代以来的沟通功能。①

广告存在的时间虽然可以上溯到久远的年代,但是广告得以突破地域限制,在一个更大的范围内发挥其影响力,则是在 18 世纪广告通过付费得以出现在新闻媒体上,并通过新闻媒体得以广泛传播之后。它们被夹杂在新闻版面里,以类似新闻稿的形式被传达出来。直到 19 世纪 90 年代,西方社会对广告公认的一般定义仍为"广告是有关商品或服务的新闻"(News about product or service),广告仍被看作是一种起告知作用的、与新闻报道相类似的传播手段,其本质功能在于告知。告知功能观念认为,人们之所以没有购买产品,是因为人们不知道有关产品和生产商的信息,广告所要做的就是告知人们有关产品和生产商的信息,也就是经济学家马歇尔所赞许的"信息性广告"。②

劝服功能观念产生于产品丰富并竞争激烈的市场条件下。产品的丰富使得消费者有了更多的消费选择,产品的功能优势与购买所带来的实际利益,成了消费者进行消费选择的重要取向。劝服功能观念认为,如果不能找出一个合适的销售理由,消费者就不会购买广告所推介的商品。这一观念的代表人物是约翰·肯尼迪、阿尔伯特·拉斯克尔和克劳德·霍普金斯,其核心广告理念便是广告是一种"纸上推销术"(Salesmanship in print),他们主张,好的广告就应该向消费者提供一个充足的购买理由。③ 20 世纪 40 年代至 50 年代盛行的、由著名广告人罗瑟·瑞夫斯提出的 USP 理论,即"独特的销售主题",不仅

---

① 张金海:《20 世纪广告传播理论研究》,武汉大学出版社 2002 年版,第 96 页。

② 新古典主义经济学家马歇尔(Alfred.Marshal)的成名作《经济学原理》一书中,只有一次提到广告,却划时代地将广告划分为"提供信息性广告"和"劝说性广告",他认为,广告是市场信息的一种基本形式,通过刺激竞争,降低消费者寻找产品的代价。

③ [美]阿尔伯特·拉斯克尔:《拉斯克尔的广告历程》,焦向军、韩俊译,新华出版社 1998年版,第 20 页。

主张广告必须向消费者提供一个充足的购买理由,并且这一购买理由还必须是独特的,同时能够打动千百万人的心。①

广告由告知、劝服走向诱导,表现为广告由注重诉求走向注重创意,即由重视"说什么"走向重视"怎么说"。20 世纪 60 年代美国创意革命时代的三大创意理论的发生,开始主张并强化着广告的诱导功能。这一时期的广告理论主张与实践,已逐渐由诉求走向创意,由产品走向品牌,由产品功能诉求走向形象塑造。李奥·贝纳挖掘产品与生俱来的"戏剧性"的创意主张②,大卫·奥格威品牌形象为产品周围添设的"光晕"③,还有万宝路牛仔形象广告的经典示范,最终推动了广告由劝服走向诱导。

由于多重因素的制约,传统媒介时代广告的告知功能,是不可能实现自由市场经济原则所规约的完全商品信息传达的。劝服功能,尤其是诱导功能,主要是建立在生产与消费信息不对称的基础上的。没有信息的不对称,广告就不可能不断张大其劝服功能与诱导功能。不断的劝服,不断的诱导,也就不断强化着消费信息的不对称。

进一步说,在广告从告知走向劝服直至走向诱导的过程中,许多有关广告的外部性问题也开始出现。在信息高度不对称的情况下,广告诱导、误导、欺瞒着消费者,它为此也付出了沉重的代价:社会信任度的不断丧失,传播效果的不断减弱。

进入 20 世纪 90 年代,"沟通"成为市场营销新的关键词,它旨在重建厂商与消费者之间的关系。90 年代从西方兴起的整合营销传播理论(IMC),主张"运用一切传播形式及手段实现沟通目标",与消费者建立一对一的沟通关系。广告作为整合营销传播体系的重要组成部分,必然担负着实现与消费者沟通的任务。广告功能从"诱导"演进为"沟通",并不全然是因为"沟通"听起来更容易被消费者接受,而是因为它是一种传播功能观念的根本改变:首

---

① 参见[美]罗瑟·瑞夫斯:《实效的广告——达彼思广告公司经营哲学:USP》,张冰梅译,内蒙古人民出版社 1998 年版,第 80—81 页。

② [美]布鲁斯·班德格《广告文案》,赵淑娟译,科学技术出版社 2001 年版,第 29 页。

③ 20 世纪 70 年代法国学者热拉尔·拉尼奥在其著作《广告社会学》中指出,"品牌就是产品和环绕在产品周围的一圈光晕"。

先,"沟通"意味着买卖双方之间是一种平等关系,而不是像劝服或诱导那样具有强迫性;其次,买卖双方之间存在着一种资源交换与分享共同价值的关系。

在传统媒介环境下,广告传播的沟通功能是不可能完全实现的。不要说有着强烈商业性功利目的的广告传播,在传统媒介状况下不可能实现充分信息沟通,其他类型的传播也不可能达到完全意义上的信息沟通。传统媒介传播永远是单向的、线型的、信息容量有限的。因此可以说,在传统媒介环境下的信息传播,沟通仅止于一种理论形态和一种理想化状态。

需要特别指出的是,广告传播功能的演进主要经历了告知、劝服、诱导和沟通四个阶段,新的广告功能的出现并不意味着已有的广告功能的消亡,而是表现为一种共生状态。广告传播正是由于其工具性限制,以及在实践过程中不断强化诱导功能,进一步加剧了市场信息的不对称,使得消费者面临更大的购买风险,同时需支付更多的信息搜寻成本。由于广告传播对信息不对称的某种强化,广告传播的负外部性问题加剧,也导致了广告公信力下降,广告传播效果弱化。广告应在努力消除信息不对称的原则基础上回归其商品信息告知功能的本位。①

第二节　广告市场主体间的信息不对称

一、广告公司与广告主间的信息不对称

广告主与广告公司之间是一种委托代理关系,广告主是委托方,广告公司是代理方。广告主选择广告公司代理其广告业务,并负责提供市场及产品的相关信息,广告公司在进行市场调查的基础上,制订广告战略及策略,确定广告诉求和创意表现,选择刊播的媒体,并着手广告的创意与制作。广告在媒体上投放后,广告公司还需要及时跟踪广告传播的效果,调整广告策略,进而提

---

① 张金海、廖秉宜:《不对称信息与广告传播——兼论网络与数字传播时代广告告知功能的回归》,《现代广告》2007 年学术刊总第 145 期,第 7—10 页。

高广告传播的实效性。在广告主与广告公司的合作关系中,广告主与广告公司都处于一种信息不对称状态,广告主拥有自身企业及产品的完全信息,如企业经营的业绩、公司运营的现状、企业发展的历史、产品的成本及预期效益、产品的成分及用途、产品质量的好坏等,广告主出于商业利益的考虑,不可能把产品质量方面存在的问题透露给广告公司,也不可能把产品的真正成本及预期效益完全告知广告公司,广告公司只可能拥有广告主的非完全信息。但是,广告主要取得广告传播的效果,必须向广告公司提供市场及企业方面的一些信息,如市场的竞争状态、消费者的购买心理及趋势、企业的经营优势、企业目前面临的营销传播问题、产品独特的功能及特点等,帮助广告公司了解市场,发现机会,提出创造性的广告解决方案。

广告公司与广告主之间的信息不对称,使得广告公司面临一定的经营风险。例如,如果广告主提供不真实的商品信息,或夸大商品性能,或虚构商品功能,广告公司在不知情或无法证实的情况下创作广告作品,并在广告媒体上投放,就会导致虚假广告的诞生。《中华人民共和国广告法(2015年修订)》(以下简称《广告法(2015年修订)》)第五十五条规定:"广告经营者、广告发布者明知或者应知广告虚假仍设计、制作、代理、发布的,由工商行政管理部门没收广告费用,并处广告费用三倍以上五倍以下的罚款,广告费用无法计算或者明显偏低的,处二十万元以上一百万元以下的罚款;两年内有三次以上违法行为或者有其他严重情节的,处广告费用五倍以上十倍以下的罚款,广告费用无法计算或者明显偏低的,处一百万元以上二百万元以下的罚款,并可以由有关部门暂停广告发布业务、吊销营业执照、吊销广告发布登记证件。"

为了降低和规避由于广告主提供不真实信息给广告公司经营造成的风险,广告公司需要对广告主的经营资质与产品质量等方面的信息进行严格的审核。根据《广告管理条例》第十一条规定:"申请刊播、设置、张贴下列广告,应当提交有关证明。(一)标明质量标准的商品广告,应当提交省辖市以上标准化管理部门或者经计量认证合格的质量检验机构的证明;(二)标明获奖的商品广告,应当提交本届、本年度或者数届、数年度连续获奖的证书,并在广告中注明获奖级别和颁奖部门;(三)标明优质产品称号的商品广告,应当提交政府颁发的优质产品证书,并在广告中标明授予优质产品称号的时间和部门;

（四）标明专利权的商品广告,应当提交专利证书;（五）标明注册商标的商品广告,应当提交商标注册证;（六）实施生产许可证的产品广告,应当提交生产许可证;（七）文化、教育、卫生广告,应当提交上级行政主管部门的证明;（八）其他各类广告,需要提交证明的,应当提交政府有关部门或者其授权单位的证明。"然而,在实际操作中,一些广告公司在广告主未提供相关证明信息或提供信息不全的情况下,受经济利益驱使,为广告主创作并发布广告,一旦虚假违法广告被工商行政管理部门查处,广告公司便会面临虚假违法广告连带责任的处罚风险。

二、广告媒体与广告公司间的信息不对称

广告市场实行的是双重代理,广告媒体与广告公司之间也是一种委托代理关系,广告媒体是委托方,广告公司是代理方。一方面广告公司接受广告主的委托代理制作并选择广告媒体发布广告作品,另一方面广告公司也接受广告媒体的委托销售媒介版面及时间,广告公司尽管是双重代理,但处于主导地位的应该是广告公司与广告主之间的委托代理关系,广告公司与广告媒体之间的委托代理关系应该处于一种从属地位,也就是说,广告公司在这种合作关系中,必须对广告主负责,如果广告公司与广告媒体达成合谋,极有可能损害广告主的利益,广告市场管理必须保护广告主的利益不受侵害。

广告主利益受到侵害有两种情况,一是广告公司的主观故意行为,广告公司出于自身利益的考虑,选择一些刊播费用高、媒体回扣费用高的媒体,在广告主不知情的情况下,使得作为委托方的广告主面临道德风险;二是广告公司的非主观故意行为,广告公司与广告媒体之间也是处于一种非对称信息状态,广告媒体有自身的完全信息,如报刊的发行量、广播电视的视听率、广告版面和时段的实际成本和价格、媒体的预期利润率、媒体受众的构成、媒体广告刊播的总体安排等,广告媒体不可能把这些信息完全告知广告公司,尤其是长期以来我国报刊发行量审核制度一直没有建立起来,广告公司只能依据媒体自身发布的数据作出媒体决策,然而媒体的真实发行量却无法核实。《广告法（2015年修订）》第三十六条规定:"广告发布者向广告主、广告经营者提供的覆盖率、收视率、点击率、发行量等资料应当真实。"要保证广告主的合法权益

不受侵害,保障广告市场的规范化运作,当前迫切需要规范媒介的市场行为,尽快建立媒介覆盖率、收视率、点击率、发行量审核制度,为广告公司和广告主的媒介决策提供科学依据。

三、广告媒体与广告主间的信息不对称

广告媒体与广告主之间存在两种关系,一种是直接交易关系,一种是通过广告公司代理的非直接交易关系。

就直接交易关系而言,广告媒体与广告主之间是一种信息不对称状态,广告媒体拥有自身完全信息,如报刊的发行量、广播电视的视听率、广告版面和时段的实际成本和价格、媒体的预期利润率、媒体受众的构成、媒体广告刊播的总体安排等,广告媒体不可能把这些信息完全告知广告主。另外,广告主也拥有自身完全信息,如企业经营的业绩、公司运营的现状、企业发展的历史、产品的成本及预期效益、产品的成分及用途、产品质量的好坏等,广告主也不可能把自身完全信息告知广告媒体。作为"经济人"的广告主与广告媒体,都会选择传递对自身有利的信息给对方,从而实现自身利益最大化。广告主如果主观隐瞒产品质量方面的问题,会使广告媒体面临虚假广告违法连带责任处罚的风险。为了降低和规避由于广告主提供不真实信息给广告媒体经营造成的风险,广告媒体也同样需要依照《广告管理条例》第十一条规定对广告主的经营资质与产品质量等方面的信息进行严格的审核。当前,由于媒体的强势与制度设计的缺陷,广告媒体往往会逃过行政机关的处罚,这一明显保护媒体的制度设计,不利于广告市场的规范化,成为滋生大量虚假违法广告的温床。广告媒体如果主观隐瞒媒体发行量、覆盖率、收视率、点击率等方面的信息,就会使得作为委托方的广告主面临道德风险,因而对广告媒体的这一行为必须进行有效的规制,设立权威的媒体发行量、覆盖率、收视率、点击率审核机构和监测机构成为一种必需。

如果是通过广告公司代理的非直接交易关系,广告媒体与广告主之间的信息不对称可能更加严重。广告媒体一般直接与广告公司联系与合作,这里同样存在三种情况:一是广告媒体与广告公司之间保持长期的密切合作关系,广告媒体充分信任广告公司,从而疏忽了对相关证明文件和广告内容的审查;

二是广告媒体出于商业利益的考虑，不顾广告商品是否存在质量问题和虚假宣传问题，都发布广告作品；三是广告媒体与广告主之间存在信息不对称，由于广告主故意隐瞒产品的真实信息，相关证明文件符合规定，广告媒体刊发广告作品。前两种情况或是因为广告媒体责任意识不强或是因为商业意识过重，虚假违法广告中媒体需要承担连带责任。第三种情况广告主则需要承担全部违法责任，广告媒体不需要承担连带责任。

四、广告受众与广告传播者的信息不对称

广告受众与广告主、广告公司和广告媒体之间也存在信息不对称。

广告受众与广告主之间的信息不对称表现为：广告主掌握有自己产品的完全信息，包括产品的成本与利润、功能与质量、优势与缺陷等，而广告受众往往并非商品方面的专家，在这一关系中，广告受众始终处于一种弱势地位。尽管随着新媒体技术的应用与普及，消费者可以通过互联网等多种途径获取更多有关商品的信息，但是仍然无法完全改变这种不对等的地位。更何况消费者主动搜集信息还必须具备两个重要的前提，一是消费者必须能够掌握网络相关技术，二是消费者具有信息搜集与信息甄别的能力。随着网民人数的持续增加，网络已经成为人们生活的一部分，但是对于一些中老年消费者来说，可能还存在网络搜索技术上的障碍。此外，网络媒体的迅猛发展在为人们提供海量信息的同时，也使人们获取有效信息并对信息进行甄别的难度加大。

广告受众与广告公司和广告媒体之间的信息不对称，其主要表现为：广告受众对自己的消费心理和消费行为比较清楚，在这一点上，广告受众相比较广告公司更具信息优势，然而，广告公司正在不断通过研究消费者心理和行为，开展针对性的广告与营销推广活动，不断刺激人们的购买欲望，以达到促销商品或提升品牌形象的目的，从某种程度上说，广告公司比消费者更懂消费者。广告公司也可能利用自己在消费者研究方面的信息优势，发布一些实则虚假却能让消费者信以为真的信息，从而损害消费者利益。广告受众和广告媒体之间存在信息不对称，广告媒体是新闻信息、社会信息和商品信息发布的重要载体，广告媒体对于上述信息的发布负有"把关人"的职责，尽管广告媒体与广告主在产品性能信息方面存在不对称，但是相比较广告受众来说，他们掌握

着更多的信息。广告媒本也可能会利用其公共媒体属性与媒体公信力，发布一些虚假违法或是有悖社会伦理的商业广告，而广告受众则可能因为相信媒体而相信其发布的广告，导致自身利益受损。

尽管在网络和数字媒体技术的背景下，广告受众掌握了更多信息支配权，但是仍然无法根本改变这种信息不对称状态。广告监管的核心就是要保护消费者的合法权益，维护公平、公正的广告市场竞争秩序。

第三节　信息不对称条件下违法广告的发生

一、信息不对称、机会主义与企业败德行为

不对称信息是指在相互对应的市场参与者之间不作对称分布的有关某些事件的知识或概率分布。在现实经济中，信息不对称的存在是由于市场参与者获得不同信息所致。以消费市场为例，"生产者（或销售者）与消费者之间存在着明显的信息不对称，经营者由于对产品的成本、质量等信息非常清楚，从而在交易中占据明显优势地位；消费者具有非专家购买等特点，故消费者对所要购买的商品或劳务不可能具有百科全书般的知识，其劣势地位显而易见。"①

导致市场信息不对称的原因是多方面的，主要受制于企业的主观动机、消费者信息搜寻能力和"成本—收益"考虑以及传统营销传播观念的限制。（1）从企业角度而言，出于自身利益的考虑，它们一般只会传递有利于企业的信息；（2）从消费者角度而言，消费者是一种"非专家型"消费，他们往往缺乏关于产品性能、质量等方面的专业知识，消费者信息收集是有成本的，不同消费者的信息收集能力存在差异；（3）从营销传播观念角度来看，传统的营销理念和实践在某种程度上强化了消费者和厂商之间的信息不对称，比如 20 世纪 90 年代兴起并被广泛采用的整合营销传播理论所主张的"多种媒介，一个声音"即是如此。

---

① 何凤霞、樊玮娜：《对虚假广告成因的探讨》，《商业研究》1998 年第 11 期，第 79 页。

市场信息不对称带来两个直接后果:一是信息占有优势方会作出"败德行为";二是信息占有劣势方不得不为信息占有优势方承担风险,从而使自己面临交易中的"逆向选择"。就虚假广告的发生来说,信息不对称容易导致机会主义与败德行为的发生。所谓机会主义行为,按照威廉姆森的定义,是指人们借助于不正当手段谋取自身利益的倾向。这个倾向说明了人追求自身利益的动机是强烈而复杂的,他会为此随机应变、投机取巧,有目的有策略地利用信息,按个人目标对信息加以筛选和扭曲,以至违背对未来行动的承诺等。用经济学家樊纲的话来说,机会主义就是"在他人信息不完全的情况下利用一切现行体制下可能的机会以不惜损害他人或公众利益的办法获得更大的利益"。从威廉姆森和樊纲的定义中可以看出,机会主义包含这样几个因素:机会主义产生的前提源于信息不对称,即"他人信息不完全";机会主义产生的动机是企业这个"经济人"为了谋取自身利益的最大化;机会主义的后果是"损害他人或公众利益",增加社会成本。

此外,机会主义的产生还有两个重要的前提,即风险概率小和风险成本低。(1)风险概率小。商品可以分为三类:搜寻性商品,即其质量可在购买之前通过观察加以确定的商品;体验性商品,即其质量只有在使用过程中或使用后才能确定的商品;信任性商品,即其质量无论在使用前、使用过程中,还是在使用后都很难确定的商品。市场上存在大量信任性商品,导致消费者很难判定广告的真假,使得虚假广告的风险概率很低。(2)风险成本低。即风险收益与风险成本的差额。当风险收益大大高于风险成本时,企业或个人往往会铤而走险,做出损人利己的行为;反之,当风险成本大大高于风险收益时,企业或个人的行为会受到很大程度的约束。虚假广告风险成本低,无法构成对企业强有力的约束,也是虚假广告产生的重要原因之一。《广告法(1995年)》第三十七条规定:"利用广告对商品或服务作虚假宣传的,由广告监督管理机关责令广告主停止发布、并以等额广告费用在相应范围内公开更正消除影响。并处广告费用一倍以上五倍以下的罚款;对负有责任的广告经营者、广告发布者没收广告费用,并处广告费用一倍以上五倍以下的罚款;情节严重的,依法停止其广告业务;构成犯罪的,依法追究刑事责任。"可见,我国虚假广告的风险成本相当低,这样也容易导致企业的机会主义行为进而引发企业的"败德行为"。"败德行为"的主体是居于信息优势地位的企业,其表现形式多种多样,以广告市场为例,企业利用自己的信息优势,向消费者传递虚假广告信息,从而赢得竞争优势,获取市场利润,由于消费者通常都不是该产品的专家,缺乏对产品性能和质量等方面的专业知识,并且无法验证广告信息的真实性,加之信息搜寻需要支付成本,使得虚假广告有了生存的土壤。

二、违法广告负外部性影响的多重审视

外部性是指商品的生产和消费不仅给直接生产者和消费者带来了收益和成本,还给其他人带来收益和成本。外部性包含正外部性和负外部性。正外部性是指除带给直接生产者和消费者收益之外,还增加了社会他人的收益,如教育、好消息、传染病的公共预防、优秀的广告作品等;负外部性是指除生产的直接成本外,还强加了外部成本给社会其他成员,却未通过价格机制体现出来,从而直接减少了他人受益,如工厂向空气中或河流中排放废气或废水,会严重污染环境却不必对此进行补偿;企业发布虚假广告,欺骗消费者购买与广告承诺不符的产品却不必对此进行补偿。虚假违法广告的负外部性主要表现在以下三个方面。

一是违法广告的增多使得商业广告面临信任危机,传播效果不断减弱。虚假广告和低俗广告屡禁不止,使得广告受到社会公众的诟病,严重影响了广告传播效果与广告公信力。《广告公信力调查报告》显示,"虚假"和"低俗"是广告社会效果不佳的主要表现。在问及"广告社会效果欠佳具体体现在哪些方面"时,有高达41.7%的人选择"虚假",其次21.3%的人认为是"低俗",12.4%的人认为是"宣扬享乐主义";随后依次为"倡导个人中心"(7.5%)、"情色内容"(5.0%)、"贬低他人"(5.0%)、"恐怖暴力内容"(1.9%)、及"其他"(5.2%)。在问及"接触到不良广告后,您的反应是什么"时,有54.3%的人"厌恶不再观看",有14.6%的人认为自己会"提醒周围朋友注意"。[①] 由此可见,当前我国商业广告面临严重的信任危机,这种信任危机一方面导致消费者不信任广告,另一方面他们也会把自己对广告的不信任以人际传播的方式告

---

① 舒咏平:《广告公信力调查报告》,《现代广告》2007年第4期,第35页。

知周围的人,进而增加整个社会对广告的不信任,这必然会弱化广告传播效果。

二是违法广告增多带来市场不公平竞争,进而导致"市场失灵"。市场经济与竞争总是相伴而生的,竞争是市场经济的本质特征之一。国内外大量的实践证明,公平竞争给市场主体提供强大的外部压力和内部动力,促进资源的优化配置和市场运行效率的提高。但由于受种种因素的影响,在目前我国的经济生活中,不公平竞争的现象比比皆是,十分普遍。利用广告进行欺骗宣传或变相贬低同类产品、打击同类企业就是典型的例子。这种不正当竞争扰乱了市场秩序,使同类市场竞争者面临不公平竞争的风险,影响了合法生产经营者、消费者的正当权益,直接损害市场经济的健康发展,进而导致"市场失灵"。

三是虚假违法广告严重损害了消费者权益,增加了整个社会的成本。"虚假广告诱发消费者产生误购行为,违反了'真实性'原则,是不正当竞争行为。不但侵害消费者的合法权益,同时也侵害同业经营者的权益。"①综观近年来的广告违法案例,虚假广告引发的消费者利益受损现象绝非少数。虚假广告的泛滥导致消费者对广告的信任度下降,同时增加了消费者鉴别商品质量的难度。消费者必须投入更多的时间成本和经济成本去搜寻产品相关信息,另外,消费者权益受到侵害时为维护自身权益也需要支付成本,这就使得消费者为虚假广告额外支付的成本大大增加。同时,广告行政监管部门需要加大对虚假违法广告的治理力度,也必将大大提高行政监管的成本。

---

① 黎燕燕、杨妮、柴进:《论虚假广告对消费者权益的侵害》,《法学杂志》2003 年第 11 期,第 16 页。

第四章　广告审查的制度安排与制度优化

广告发布前审查制度的建立,是防止虚假违法广告和有悖社会伦理道德的广告流入市场的重要制度安排。西方发达国家广告业起步比较早,广告审查制度相对比较完善,并设有专门的机构负责广告发布前的审查以及发布后的动态监管,这些机构或是政府组织,或是社会组织,或是由政府、行业协会、社会公益组织、广告主、广告公司、广告媒介、法律专家和广告专家、公众组成的独立机构。当前,我国广告审查还存在制度性缺陷,加大了虚假违法广告的发生概率与风险,广告审查制度创新已经成为广告监管制度建设的重要内容。本章重点研究广告审查机构与广告市场主体的博弈模式,经济发达国家广告审查制度的类型及特点,中国广告审查制度的变迁及制度缺陷,以及中国广告审查制度创新与制度绩效。

第一节　广告审查机构与广告市场主体的博弈

一、静态博弈、动态博弈与重复博弈

"博弈是指一些个人、团体或其他组织,面对一定的环境条件,在一定的约束条件下,依靠所掌握的信息,同时或先后,一次或多次,从各自可能的行为或策略集合中进行选择并实施,各自从中取得相应结果或收益的过程。"[①]一个标准的博弈包括博弈方、行为、信息、策略、次序、收益、结果、均衡等八个方

---

① 范如国编:《博弈论》,武汉大学出版社 2011 年版,第 3 页。

面。博弈的参与人又称博弈方,是指博弈中独立决策、独立承担后果,以自身利益最大化来选择行动的决策主体(可以是个人,也可以是团体,如厂商、政府、国家),博弈方以最终实现自身利益最大化为目标。博弈行为是指参与人所有可能的策略或行动的集合。博弈信息是指参与人在博弈过程中所掌握的对选择策略有帮助的知识,特别是有关其他参与人(对手)的特征和行动的知识。博弈策略是指博弈方可选择的全部行为或策略的集合。博弈次序是指博弈方作出策略选择的先后顺序。博弈方收益是指博弈方在博弈中作出决策后的所得或所失,它是所有博弈方策略或行为的函数,是每个博弈方真正关心的东西。博弈结果是指博弈者感兴趣的要素集合,如选择的策略、得到的相关收益、策略路径等。博弈均衡是指所有博弈方的最优策略或行动的组合,这里的均衡特指博弈中的均衡,一般称为"纳什均衡"。博弈论的两个基本假设:一是个人理性,假设博弈者在进行决策时能够充分考虑到博弈者之间行为的相互作用及其可能影响,能够作出合乎理性的选择;二是博弈者最大化自己的目标函数,选择使自身利益最大化的策略。

按照博弈者的先后顺序、博弈持续的时间和重复的次数进行分类,博弈可以分为静态博弈和动态博弈。静态博弈是指博弈者同时采取行动,同时进行策略决定,博弈者所获得的支付依赖于他们所采取的不同的策略组合的博弈行为。因此,静态博弈也称为"同时行动的博弈"。或者尽管博弈者的行动有先后顺序,但后行动的人不知道先行动的人采取的是什么行动。动态博弈是指在博弈中,博弈者的行动有先后顺序,且后行动者能够观察到先行动者所选择的行动或策略。因此,动态博弈也称为"多阶段博弈"。重复博弈是一种特殊的动态博弈,它是指同一博弈反复进行的博弈过程,构成重复博弈的一次性博弈也称为"原博弈"或"阶段博弈"。大多数情况下,重复博弈的各次重复之间存在着相互影响和制约,因此不能把重复博弈割裂为一次一次的独立博弈进行分析,而必须把重复博弈作为一个整体来研究。商业中的回头客问题、企业之间的长期合作或竞争等,都可以看作是重复博弈问题。在重复博弈中,每次博弈的条件、规则和内容都是相同的,但由于有一个长期利益的存在,因此,各博弈方在当前阶段的博弈中要考虑到不能引起其他博弈方在后面阶段的对抗、报复或恶性竞争,即不能像在一次性静态博弈中那样毫不顾及其他博弈方的利益。事实上,广告市场主体之间的博弈经常发生。

1. 广告主与消费者之间的博弈

广告主与消费者之间的博弈是经常发生的,广告主对自身的产品及广告拥有完全信息,消费者与广告主之间处于一种信息不对称状态,在博弈的双方中,消费者明显处于劣势地位。一些广告主利用自身的信息优势,制造并销售假冒伪劣商品,发布虚假违法广告,损害消费者利益,这反映出部分广告主简单的静态博弈思维,即"一锤子买卖",尽可能的获取最大收益。广告主的上述行为最容易在以下两种情况下发生:一是产品的生命周期非常短,竞争异常激烈,通过虚假广告宣传,广告主能够迅速提升产品知名度并赢得市场收益,即使消费者购买后大呼上当,或是面临广告行政管理部门处罚,他们也在所不惜,保健品市场上虚假广告的泛滥根源便在于此;二是对于一些高新技术产品来说,普通消费者缺乏相关专业知识和鉴别能力,广告主可以利用自己的信息优势,发布虚假违法广告,并轻易逃过法律的制裁,这也是当前虚假广告产生的重要原因。对于大多数商品,尤其是一些名牌商品而言,广告主与消费者之间更多的是一种动态博弈或重复博弈。消费者这次的品牌消费体验会影响到下一次的品牌决策,而且,在新媒体环境下,消费者可以通过博客、微博、微信、网络社区、购物网站买家评价、点评网站等渠道分享自己的购物体验与对品牌的评价,从而影响其他消费者的购买决策,这也是广告主需要考虑的因素。

2. 广告主之间的博弈

在广告市场上,同类企业之间的竞争异常激烈,广告成为品牌竞争的重要营销传播工具,竞争企业的广告决策也会影响其他企业的广告策略和市场行为。例如,一家企业增加了某市场的广告投放额,可能会影响另一家竞争企业或多个竞争企业加大广告投放力度等,在市场份额既定的情况下,一家企业市场份额的扩大,会降低其他竞争企业的市场份额,这是一种"常和博弈"。广告主之间的博弈在广告市场中经常发生,根据博弈论的两个假设,即个人理性与博弈者最大化自己的目标函数,广告主为了迅速提升产品知名度,扩大市场占有率,获取高额的利益回报,极有可能发布虚假违法广告和误导广告,从而将竞争对手置于不利的竞争境地,获取竞争优势。然而,基于广告主之间的博弈多是动态博弈和重复博弈的情形,竞争对手面临两个选择:一是发布真实的广告信息;二是效仿前者发布虚假违法广告。如果选择前者,自身利益可能会受损;如果选择后者,势必会使虚假广告泛滥,增加违法广告被查处的风险。很多企业都不同程度的存在这种困境,对于市场上的一些名牌企业来说,发布虚假违法广告的风险更大,但是面对竞争对手的虚假违法广告损害自身利益的情形,企业可以通过行业协会的力量,在行业内部形成统一的市场规范,从而有效地约束竞争者的不法行为,同时,企业还可以向工商行政管理部门投诉或向法院起诉等,保护企业的合法权益,从而有效遏制虚假违法广告的泛滥。

3. 广告主、广告公司、广告媒体与广告监管者之间的博弈

广告监管者制定明确的法律法规,约束广告主、广告公司和广告媒体的广告行为,坚决打击虚假违法广告和误导广告,从而维护公平竞争的市场环境,广告主、广告公司和广告媒体与广告监管者之间的博弈经常发生,事实上,广告主、广告公司和广告媒体等广告市场主体的广告行为,必然会考虑广告监管者的因素,如果发布虚假违法广告的收益非常丰厚,而且虚假违法广告不易被发现,或者被发现违法的成本也很低,那么广告主、广告公司和广告媒体委托、制作和发布虚假违法广告的可能性就会增大。然而,虚假违法广告的泛滥,消费者对虚假违法广告投诉的增多,无疑会影响政府公信力,广告行政管理部门必然会加大对虚假违法广告的监管力度,提高广告市场主体发布虚假违法广告的成本,从而营造良好的市场竞争环境,保护消费者的正当权益,这种博弈实质是一种动态博弈。

二、违法广告的机会成本与机会收益

机会成本是一个经济学概念,是指在资源稀缺的前提下,当这种资源已经被用于一种用途时,它就不能再被用于其他别的用途。而当假设它被用在别的用途上所获得的最高收益就被称之为资源用在这种用途上的机会成本。很多经济违法行为之所以发生,也是由于机会成本的存在。经济违法行为的机会成本指的是人们选择从事违法活动而丧失的合法谋利的可能机会,机会成本越小意味着人们从事合法谋利的机会越少,他们从事违法活动的可能性也

就越大。① 假如一家企业从事合法广告经营行为所付出的代价（成本）是 10 万元,其他经营成本为 40 万元,所获得的收入是 100 万元,那么其利润是 100−10−40＝50 万元。如果同样的这家企业从事违法广告行为,其支付的成本同样是 10 万元,其他经营成本为 40 万元,违法广告被工商行政部门查处并处罚 50 万元,所获得的收入是 500 万元,那么其利润是 500−10−40−50＝400 万元。我们就可以说这家企业从事合法广告经营的机会成本是 400 万元。换一个角度来说,这家企业从事违法广告经营的机会成本是 50 万元,而机会收益则是 400 万元。如果没有严格完善的广告法律法规对广告市场进行强有力的管理,则所有经营者为追求自身利益最大化都会从事违法广告经营,这将会对广告市场造成不良影响。

中国市场竞争日趋激烈,广告成为品牌竞争的重要手段,从近年来中国广告经营额的持续增长可以看出,为了提升品牌知名度,扩大品牌市场占有率,增强品牌竞争力,各大企业都增加了广告投入。2013 年,全国广告经营额达到 5019.75 亿元,比上一年增长 6.84%,占 GDP 的比重为 0.88%。随着企业广告投放额的增加,违法广告的数量仍然保持较高位。国家工商行政管理总局发布的数据显示,2013 年全国各地区查处违法广告案件总量为 44103 件,重点行业违法依然严重。其中,房地产、医疗服务、药品、食品、家用电器等行业被查处的违法广告数量占全国查处违法广告案件的比例较高,这些行业与百姓生活关系密切,是违法广告的多发行业,也是广告监管的重点领域。（如表 4.1 所示）

表 4.1　2013 年全国部分行业违法广告监管处罚情况②

类　别	案件总数	按违法性质分		
		虚假广告	非法经营广告	其　他
合　计	44103	12885	7795	23423
房地产	4297	790	1068	2439

① 陈建富:《经济违法行为的机会成本分析》,《南方论刊》2007 年第 3 期,第 29 页。

② 国家工商行政管理总局:《2013 年中国广告业统计数据分析报告:2013 年中国广告经营额突破 5000 亿》,《现代广告》2014 年第 6 期,第 31 页。

类　　别	案件总数	按违法性质分		
		虚假广告	非法经营广告	其　　他
医疗服务	4098	1160	686	2252
药　　品	3664	1741	481	1442
食　　品	3376	1369	435	1572
其中:保健食品	1444	657	172	615
家用电器	1195	347	325	523
商场销售	1192	233	291	668
服装、服饰	936	259	290	387
农　　资	912	299	212	401
其中:农药	237	72	80	85
医疗器械	766	280	128	358
酒　　类	678	185	181	312

　　当前,我国一些行业违法广告现象突出,究其原因在于从事违法广告的机会成本低,机会收益高,违法广告的风险小。

　　1. 从事合法广告经营的成本高

　　从企业品牌建设角度来说,制作并发布诚实可信的广告,对于塑造品牌形象、赢得消费者口碑具有重要意义,也成为大多数企业奉守的商业理念。然而,市场上存在着各种良莠不齐的商品,这些企业为了迅速提升产品知名度,扩大市场份额,不惜铤而走险,通过发布虚假违法广告和误导广告来骗取消费者关注并购买商品,在市场份额既定的情况下,势必会抢占其他竞争企业的市场份额,将从事合法广告经营活动的企业置于不利的竞争境地。事实上,这些从事非法广告经营活动的企业获取的收益,就成为从事合法广告经营活动的企业的机会成本。

　　2. 违法广告的经济成本过低

　　由于缺乏严格的广告法律法规制度,违法广告的经济成本过低,也是导致违法广告屡禁不止的重要因素。假设企业有 100 次发布虚假违法广告,而只有 10 次被工商行政管理部门查处并处罚,另外有 90 次没有被发现,这样从事违法广告的收益远高于被处罚所支付的成本,企业发布违法广告的可能性会大大增加。《广告法(1995 年)》第三十七条虽然对发布虚假违法广告作出了处罚规定,但违法广告的处罚不是根据企业从事违法广告活动所获取的收益而是仅仅根据其投入的广告费用,这显然不太合理,对于一些暴利行业来说,尽管发布虚假广告的费用并不高,但是获取的却是上千万元的收益。广告违法成本过低,是当前我国广告监管中的重大制度缺陷。

3. 广告行政执法水平低导致违法广告的风险低

广告监管的行政执法水平决定着违法广告行为被追究率的高低,而被追究率对违法广告行为的决策起着举足轻重的作用。一些地方广告行政执法者素质偏低,业务能力不强,由于广告相关业务知识积累不充分,广告行政执法经验不足,再加上人力不足和缺少先进的违法广告识别设备,面对数量庞大的广告作品,无法进行有效辨别,从而让违法者逍遥法外。广告行政执法水平不高,使得大量的违法广告行为没有得到应有的惩罚,导致从事违法广告行为的风险低。地方保护主义、部门利益等因素造成大量违法广告即使被发现也没有得到有力的追究,从而导致违法广告行为平均成本过低。

三、广告审查机构与市场主体的重复博弈

广告市场主体的行为直接受到广告审查机构的广告执法能力以及违法广告的风险概率和风险成本的影响,如果广告行政执法机构疏于管理,执法能力不强,使得违法广告的风险概率和风险成本过低,则会加剧市场上违法广告现象的发生。反之,如果广告行政执法能力强,违法广告的风险概率和风险成本高,违法广告发生的几率就会大大降低。从博弈论角度来说,广告市场主体的行为直接取决于广告市场主体对于广告审查机构执法能力的评价。实际上,目前虚假违法广告的高发生率在某种程度上反映出我国广告监管机构执法能力不强、广告监管制度建设滞后等问题。目前,我国广告审查存在两个重大的制度缺陷:

一是重静态博弈式的广告审查,缺少重复博弈式广告审查制度的建设。

目前我国广告市场所采取的专项整治属于一种运动式执法。"运动式执法是以高昂成本为代价的,其负面影响不可估量,并直接威胁着政府权威。其一,运动式执法疏于日常管理,成为问题恶化之因;其二,运动式执法弱化了国家法律法规的威慑力;其三,运动式执法往往强调效率、忽视程序,对合法权益产生损害。"①从博弈论的角度来分析,这种运动式执法实质是广告审查机构与广告市场主体之间的一次性博弈或静态博弈。1982年以来,每隔几年国家工商行政管理总局就会进行一次集中整治。2004年以来,改为几乎每年进行一次集中整治,从治理的绩效来看,取得了一定的成效,尤其是部际联席会议的制度化,对于加大广告监管网络和力度,产生了较好的作用,但也存在一些深层问题,尤其是缺少重复博弈式广告审查监管制度的建设。这种运动式执法表面上看似乎是一种重复博弈,但是实质上是一种静态博弈。通过专项整治行动,广告监管机关必须建立起严格的广告主体信用评级档案,对于一些广告信用评级比较低的广告主、广告公司和广告媒体实施定期化的强制审查,而对于一些广告信用评级比较高的广告主、广告公司和广告媒体则可以简化程序或免予审查,以通过这种激励约束机制规范广告市场主体的行为。此外,对于一些屡次制作并发布虚假违法广告的广告市场主体,首次可以采用公开更正、行政处罚等手段,并计入广告诚信档案,如果再次发现可以禁止该企业一年内发布广告直至企业停业整顿等,以此对违法企业形成强有力的威慑。

表 4.2　1982 年以来中国广告行业的清理整顿文件及具体内容②

年度	名　称	主　要　内　容
1982 年	《关于整顿广告工作的意见》	不详
1984 年	《关于对虚假广告进行一次普遍检查的通知》	不详

---

① 徐卫华:《中国广告管理体制研究:基于国家与社会关系分析框架》,岳麓书社 2009 年版。

② 资料来源:根据国家工商行政管理(总)局历年发布的相关文件整理。

续表

年度	名　　　称	主　要　内　容
1986 年	《关于清理广告宣传整顿广告经营的几点意见》	不详
1988 年	《关于整顿广告经营秩序、加强广告宣传管理的通知》	对广告经营秩序和广告宣传中存在的问题进行一次认真的整顿:(1)清理整顿广告公司。对所有广告公司进行清理整顿,解决广告公司中存在的经营思想不端正、经营手段不正当、经营范围不明确、内部管理混乱以及不具备经营条件等问题。(2)取缔非法经营活动。(3)查处各类违法广告,重点是虚假广告。对无视国家法规,不按规定验证审查,刊播违法广告特别是虚假广告的广告经营单位,以及伪造批件,欺骗广告经营单位、用户和消费者的广告客户,要重点审查。(4)加强对临时性广告经营活动的管理。
2001 年	《关于"反误导打虚假"广告市场治理专项行动的通知》	以规范和整顿广告市场秩序为主线,以严厉打击虚假违法广告为重点,针对广告市场存在的突出问题,集中时间,集中力量,分阶段、有重点地进行规范和整治,从侧重于遏制广告违法现象逐步过渡为标本兼治,从源头上预防和治理虚假违法广告,努力营造统一规范、公平竞争的广告市场环境。(1)一季度、二季度,集中治理药品、医疗、保健食品广告,总结前一阶段治理经验,巩固和扩大治理成果。(2)第三季度,集中治理房地产广告和"致富信息"广告。(3)第四季度,利用一个月的时间集中整治电视直销广告。
2004 年	《关于开展"打虚假树诚信"广告专项整治行动的通知》	根据"以惩治虚假违法广告为重点,严厉打击商业欺诈行为"的工作部署,决定在全系统开展"打虚假树诚信"广告专项整治行动。突出整治工作重点,严厉打击食品、药品、医疗虚假违法广告行为。重点查处下列虚假违法广告行为:(1)以新闻报道形式发布的广告。(2)在保健食品、药品、医疗广告中使用消费者、患者、专家的名义和形象作证明,尤其是社会公众人物在保健食品、药品、医疗广告中以消费者、患者、专家的身份,向受众介绍、推荐商品服务或者商品服务的优点、特点、性能、效果等。(3)保健食品广告宣传治疗作用或者夸大功能。(4)药品广告夸大功能疗效。(5)医疗广告宣传保证治愈。
2005 年	《关于进一步做好虚假违法广告专项整治工作有关问题的通知》	各地要把开展"打虚假树诚信"广告专项整治行动纳入国务院部署的虚假违法广告专项整治行动中。整治工作的重点,增加化妆品、美容服务广告以及整治互联网虚假广告。

年度	名　称	主　要　内　容
2006 年	《关于认真贯彻落实吴仪副总理重要批示精神深入开展整治虚假违法广告专项行动的通知》	继续深入开展虚假违法广告整治工作。要以医疗、保健食品、药品、化妆品、美容服务广告为重点,分品种、分季度、分阶段开展专项整治。上半年整治虚假违法医疗广告,下半年集中整治违法药品、保健食品广告。
2007 年	《2007 年整治虚假违法广告专项行动部际联席会议工作要点》	在广告的类别上,继续把药品、医疗、保健食品、化妆品、美容服务等广告作为整治重点;在整治的区域上,对虚假违法广告问题突出的地区实施重点监测、重点治理;在监管的环节上,重点加强对广告发布环节的监管;在治理的方式上,要把集中整治与日常监管结合起来,继续在完善治本措施和健全长效监管机制上下工夫。认真落实新出台的《医疗广告管理办法》《违法广告公告制度》和《停止广告主、广告经营者、广告发布者广告业务实施意见》,促进监管执法到位。
2009 年	《2009 年整治虚假违法广告专项行动部际联席会议工作要点》	要求严厉打击虚假违法广告,巩固、扩大专项整治成果,加快广告监管法律制度建设,建立健全广告监管长效机制。(1)继续突出整治重点,巩固、扩大广告专项整治成果。(2)继续坚持和完善广告联合监管工作机制,加强协作配合,形成齐抓共管的整体合力。(3)继续推进广告法制和工作制度建设,建立健全广告监管长效机制。
2010 年	《2010 年虚假违法广告专项整治工作实施意见》	继续深入整治严重损害消费者权益的虚假违法广告,坚持整顿与规范并举,强化广告发布前审查把关、发布中动态监督、发布后依法查处,建立健全监管执法联动机制,加大源头治理力度,进一步增强联合监管的合力与实效,努力营造健康有序的广告市场环境。(1)进一步突出整治重点;(2)强化广告发布前审查把关;(3)强化广告发布中动态监督;(4)强化广告发布后依法查处;(5)建立健全监管执法工作协调联动机制。
2011 年	《2011 年虚假违法广告专项整治工作实施意见》	突出整治重点,加大监管执法力度。(1)继续把直接关系人民群众健康安全的医疗、药品、保健食品广告,危害未成年人身心健康的非法涉性、低俗不良广告,以及扰乱公共秩序、影响社会稳定的严重虚假违法广告作为整治重点,进一步加大整治力度。(2)继续加大对省级电视台卫视频道、大中城市电视台经济频道、都市类报纸媒体广告的监测检查力度,严格监管电视购物广告,严厉查处各类媒体以新闻报道形式和健康资讯节(栏)目名义变相发布广告的行为。

续表

年度	名 称	主 要 内 容
		(3)继续深入清理网上非法"性药品"广告、性病治疗广告和低俗不良广告,做好整治互联网和手机媒体传播淫秽色情及低俗信息工作。(4)继续加大群众投诉举报集中、广告违法率居高不下的地区的治理力度,对部分地区、部分媒体虚假违法广告屡禁不止、屡罚屡犯的现象,实施综合治理。
2012 年	《2012 年整治虚假违法广告专项行动部际联席会议工作要点》	坚持强化广告市场监管与促进广告业发展并重、整顿与规范并举,继续把关系人民群众健康安全和违法问题易发多发的医疗、药品、保健食品以及危害未成年人身心健康的非法涉性、低俗不良广告作为整治重点,进一步增强综合治理合力,全面提高广告市场监管效能,不断提升广告业诚信度,促进广告市场秩序持续好转。2012 年整治虚假违法广告专项行动突出三个重点,即强化对广告发布环节的监管,加大网络广告监管力度,保持对群众投诉举报集中、广告违法率居高不下地区治理的高压态势。
2013 年	《2013 年虚假违法广告专项整治工作实施意见》	按照《意见》的要求,各地各有关部门将从深入治理突出问题、加大监管执法力度和发挥合力狠抓落实三个方面,认真开展虚假违法广告专项整治工作。在深入治理突出问题方面,《意见》要求聚焦重点,做到"三加强",即加强重点类别广告整治,加强重点地区广告治理,加强重点广告媒介监管。在加大监管执法力度方面,《意见》要求充分发挥各部门职能作用,共同整治虚假违法广告。其中,工商部门要做好强化对广告发布媒体自律审查工作的监督检查,进一步完善广告监测体系,加大虚假广告案件查办力度等工作。在发挥合力狠抓贯彻落实方面,《意见》要求加强监管执法联动,加大督导检查力度,着力提高监管效能,同时加强广告法制建设,不断提高广告监管工作法治化水平。

注:"不详"是指通过国家法规数据库和其他网络资源无法检索到该文件的原文,但根据相关材料显示
国家工商行政管理(总)局曾经颁布过该文件。

二是重广告审查机关与广告市场主体的博弈,缺少广告主与消费者博弈、广告主之间博弈的协同创新。虚假违法广告的发生,除了广告主、广告公司、广告媒体与广告审查机关的博弈之外,还应将广告主与消费者的博弈、广告主之间的博弈机制引入,否则很难形成一种广告审查的长效机制。因为广告审

查还涉及审查成本的问题,针对市场上海量的广告作品,广告审查机构和广告监管机构很难从根本上杜绝虚假违法广告现象。当前我国的广告审查制度重广告审查机关与广告市场主体的博弈,缺少广告主与消费者博弈、广告主之间博弈的协同创新,严重影响了广告审查的绩效。消费者是企业的最终客户,是产品的直接利益攸关者,消费者的社会监督对于广告审查机制的完善尤为重要。此外,同行业的竞争企业掌握着本行业的公共信息,也部分掌握了竞争企业的信息,一家企业发布虚假违法广告,实际上会影响其他企业的市场销售,从整个行业来说,企业也是虚假违法广告的受害者,因而,发挥行业协会的作用,建立企业违法广告投诉处理机制,对于广告审查机关和广告监管机关及时发现并查处虚假违法广告、维护正常的市场竞争秩序、保护企业合法经营以及消费者的权益具有重要意义。

第二节　发达国家广告审查制度的类型及特点

一、发达国家广告审查制度的类型

1. 政府主导型的广告审查制度

法国实行事先广告审查制度,是政府主导型广告审查制度的代表国家之一。在法国,未经审查机构批准,任何媒介不得发布广告。法国的广告审查监督机构由两个系统承担:一是电视、广播广告审查机构 RFP;二是国家广告联盟所属的 BVP。

RFP 是由政府和三家国营电视台、法国消费者协会、广告公司等单位集资组成的,其中政府投资占 51%,广告审查不收费,但广告公司、电视台要从年营业额中按比例提取费用。[①] 该审查机构的主席由政府指定的法律专家担任,其主要任务是负责审查全国所有广播、电视广告内容,以保障广告内容的真实性,审查的依据是国家的法律法规。RFP 站在用户的立场保护其合

---

① 刘林清主编:《广告监管与自律——广告人行为规范》,中南大学出版社 2003 年版,第 235 页。

法权益,他们对消费者的投诉非常重视,在接到投诉后,即转有关当事方并追究广告主的责任。如果广告主承认错误,允许改正;如果广告主不予理睬或拒绝改正,广告审查机构则通过法律程序解决。法国对于广告内容和广告活动特别是电视广告审查很严格。法国共有三家国家电视台,但政府只允许一台和二台可以做广告,而且不允许把广告插播在节目中,按照规定,电视广告每天只能播 7 次共 15 分钟,而且广告产品必须经过政府特别审核批准。

BVP 是根据法国法律建立的行业组织,其宗旨是为了公众,特别是消费者的利益,力求使广告合法、真实。它由四类成员组成:广告主、广告公司、广告媒体和相应机构(如协会、联合会、行业工业等)。① 2008 年,BVP 改组并更名为法国专职广告审查局 ARPP。ARPP 在保持自身经济独立的情况下,通过严密科学的机构设置和人事安排,确保广告自律的独立性和社会权威,同时还体现出社会力量参与“联合治理”的全新自律理念。通过常设机构的方式巧妙推动社会参与,这在一定程度上确保了广告行业自律活动的社会合理性和客观性。(1)ARPP 日常运转由董事会负责。董事会由 30 人构成,其中主席1 名、广告主代表 6 名、传播咨询代理商代表 6 名、报纸媒体代表 5 名、电视媒体代表 4 名、数字媒体代表 2 名、户外媒体代表 2 名、广播媒体代表 1 名、影视媒体代表 1 名、社会代表 2 名。这个比例在不同时期会有所变动,但整体上尽量确保各利益方的参与机会。(2)代表社会公众的专业人士组成了广告道德委员会(CEP),CEP 是一个面向社会的联合咨询机构,是社会专业人士参与和反映意见的组织,包括社会学家、心理学家、艺术家等。CEP 的负责人必须是独立于广告与营销传播行业之外的人士,他负责从不同专业领域选择 7 名专家。CEP 本质上就是给 ARPP 提供方向性咨询建议的机构。CEP 的主要任务就是收集社会公众对广告的意见,分析和预测社会对待广告的态度看法及变化趋势,进而对 ARPP 的道德准则作出调整。同时 CEP 还负责对 ARPP 的广告自律效果进行检测和评估,对存在的问题进行分析,重点关注社会热点。(3)代表社会利益团本的组织代表组成联合广告委员会(CPP),CPP 是

---

① 吕蓉编:《广告法规管理》,复旦大学出版社 2009 年版,第 274 页。

一个囊括消费者团体、环境组织等代表不同利益团体的组织,其主要任务就是为 ARPP 收集和提供有关"社会利益相关群体"对广告以及 ARPP 自律工作的反馈意见和要求,这些工作为接下来的广告道德准则修改提供直接依据,同时他们也会对准则的修改提出意见,包括对道德准则涉及的敏感问题进行评估。再一个职责就是为广告审查提供专业方面的技能指导。所以在针对广告表现出倾向性问题以及广告道德条例的内容修改时,都可以听到这些"社会利益相关群体"的声音。(4)以上三个机构负责人共同任命广告道德评审委员会(JDP)的 9 名委员。JDP 是广告道德准则的独立执行机构,其主要职责是处理来自个人、政府或社会组织的投诉。JDP 有 9 名委员,ARPP 董事会主席主要负责任命 JDP 委员长和副委员长、CPP 委员长和 CEP 委员长各任命 3 名,一般任期 3 年,也可以连任。在任命时每位委员的行业代表性和"社会利益相关者"的平衡性是主要考虑因素。就每位委员个人标准而言,不管何人被任命,其个人必须符合公正秉公执法和独立、与广告行业没有利益关联这两个条件。作为工作人员还必须做到对审理案件的保密。同时 JDP 的工作人员有权提议废除 JDP 委员长,比如当他多次出现缺勤、不恪守独立性、办案有偏差、泄露机密等情况时。

2. 民间组织主导型的广告审查制度

英国和澳大利亚等国的广告自我管理体系非常完善,是民间组织主导型广告审查制度的典型代表。

英国的广告审查以自我审查为主,并且卓有成效。而且英国广告审查机构在英国广告管理体系中占有特殊的重要地位。英国广播局(RA)负责制定和执行《广播广告和赞助准则》,但对广告不负有事前的审查义务,广告稿的审查由广播广告审查中心(RACC)负责;独立电视委员会(ITC)是监督电视广告的机构,负责制定和执行《独立电视委员会广告业行为标准准则》,电视广告稿或电视广告样本的审查由电视广告审查中心(BACC)负责;英国广告标准局(ASA),除广播、电视以外,负责对所有其他的媒介广告进行管理。它的基本职责是:代表所有消费者的利益,仲裁和处理所有的广告申诉;与政府机构保持联系,并负责报道广告业自律方面的活动等。英国广告标准局的具体职责有两项:一是审查广告。该组织严格地和毫无偏见地审查广告,包括预审所有的香烟广告和某些特定类型产品的广告,如烈性酒、妇女卫生用品等;二是受理申诉。由于不少广告在发布前已经经过预审,申诉数量大大减少。如果是来自消费者的投诉,直接由英国广告标准局负责,首先由秘书对申诉作一评估,然后进行调查,若申诉成立,则要求广告主修改广告或撤销广告,如果广告主不听劝告,有问题的广告将被停止刊登。如果是同行业或行业之间竞争的申诉,则由英国广告标准局下属组织广告实践法规委员会判决。英国的广告业管理基本以行业自律为主,重要的自律组织还有电视广告研究联合委员会和发行量审计局,负责确定电视广告收费率和报刊发行量。

澳大利亚没有建立专门的独立的广告审查机构,广告审查主要是自审自查,政府对广告的事后监督与之配合,一定情况下代行职责。澳大利亚广告自我管理机构主要有澳大利亚广告主协会、澳大利亚广告公司联合会、澳大利亚媒介委员会,以及这三个组织发起成立的澳大利亚广告业委员会和广告标准局。根据澳大利亚法律规定,澳大利亚广告业委员会对内负责协调广告主、广告公司与广告媒介三方的关系,对外向公众宣传广告的作用。广告标准局是广告自我管理体系的仲裁机关,由11名成员组成。主席由国家调解仲裁委员会主席担任,5名是广告界的代表,另5名是来自非广告界的知名人士。媒介委员会是澳大利亚广告业自我管理体制的核心机构,它的成员来自澳大利亚所有的民办商业媒介,它的主要工作是进行事前审查,监督广告商和广告客户的广告行为是否合法。此外,澳大利亚政府管理广告的机构主要是澳大利亚贸易实践委员会、澳大利亚广播电视局和各地方政府的有关部门。其中贸易实践委员会的任务是促进企业竞争,保护消费者利益,根据消费者的控告,对违反《贸易实践条例》的广告向法院起诉,交司法部门处理。广播电视局的任务是审批颁发广播、电视台的开业执照,制定广播电视节目和广告标准,处理违反广播电视标准的案件。

3. 政府与民间组织共同主导型的广告审查制度

美国官方广告审查机构有联邦贸易委员会、联邦通讯委员会,以及各种门类的管理机关如食品药品管理局、专利及商标署等;非官方的广告审查机构有全国广告处和国家广告审查局,二者相辅相成,共同构成完整的广告审查体系,是政府与民间组织共同主导型广告审查制度的典型代表。

美国政府对广告进行监管的机构,除了最综合、最权威的联邦贸易委员会(FTC)以外,还有对特定行业的广告进行监管的机构,如食品药品管理局(FDA)、专利商标局(PTO)、国会图书馆(Library of Congress)、烟酒和烟草税务局(BATF)、美国邮政局(USPS)、农业部(USDA)、证券交易管理委员会(SEC)等,分别负责监管与自己职权范围有关的广告活动。(1)联邦贸易委员会(FTC)。该委员会成立于1914年,主要职责是制定广告监管的规章并负责监督实施,查处各种违反法律法规的虚假广告和违反商业原则的不道德的广告。1938年,美国国会通过的《惠勒—利亚修正案》确立了联邦贸易委员会对广告管理的至高无上的仲裁权。按照此法案规定,它除了可以定义欺骗行为和不公平行为,调查被投诉的广告之外,还可以随时预审广告。对于那些证据不足或有某些暗示性的广告,联邦贸易委员会有权要求停止广告活动或发布更正广告,如果广告主接受FTC的决定,则可免予处罚。否则,FTC可采取正式的法律程序起诉,通过司法途径进行强制性的解决。如果广告主发布虚假广告的事实成立,罚款数额最高可达千万美元。而且一旦法院判决就得服从,否则每天将受到一万美元的罚款。(2)联邦通讯委员会(FCC)。该委员会是根据1934年的《信息法》成立的。它一般是通过批准或吊销各类电台、电视台的营业执照而对广播、电视、电话、电报业等发布的广告实施间接监管。若上述媒体或广告主不执行联邦通讯委员会的决定,委员会可请求法院强制执行。为了保护广告主和广告公司的合法权益,美国法律还规定,如果广告主和广告公司对联邦贸易委员会和联邦通讯委员会的处罚不服,可向法院起诉或向国会陈情,法院和国会有权推翻联邦贸易委员会和联邦通讯委员会的决定。(3)其他机构。如食品药品管理局、专利商标局、国会图书馆、烟酒和烟草税务局、美国邮政局、农业部、证券交易管理委员会、国内航空局等机构则是分门别类地对特殊广告实施管理。除此之外,还有司法部、消费者产品安全委员会、消费者事务所等机构也涉及对广告的管理,在管理过程中都或多或少的涉及广告审查。

美国的广告自律体系呈现出一个纵横交错的网状结构。在这个体系中,纵向上有全国性自律机构和地方广告业自律机构;横向上包括广告行业协会、媒体以及经营规模较大的广告主,都建立了比较完善的自我管理、自我约束机制,行业自律意识比较强。美国的全国广告审查委员会(National Advertising Review Council,简称 NARC),是美国最重要的全国性广告自律组织,成立于1971 年,由商业促进局委员会(the Council of Better Business Bureaus,简称CBBB)、全国广告主协会(the Association of National Advertisers,简称 ANA)、美国广告代理商协会(the American Association of Advertising Agencies,简称AAAA)、美国广告联盟(the American Advertising Federation,简称 AAF)共同组成。2009 年,美国直接营销协会(the Direct Marketing Association,简称 DMA)、电子零售协会(Electronic Retailing Association,简称 ERA)、互动广告局(Interactive Advertising Bureau,简称 IAB)加入 NARC。2012 年,NARC 正式更名为美国广告自律委员会(Advertising Self-Regulatory Council,简称 ASRC),其主要职能是推广并执行广告的真实性、准确性、品位、道德以及社会责任标准。美国广告自律委员会(ASRC)由四个部分组成:(1)全国广告部(National Advertising Division,NAD),负责管理和评估全国广告的真实性和准确性;(2)儿童广告审查部(Children's Advertising Review Unit,CARU),负责审查和评估以12 岁以下儿童为对象的广告的真实性、准确性、恰当性和敏感性;(3)全国广告审查局(National Advertising Review Board,NARB),当广告主或投诉人不同意 NAD 或 CARU 的决定时,可以上诉到 NARB;(4)电子零售自律计划(Electronic Retailing Self-Regulation Program,简称 ERSP),负责电子零售行业的自律审查。

美国广告自律委员会(ASRC)的广告审查程序是:NAD 和 CARU 是美国广告自律委员会下设的具体的广告自律审查机构。无论是个人还是法人,也无论广告的对象是消费者还是专家或企业,都可以向 NAD/CARU 进行投诉,均可以向上述两个机构提出审查的要求。从近年的情况来看,NAD 审查的约75%的案件来自消费者或企业的投诉,而 CARU 的审查基本上是通过媒体(包括因特网)对广告活动进行监视。① NARB 负责审理 NAD/CARU 无法处理的案件(通常情况下数量很少)。NARB 由 85 人组成(70 名正式成员,15 名预备

---

① 范志国主编:《中外广告监管比较研究》,中国社会科学出版社 2008 年版,第 64 页。

成员),包括广告专家及公共利益的代表。每个事件的审查由 5 位陪审员(其中 3 名广告主代表,1 名广告公司代表和 1 名业外人士)负责听证和裁决。NARC 对于违反自律规则者虽没有制裁的权限,但对于不服从 NAD/CA-RU/NARB 决定的广告主则会向 FTC 报告。在 1971—1990 年全国广告部调查过的 3000 件案件中,只有 70 件引起争议,移交全国广告审查局重新处理。美国广告自律委员会(ASRC)的广告审查程如图 4.1 所示。①

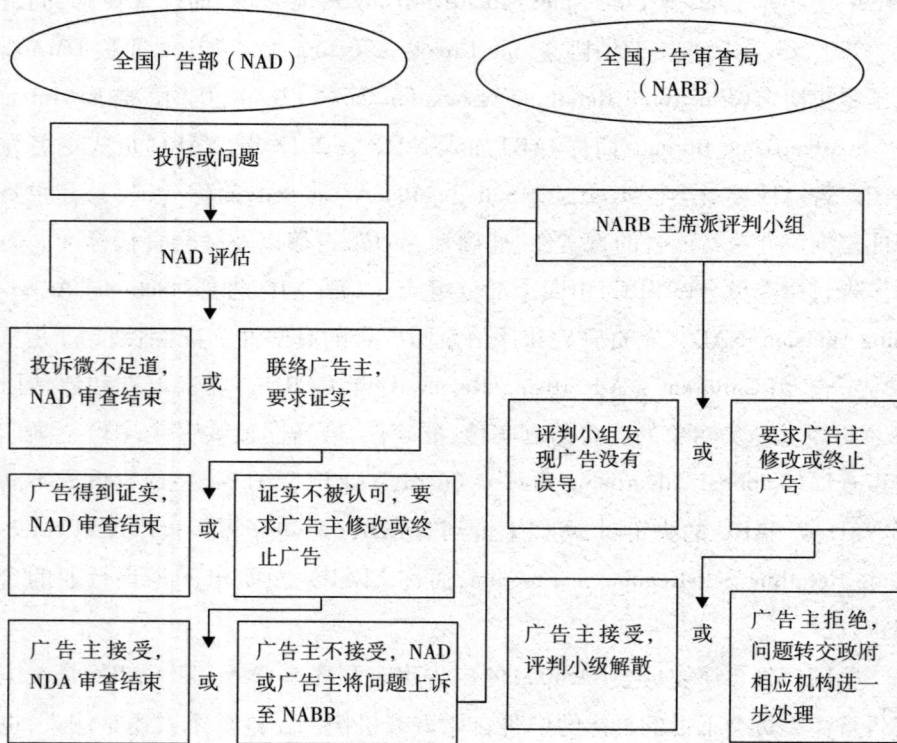

图 4.1   美国广告自律委员会(ASRC)的广告审查程序

日本实行的也是政府与民间组织共同主导型的广告审查制度。日本政府对广告业的监督管理主要是通过法律规范广告行为,调节广告活动所产生的各种社会关系。早在 1908 年和 1911 年,日本政府制定的《治安处罚条例》和

---

① [美]托马斯·奥吉恩等:《广告学》,程坪译,机械工业出版社 2002 年版,第 119 页。

《广告物品管理法》中就规定废除夸大和虚假广告,监督管理有损环境美观和有伤风化的户外广告,排除破坏公共秩序的广告物品等。经过长期的发展,日本广告监管的法律法规体系逐步完善。目前,日本政府实施广告监管所涉及的法律主要有《民法》《不正当竞争法》《不当赠品及不当标识防止法》《户外广告物法》《消费者保护基本法》《药物法》《食品法》《滞销商品及其不正当宣传防治法》等。日本还有一些特定行业领域的专项法律涉及该行业特定内容广告的管理规范。如《药事法》规定禁止医药品、医药部门外有关产品、化妆品、医疗用品的虚假、夸大广告,禁止医师做证明的广告,限制表现治疗某些特定疾病的广告,禁止没有许可证的医药品广告。日本厚生省根据《药事法》制定了《医药品广告标准》;《医疗法》对医疗行业、医院、诊所及助产房的广告进行了限制;《住宅建筑行业交易法》禁止住宅建筑行业的夸大、虚假广告;《职业安定法》限制招工广告;《分期付款销售法》规范分期付款广告的表现形式;《访谈销售法》规范通信销售广告的表现业务;《滞销商品及其不正当宣传防治法》中规定滞销商品的推销中隐瞒事实真相诱人购买的,除取缔外,罚款30000日元。此外,日本在知识产权法方面有较为完备的法律,如《著作权法》《商标法》《创意法》《实用性新发明法》,这些法律规定禁止擅自使用他人的著作物,禁止擅自使用他人的注册商标,禁止擅自使用他人已有的创意构思和实用性新发明,这些法律与广告制作密切相关,违反相关规定需要承担相应的法律责任。

日本的广告自律较为完善和严密。日本广告业自律是在遵守各项法律基础上的自我限制,虽没有法律效力和强制的约束力,但却得到同行业内部成员的认同,对推动日本广告业的健康发展起到重要作用。这些自律机构一般都制定了本行业广告活动应当遵守的规则。这些规则主要涉及以下几个方面:一是广告伦理纲要,强调保证广告的真实、品位、社会责任;二是公平竞争的规范,为确保公平竞争,一些企业团体经公平交易委员会认可制定本行业的自我约束规则;三是媒体对广告刊播的基本准则。日本广告自律机构十分健全,分工细密,遍及广告业的各个部门和方面,包括全日本广告联盟、日本广告业协会、日本广告主协会、日本新闻协会、日本 ABC 协会、日本杂志广告协会、全日本户外广告联合会、日本民间放送联盟、新闻广告审查协会、日本广告审查机构等。日本的广告审查机构主要有两个,即新闻广告审查协会和日本广告审查机构。新闻广告审查协会(NARC)成立于 1971 年,是由媒体和广告公司组成的财团法人,其主要职责是对其会员的广告进行事先审查,以提高广告的真实性和媒体的信用度。日本广告审查机构(JARO)成立于 1974 年,由广告主、媒体、广告公司、广告关联公司等各方面成员组成,是得到日本政府认可的社团法人机构,该机构的主要工作包括:受理广告的有关咨询业务、审查和指导有问题的广告、执行和实施广告及广告表现的有关标准、联络和协调消费者团体及有关政府机构、针对消费者企业开展教育和公共关系活动等。除广告业的行业协会外,日本广告业自律的严谨、细致、全面具体还表现在其他各行业协会也制定了本行业广告应当遵守的规则,如日本制药团体联合会制定有《医药品有关广告自律纲要》,日本卫生材料工业联合会制定有《卫生用棉类(包括棉纸)广告自律纲要》,日本照相机工业协会制定有《照相机业广告宣传共同遵守事项》等。

二、发达国家广告审查制度的特点

西方发达国家建立了比较严格的广告审查制度,综观发达国家广告审查的实践,可以看出,其广告审查制度呈现出如下特点:

1. 政府审查与广告自律组织审查相互配合,相得益彰

无论是政府主导型、民间组织主导型,还是政府与民间组织共同主导型广告审查制度,西方发达国家都十分重视政府和广告自律组织的作用,政府的行政管理和司法管理成为广告自律机构审查的坚强后盾,而广告自律机构的广告审查也大大提高了政府部门行政管理和司法管理的效率,降低了政府的管理成本。以政府主导型广告审查制度为例,广告自律组织的作用也不容忽视。在法国,RFP 是由政府和三家国营电视台、法国消费者协会、广告公司等单位集资组成的,其主要任务是负责审查全国所有广播、电视广告内容,以保障广告内容的真实性,审查的依据是国家的法律法规。而民间组织法国专职广告审查局(ARPP)也发挥着重要的作用,ARPP 在保持自身经济独立的情况下,通过严密科学的机构设置和人事安排,确保广告自律的独立性和社会权威,同时还体现出社会力量参与"联合治理"的全新自律理念。以民间组织主导型

广告审查制度为例,政府仍然扮演着重要的后盾角色。在澳大利亚,广告自律组织在广告审查中发挥着主导作用,澳大利亚广告自我管理机构主要有澳大利亚广告主协会、澳大利亚广告公司联合会、澳大利亚媒介委员会,以及这三个组织发起成立的澳大利亚广告业委员会和广告标准局。另外,澳大利亚政府管理广告的机构如澳大利亚贸易实践委员会、澳大利亚广播电视局和各地方政府的有关部门,也对广告市场也进行着有效的管理。以政府和民间组织主导型广告审查制度为例,通过充分利用政府力量和民间组织力量,形成强有力的广告审查网络,加大对虚假违法广告的查处力度,保证广告市场的健康有序运行,美国和日本的广告业即是如此。在自律广告组织进行的广告审查中,如果广告主、广告公司和广告媒体不服从自律组织的裁决,这些广告自律组织便将相关处理决定移交政府行政部门,政府行政部门将作出行政处理决定,部分虚假违法广告案件向法院提起诉讼,移交司法机关处理。广告市场主体为了避免政府行政处罚和司法处罚,大都会遵守广告自律组织的裁决,停止发布广告或进行更正等,因而,也使得发达国家广告自律组织具有很高的权威性和影响力。

2.西方发达国家大都建立起代表各方利益、由多方组成、相对独立的广告审查机构

事实上,广告审查的根本目的在于制止违法广告行为和违背伦理道德的行为,保护消费者的合法权益,维护公平公正的市场竞争环境。首先,经济发达国家大都建立了专门的广告审查机构,有些是由政府部门成立,有些是由政府部门和广告自律组织共同成立,有些则是完全由广告自律组织成立,对广告发布前进行严格的审查,发布后进行严格的监督和管理,以维护政府公信力,保护消费者和企业的合法权益。这说明经济发达国家非常重视广告审查机构的建设。其次,这些广告审查机构大都由多方组成,能够代表各方利益。例如,在法国,RFP由法国政府和三家国营电视台、法国消费者协会、广告公司等单位集资组成,BVP(现更名为 ARPP)由广告主、广告公司、广告媒体和相应机构(如协会、联合会、行业工业等)组成。美国广告自律委员会(ASRC)由商业促进局委员会、全国广告主协会、美国广告代理商协会、美国广告联盟等共同组成。在具体的广告审查实践中,也体现了各个利

益群体的代表性,全国广告审查局(NARB)由85人组成(70名正式成员,15名预备成员),包括广告专家及公共利益的代表。最后,这些广告审查机构大都相对独立,因而能够比较客观、公正的对虚假违法广告进行审查,并作出裁决。

3. 广告审查行为与政府行政行为和司法行为结合,提高广告审查的权威性和影响力

广告审查行为与政府行政行为和司法行为的有效配合,可以提高广告审查的权威性。在西方发达国家,广告审查机构往往不具备行政执法权力,他们只是作出裁决,并敦促广告违法者执行裁决结果,如果广告违法者拒不执行决定,广告审查机构则会把案件移交政府行政机构和司法机构处理。以美国广告自律委员会为例,全国广告部主要负责监视、监听各种全国性广告,并受理来自消费者、品牌竞争者和营业质量促进局等个人、单位的申诉。如果经调查申诉成立,该委员会有权要求广告主修改广告或者停止刊播广告。美国广告自律委员会(ASRC)主要是在全国广告部调解无效的情况下,负责仲裁经过全国广告部调查和调解上诉的案件,如果广告主对作出的裁决不服,可将案件移交有关政府机构处理。广告审查行为与司法行为的结合,对于广告审查机构权威性和影响力的树立起到非常好的作用。广告审查行为与司法行为相配合,除了广告违法者拒不执行审查决议,可以向法院提起诉讼之外,还表现为政府通过制定严格、规范的广告法律法规对广告市场进行有效监管,并以此作为广告审查以及法院审理的重要依据。日本广告业在这方面非常具有代表性,日本国内关于广告监管的法律法规非常完备,这为日本广告自律组织广告审查提供了很好的法律依据。为了规避政府的行政处罚和法律制裁,广告主、广告公司和广告媒介大都会自觉遵守相关法律法规的规定。

4. 广告预审制与广告的事后监督审查相结合,大大降低了虚假违法广告对消费者和社会的危害程度

广告预审制是一种有效的广告审查制度,在西方国家被普遍采用。西方发达国家对违法广告的处罚十分严厉,因而,为了避免被政府行政处罚和法律制裁,经济发达国家广告业大都建立了比较完善的广告自律审查体系,包括成立专门的广告自律审查机构,制定广告自律规则,明确广告审查的程序等,这

种广告预审制,一方面降低了广告主、广告公司和广告媒体被处罚的风险,另一方面也切实维护了公平公正的市场竞争环境,降低了虚假违法广告对消费者和社会的危害程度。另一方面,广告预审制与广告的事后监督审查相结合,严格规范广告市场主体行为。这些广告审查机构不仅强化了广告预审制,减少了虚假违法广告流入市场的概率,同时加强了广告事后监督审查力度,及时发现并受理虚假违法广告行为,并作出裁决,如要求广告主立即停止发布广告或发布更正广告等,这样可以减少虚假违法广告对消费者和社会造成负面影响的范围和程度。

5. 加强对重点媒体、重点行业、重点传播对象广告的审查,减少虚假违法广告流入市场的概率

经济发达国家对一些重点媒体如广播、电视等都有严格的审查规定,尽量减少虚假违法广告的社会危害。例如,英国广播局(RA)负责制定和执行《广播广告和赞助准则》,由广播广告审查中心(RACC)负责广告稿的审查;独立电视委员会(ITC)是监督电视广告的机构,负责制定和执行《独立电视委员会广告业行为标准准则》,电视广告审查中心(BACC)负责电视广告稿或电视广告样本的审查。对于一些特殊商品广告如药品广告、医疗器械广告、食品广告、农药广告、兽药广告等,由于直接关系到国计民生,西方经济发达国家都非常重视对重点行业广告的审查和监管,专门制定了特殊商品管理办法和审查办法等法律法规,并由特殊商品上级主管部门实行审查。例如,美国食品药品管理局(FDA)是管理食品、药品、化妆品、医疗器械广告的专业机构,在美国,产品标示及包装亦属广告的一种,由于食品、药品和化妆品的安全卫生及贴签工作由食品药品管理局负责,这方面的广告虽然联邦贸易委员会也有管理权限,但仍以食品药品管理局为主。对于一些重点对象尤其是儿童广告的审查非常严格。例如,美国广告自律委员会(ASRC)设有专门的儿童广告审查部(CARU),其任务是对各种媒介面向儿童的广告进行审查和评价。CARU 对于儿童广告设有事前审查制度,事前审查程序一般是先由广告主提出申请,再由 CARU 的职员对申请进行分析、对特殊效果进行确认。事前审查工作一般包括对广告主提出的脚本及草稿进行分析,为了核查制作后的特殊效果,工作人员会亲临现场。同时,对面向儿童的相关网站

进行检查。CARU 还负责对利用互联网实施的针对儿童的误导性广告进行监控和处理。

6. 建立起完善的企业和消费者广告投诉处理机制,及时发现并制止违法广告现象

事实上,违法广告直接损害消费者和竞争企业的利益,因而,也是消费者和企业最为关心的,消费者和竞争企业可以及时发现违法广告,并向广告审查机构、广告行政管理机关或法院投诉或起诉。西方发达国家大都建立了完善的企业和消费者广告投诉处理机制,可以及时对虚假违法广告和不正当竞争广告等作出处理决定,最大限度地降低违法广告的社会危害程度。以美国广告自律委员会(ASRC)为例,该委员会负责管理广告主对他们的竞争者所作的广告宣传提出的指控,调查消费者的指控,并对广告实行监督管理,其工作程序大致为:当接到某一项指控后,首先让广告主作出说明,如不接受,就把档案交给全国广告审查局,全国广告审查局审查后作出裁决,并通知广告主执行决议结果。虽然美国广告自律委员会(ASRC)没有强制执行的权力,但是如果广告主拒不执行决议,美国广告自律委员会会将其提交至美国联邦贸易委员会或联邦通讯委员会审理。广告投诉处理机制的建立,可以及时发现并停止虚假违法广告刊播,在减少对消费者和企业危害的同时,也提高了政府行政部门和司法部门的工作效率。

7. 发达国家通过立法和制定行政法规等方式,对虚假违法广告给予非常严厉的处罚,提高了虚假违法广告的风险成本

我国虚假违法广告的发生主要是因为从事合法广告经营的成本高、违法广告的经济成本过低、广告行政执法水平低导致违法广告的风险低,因此,除了建立科学的广告审查制度和监管机制之外,还要增加发现和查处违法广告的概率,提高违法广告的风险成本。西方经济发达国家广告业大都对虚假违法广告进行严厉的惩罚,对广告市场主体形成强有力的威慑,使得他们在发布广告之前必须十分谨慎,并寻求广告自律组织的法律咨询与广告审查建议,这也不难理解为什么广告自律组织的广告审查如此具有权威性和影响力。以美国为例,美国法律对违法广告法律责任的追究作出了明确规定:美国严格广告责任制的同时,规定了集团诉讼制度。因为现实中,虚假不实广告对单一消费者的损害很微小,不过遭受同样损失的消费者可能成千上万,所以从整体上看,一个虚假不实广告可能造成重大损失。由于消费者很少有人愿意通过诉讼来获得数额很小的赔偿,美国的集团诉讼规定,因同一法律上或事实上的原因,利害关系相同者人数众多,无法全部进行共同诉讼时,由人数众多的利害关系人群中的一人或数人代表全体当事人进行诉讼,而该诉讼的判决结果对全体成员有效。这一制度使得一般消费者无需直接参加诉讼也可获得损害赔偿。虚假不实广告的广告主、广告公司在承担民事责任后,并不能免除其行政责任和刑事责任。根据《美国联邦贸易委员会法》,对于违反该法第十二项的规定,制作发布不实广告的行为,得处六个月以下有期徒刑,单处或并处5000美元以下罚金;再犯者则可处一年以下有期徒刑,单处或并处10000美元以下罚金。美国联邦贸易委员会、通讯委员会有权要求经营者停止播放违法广告并处以罚款,有权要求经营者更正广告,并将事实告诉消费者。为真正达到更正广告的目的,让受骗的消费者知道广告真实的一面,更正广告必须符合以下要求:(1)从时间上,更正广告刊登时间至少一年;(2)从规模上,更正广告的成本不得少于原广告的四分之一;(3)从内容上,更正广告必须针对原广告中虚假不实成分进行揭露。虽然罚金不算高,但是半年到一年的有期徒刑,以及更正广告对品牌的影响,对于发布违法广告的企业来说是一个巨大的威慑。以名人代言虚假广告为例,发达国家都制定了严格的规定,在美国,虚假代言会被重罚,美国的广告形象代言人必须是其所代言产品的直接受益者和使用者,否则会被重罚。美国摇滚巨星杰克逊曾为百事可乐做广告,但有人发现他根本不喝可乐,一时间也被公众列为最讨厌的人物;一名好莱坞演员也曾因做虚假广告被罚款50万美元。在日本,虚假代言会面临失业风险,如果明星代言的产品属伪劣产品,那就意味着他本人可能会因此受到巨大影响,他必须向社会公开道歉,会在很长时间得不到任何工作等。另外,如果明星本人出了问题,广告主会因担心自己产品形象受损,而立即停止有关广告的张贴与播放。在欧洲,由于受严格规定的限制,明星们也不敢随便什么广告都接,因为如果代言了虚假广告,身败名裂不说,还可能面临牢狱之灾。法国一位电视节目主持人吉尔贝就曾因做虚假广告而锒铛入狱,罪名是夸大产品的功效。

第三节　中国广告审查制度的变迁及制度缺陷

一、中国广告审查制度的确立及其意义

1. 广告审查制度的确立

1982 年,为了加强对广告的管理,发挥广告在促进生产、扩大流通、指导消费、活跃经济、方便人民生活以及发展国际经济贸易等方面的作用,更好地为建设社会主义物质文明和精神文明服务,国务院发布了《广告管理暂行条例》,尽管没有明确提出广告审查的概念,但是已经包含有广告审查的实际内容。具体包括以下四个方面:(1)对广告经营单位的资质审查。广告经营单位的资质审查主要由国家工商行政管理机关负责和城市管理部门实施。例如,《广告管理暂行条例》第四条规定:"专营广告的广告公司和兼营或者代理广告业务的企业、事业单位,必须按照工商企业登记管理条例的规定,申请登记,领取营业执照。未经登记,或者申请登记未获批准的,不得承办广告业务。承办外商广告的单位,必须经省、自治区、直辖市以上进出口管理委员会审查同意。私人不得经营广告业务。"《广告管理暂行条例》第十条对户外广告经营单位发布广告作出了具体的规定,指出:"户外广告的设置、张贴,必须遵守城市管理机关和广告管理机关的规定,不得妨碍交通、市容和风景地区的优美环境。大型广告牌的设置,必须征得城市管理机关的同意。在政府机关的和有纪念意义的建筑物上,在重点文物保护单位,禁止设置、张贴广告。"(2)广告主证明文件的出具及审查。广告主证明文件的出具及审查由卫生机关、计量机关、工商行政管理机关、质量监督检验机构等具体负责实施。《广告管理暂行条例》第五条规定:"申请刊登、播放、设置、张贴广告的单位,必须是持有营业执照的企业或经过政府批准设立的单位。"第七条规定:"广告刊户申请刊登、播放、设置、张贴下列广告时,应当出具证明:医药、食品类商品广告,必须有卫生机关的证明;度量衡器类商品广告,必须有计量机关的证明;标明获奖荣誉的商品广告,必须有颁奖部门的证明;使用商标的商品广告,必须有注册商标的证明;标明质量合格的商品广告,必须有质量监督检验机构的鉴定证

明。广告经营单位必须认真查验以上证明,并在广告中注明。"(3)对广告内容的审查。对广告内容的审查虽然没有明确审查机构,但从规定中我们可以看出,广告内容审查主要有两个环节,一是在卫生机关、计量机关、工商行政管理机关、质量监督检验机构等对广告内容进行严格审查,出具相关证明文件;二是广告公司、广告媒体等广告经营单位以及广告主对广告内容的自我审查。《广告管理暂行条例》第六条规定:"广告内容必须清晰明白,实事求是。不得以任何形式弄虚作假,蒙蔽或者欺骗用户和消费者。有缺陷的处理商品、试制和试销商品,都应当在广告中注明,不得给人以误认。"第八条规定:"广告的内容有下列情形之一的,禁止刊登、播放、设置、张贴:违反国家政策、法令的;有损我国各民族尊严的;有反动、淫秽、丑恶、迷信内容的;有诽谤性宣传的;违反国家保密规定的。"

1987 年,为了加强广告管理,推动广告事业的发展,有效地利用广告媒介为社会主义建设服务,国务院发布了《广告管理条例》《广告管理暂行条例》同时终止。《广告管理条例》内容更加具体。(1)对广告经营单位的资质审查。《广告管理条例》第六条规定:"经营广告业务的单位和个体工商户,应当按照本条例和有关法规的规定,向工商行政管理机关申请,分别情况办理审批登记手续:专营广告业务的企业,发给《企业法人营业执照》;兼营广告业务的事业单位,发给《广告经营许可证》;具备经营广告业务能力的个体工商户,发给《营业执照》;兼营广告业务的企业,应当办理经营范围变更登记。"《广告管理条例》第十三条对户外广告经营单位发布广告也有明确规定:"户外广告的设置、张贴,由当地人民政府组织工商行政管理、城建、环保、公安等有关部门制订规划,工商行政管理机关负责监督实施。在政府机关和文物保护单位周围的建筑控制地带以及当地人民政府禁止设置、张贴广告的区域,不得设置、张贴广告。"(2)广告主证明文件的出具及审查。《广告管理条例》第十一条规定:"申请刊播、设置、张贴下列广告,应当提交有关证明:标明质量标准的商品广告,应当提交省辖市以上标准化管理部门或者经计量认证合格的质量检验机构的证明;标明获奖的商品广告,应当提交本届、本年度或者数届、数年度连续获奖的证书,并在广告中注明获奖级别和颁奖部门;标明优质产品称号的商品广告,应当提交政府颁发的优质产品证书,并在广告中标明授予优质产品称号的时间和部门;标明专利权的商品广告,应当提交专利证书;标明注册商标的商品广告,应当提交商标注册证;实施生产许可证的产品广告,应当提交生产许可证;文化、教育、卫生广告,应当提交上级行政主管部门的证明;其他各类广告,需要提交证明的,应当提交政府有关部门或者其授权单位的证明。(3)对广告内容的审查。《广告管理条例》第七条规定:"广告客户申请刊播、设置、张贴的广告,其内容应当在广告客户的经营范围或者国家许可的范围内。"第八条规定:"广告有下列内容之一的,不得刊播、设置、张贴:违反我国法律、法规的;损害我国民族尊严的;有中国国旗、国徽、国歌标志、国歌音响的;有反动、淫秽、迷信、荒诞内容的;弄虚作假的;贬低同类产品的。"《广告管理条例》第九条首次规定不得以新闻形式发布广告,广告必须有明确标识,不能误导消费者,"新闻单位刊播广告,应当有明确的标志。新闻单位不得以新闻报道形式刊播广告,收取费用;新闻记者不得借采访名义招揽广告。"《广告管理条例》第十条还首次对烟草广告及优质名酒广告的发布作出明确规定:"禁止利用广播、电视、报刊为卷烟做广告。获得国家级、部级、省级各类奖的优质名酒,经工商行政管理机关批准,可以做广告。"

从1982年《广告管理暂行条例》的发布,到1987年《广告管理条例》的正式实施,我国在不断探索广告审查的制度模式。总体来看,这一时期广告审查以广告经营单位的自我审查为主,工商行政管理部门的职责主要是根据相关法律法规对广告进行事后的行政监管。1993年,国家工商行政管理局发布《关于在部分城市进行广告代理制和广告发布前审查试点工作的意见》《关于设立广告审查机构的意见》《关于广告发布前审查程序的规定(试行)》《广告审查标准(试行)》,标志着我国广告审查制度的正式确立。

在1993年召开的全国工商行政管理工作会议上,国家工商行政管理局广告司提出在全国推行广告事前审查制度,其核心是建立比较超脱的权威的广告审查机构,进行广告事前审查制度的试点工作。国家工商行政管理局根据我国广告业发展的状况,以及不同商品的广告、不同媒介的广告对消费者的影响程度,在推行试点工作时,把实行审查的广告范围暂定为家用电器广告、药品广告、农药广告、兽药广告、医疗器械广告、医疗广告、食品广告、烟酒广告、化妆品广告、金融广告、其他广告(包括报刊出版发行广告、图书出版发行广告、文艺演出广告、文化补习班的招生广告、职业技术培训班招生广告、招工招聘广告、大专院校招生广告、中等专业教育广告、外国来华的招生广告、展销会、订货会、交易会广告)。上述广告在选定的广告审查试点城市必须经由工商行政管理局负责组建的广告审查委员会审查后方能发布。

1994年10月27日,《广告法》正式颁布,并于2005年2月1日起施行。根据《广告法(1995年)》第三十四条的规定:"利用广播、电影、电视、报纸、期刊以及其他媒介发布药品、医疗器械、农药、兽药等商品的广告和法律、行政法规规定应当进行审查的其他广告必须在发布前依照有关法律、行政法规由有关行政主管部门对广告内容进行审查;未经审查,不得发布。"由此可见,药品、医疗器械、农药、兽药等商品广告实行发布前的强制审查制度,由有关行政主管部门对广告内容进行审查,经有关行政主管部门审查通过后发给广告审批文件,才可进行设计、制作和发布。

1993年以来,我国正式确立了广告审查制度,改变了过去单一由广告经营单位和广告发布者自我审查、工商行政管理部门事后监督处罚的模式,开始对部分重点行业的商品广告实行预审查和两级审查。由于《广告法(1995年)》正式实施之后,《关于在部分城市进行广告代理制和广告发布前审查试点工作的意见》并没有废止,对于一些特殊商品广告,需要首先由相关行政管理部门对广告内容进行审查后出具证明文件,然后再提交广告审查委员会审查,审查通过后,广告经营者、广告发布者不仅要查验相关证明文件,还需要对广告内容进行自我审查;而对一般商品广告仍然沿袭以往的广告经营者、广告发布者自我审查模式。1998年9月20日,国家工商行政管理局发布了《关于停办广告审查机构的通知》,广告审查委员会不再行使广告审查职权。对于一些特殊商品广告由相关主管部门(即广告审查机构)负责审查,然后由广告经营者、广告发布者自我审查。对于其他一般商品广告则全部由广告经营者、广告发布者自我审查。

2. 广告审查制度的意义

对于消费者而言,可以减少虚假违法广告对消费者的伤害,维护消费者的合法权益。广告审查制度的建立,最重要的是保护消费者的合法权益不受伤害。在广告市场上,消费者是弱势群体,从信息经济学的角度而言,消费者与广告主、广告公司和广告媒体之间存在信息不对称,这就加大了消费者的购买风险,一方面消费者需要提高对虚假违法广告的鉴别能力,另一方面必须从国家制度层面加强对虚假违法广告的审查和监管,尽量防止虚假违法广告流入市场。虚假违法广告的大量存在对消费者是最大的伤害,也会导致民众对于政府行政能力的质疑,降低政府的公信力,因而必须引起足够的重视。1993年确立的广告审查制度规定,对于一些特殊类型的商品如家用电器广告、药品广告、农药广告、兽药广告、医疗器械广告、医疗广告、食品广告、烟酒广告、化妆品广告、金融广告、其他广告等,实行强制审查,上述商品大都是一些关系国计民生的重点行业,此类虚假违法广告的刊播对于消费者的伤害也更大,因而加强对重点媒介、重点行业和重点违法广告地区的广告审查监管,无疑会大大降低虚假违法广告的发生率,保护消费者合法权益。

对于企业而言,可以降低虚假违法广告造成的不公平市场竞争,切实维护公平公正的市场环境。公平公正的市场竞争环境,对于行业的发展来说具有重要意义。在不规范的市场环境下,企业可以通过一系列不正当竞争手段发布虚假违法广告获取暴利,对于行业内的合法经营企业的利益造成重大损害,是一种典型的市场不公平竞争。对于这种不公平竞争,一方面需要通过行业协会进行自我约束,形成一种有力的机制约束行业企业的广告市场行为,另一方面广告审查制度的确立可以从外部约束企业的违法广告行为,通过广告的预审查,可以降低虚假违法广告流入市场的概率,切实维护公平公正的市场竞争环境。可以说,广告审查制度的确立,对于推动整个行业健康发展,提升行业内优势企业的国际国内市场竞争力,增强消费者对于品牌的信任度与忠诚度,具有重要意义。

对于媒介而言,可以有效防止虚假违法广告对于媒体公信力的负面影响,提高媒体的公信力和影响力。虚假违法广告对于消费者和企业的负面影响是最大的,同时对于媒体的伤害也不容忽视。在中国,媒体资产属于国家所有,社会公众对于媒体的喜好程度直接影响政府形象和国家形象。一些虚假违法广告流入市场并对消费者造成直接伤害,媒体有着不可推卸的责任。消费者因为信任媒体,进而信任媒体上发布的广告,如果媒体广告审查不严,消费者可能会因为看了媒体上发布的广告信息而购买该商品或服务,最终利益受到损害,这些事件大量曝光之后会对媒体的公众形象造成极大的损害。近年来,随着媒体产业化进程的加快以及媒体之间广告资源竞争的加剧,国内一些媒体甚至包括中央级和省级重要媒体,片面追求经济效益,忽视媒体的社会责任,对于虚假违法广告把关不严,导致消费者权益受损的现象时有发生。广告审查制度的建立与完善,通过外部审查与内部自我审查结合的方式,降低虚假违法广告风险,可以切实维护和提升媒体公信力和影响力,对于维护政府形象也具有积极效应。

对于广告主和广告公司而言,广告审查制度的建立对其形成一种有力的威慑,促使其开展合法广告经营活动。没有对违法行为的有力威慑,合法正义行为就无法得以弘扬,广告市场同样如此。广告审查制度的确立,大大提高了虚假违法广告被发现的概率,提高了虚假违法广告成本,促使广告主和广告公司在法律法规的框架下从事合法广告经营活动,从而形成一种风清气正的广告市场环境。

对于整个社会而言,广告审查制度的确立可以更好地约束广告市场主体的行为,对于诚信社会的建设也是一种推动。市场经济本质上是一种诚信经济、信用经济,而诚信是社会主义市场经济中不可或缺的特殊资源。市场经济条件下的社会化大生产并非只是投入、产出、效益等纯物质的经济过程,而是利益相关者之间的合作经济、"链条式"经济。利益相关者的任何一方或任何一个环节的诚信缺失,都会导致整个经济秩序的混乱,并带来经济发展的严重挫折。诚信是企业道德形象的根本,是企业在市场竞争中实现发展的核心竞争力。经济的发展速度很大程度上取决于企业的发展效益,企业的发展效益取决于企业产品和服务的营销状况,而企业产品和服务的营销状况又取决于企业的诚信经营。诚信也是降低经济交易费用的重要途径,一些经济主体为了自身的利益不惜破坏正常的经济信息渠道,或窃取经济信息,或制造虚假信息,此类不诚信的行为会造成更多的"摩擦消耗",并进而影响经济效益和经济发展速度。[①] 广告市场同样如此,规范的广告市场对于中国诚信社会的建设具有重要意义。广告审查制度的确立对于广告市场主体行为是一种有力的

---

① 王小锡:《诚信是经济发展的核心竞争力》,《光明日报(理论版)》2011 年 11 月 22 日。

约束,可以促使广告市场主体开展合法广告经营、诚信广告经营,降低交易费用,提升品牌形象和品牌竞争力,对于整个社会而言,广告市场的诚信建设也是社会诚信建设的重要构成。

二、广告审查制度的历史变迁及其特点

1. 1982—1993 年间我国广告审查的制度安排

1993 年以前,国家和地方工商行政管理部门对广告市场的管理主要是依据《广告管理暂行条例》(1982 年)、《广告管理暂行条例施行细则》(1982 年)、《广告管理条例》(1987 年)、《广告管理条例施行细则》(1988 年),《广告管理暂行条例》和《广告管理条例》明确规定了广告管理机关是国家工商行政管理机关和地方各级工商行政管理机关。工商行政管理机关主要负责广告企业的审批登记、发放营业执照和广告经营许可证,以及对违法广告进行行政处罚。《广告管理条例》第十一条明确规定,对于标明质量标准、标明获奖、标明优质产品称号、标明专利权、实施生产许可证的商品广告以及文化、教育、卫生广告需要提交政府有关部门或者其授权单位的证明。第十二条规定:"广告经营者承办或者代理广告业务,应当查验证明,审查广告内容。"可见,在这一时期,对相关证明文件和广告内容的审查主要是由广告经营者、广告发布者来执行的。

2. 1993—1998 年间我国广告审查"双轨制"的实践

(1)特殊商品广告首先由相关行政主管部门审查,然后提交由工商行政管理机关组建的广告审查委员会审查,审查通过后,广告经营者和广告发布者需要查验相关证明文件,并对广告内容和形式进行自我审查

1993 年 7 月 15 日,国家工商行政管理总局发布《关于在部分城市进行广告代理制和广告发布前审查试点工作的意见》,对广告审查机构的设立以及广告审查程序进行了明确的规定。根据该通知规定,开展广告发布前审查试点工作,需设立相应的机构,各地广告审查机构成立广告审查委员会,下设办事机构,并在广告管理机关的监督、指导下开展工作。广告审查委员会按地域设立,由当地广告管理机关负责组建。广告审查委员会设兼职委员若干人(单数),由组建该审查机构的广告管理机关、广告行业组织、广告经营单位及

有关部门的代表组成。广告审查委员设主任委员 1 人,副主任委员 1—2 人,
负责主持日常工作。广告审查委员会下设的办事机构,配备广告审查员若干
人,具体负责日常审查工作。办事机构负责人由广告审查委员会指定,并报当
地广告管理机关确认。广告审查员由广告审查委员会根据工作需要选聘。广
告审查机构的开办费由各地自筹,日常审查工作经费通过收取审查费解决。
《意见》规定,广告发布者应查验《广告审查申请表》上载明的审查结果,对未通
过审查的广告不得发布。我国广告审查委员会的广告审查流程如图 4.2 所示。

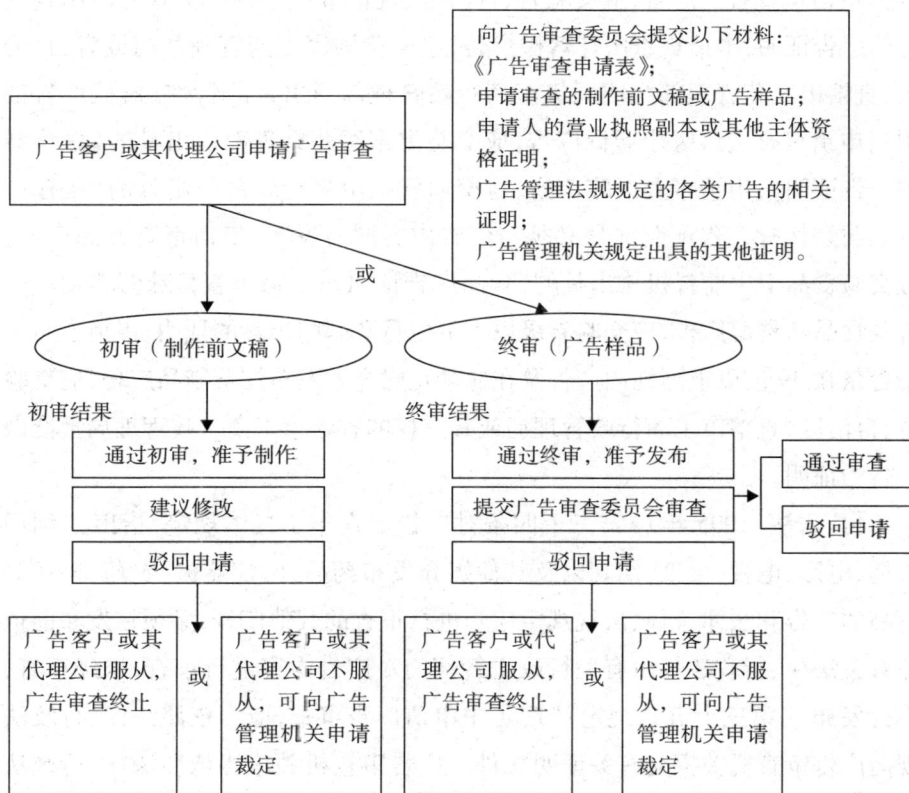

图 4.2　1993—1998 年间我国广告审查委员会的广告审查程序

此外,《广告审查标准(试行)》规定了需要由广告审查委员会审查的行业
类别,分别是家用电器广告、药品广告、农药广告、兽药广告、医疗器械广告、医
疗广告、食品广告、烟酒广告、化妆品广告、金融广告、其他广告(包括报刊出

版发行广告、图书出版发行广告、文艺演出广告、文化补习班的招生广告、职业技术培训班招生广告、招工招聘广告、大专院校招生广告、中等专业教育广告、外国来华的招生广告、展销会、订货会、交易会广告)。对于一些重点行业除了要提交企业营业执照、生产经营许可证、卫生许可证、产品质量检验合格证明等,还需要相关行政主管部门的广告审批文件。例如,申请审查药品(含进口药品)广告,应交验省、自治区、直辖市卫生行政部门出具的《药品广告审批表》;申请审查农药广告,应交验农业行政主管部门出具的《农药广告审批表》;申请审查兽药广告,应交验省、自治区、直辖市农业行政主管部门出具的兽药广告证明;申请审查医疗器械广告,应交验国家医药管理部门或省、自治区、直辖市医药管理部门或同级医药行政管理部门出具的《医疗器械广告证明》;申请审查进口医疗器械广告,应交验国家医药管理部门出具的《医疗器械广告证明》;申请审查医疗广告,应交验省级卫生行政部门出具的《医疗广告证明》,医疗广告证明文号必须与广告内容同时发布;申请审查食品广告,应交验食品卫生监督机构出具的《食品广告证明》;申请审查特殊营养食品广告及食品新资源广告,应交验省级以上卫生行政部门出具的证明;申请发布酒精含量在 39 度以上烈性酒广告及在非禁止媒介上发布烟草制品广告,应交验省、自治区、直辖市工商行政管理局或其授权的省辖市工商行政管理局批准做广告的证明。

《广告法(1995 年)》第三十四条对广告审查作了具体规定,指出:"利用广播、电影、电视、报纸、期刊以及其他媒介发布药品、医疗器械、农药、兽药等商品的广告和法律、行政法规规定应当进行审查的其他广告,必须在发布前依照有关法律、行政法规由有关行政主管部门对广告内容进行审查;未经审查,不得发布。"第三十五条规定:"广告主申请广告审查,应当依照法律、行政法规向广告审查机关提交有关证明文件。广告审查机关应当依照法律、行政法规作出审查决定。"《广告法(1995 年)》中对广告审查委员会的职责没有涉及,使得广告审查委员会的成立缺乏法律依据,但是由于广告法施行以后,《关于在部分城市进行广告代理制和广告发布前审查试点工作的意见》继续有效。所以,可以说,在 1993—2008 年间,对于特殊商品广告我国实行的是两级审查制度,即先由相关行政主管部门负责审查广告内容,并出具广告审批文

件,然后还需要提交工商行政管理局的广告审查委员会审查。审查通过后,广
告经营者和广告发布者需要查验相关证明文件,并对广告内容和形式进行自
我审查。

(2)广告经营者、广告发布者负责所有商品广告的自我审查

1993 年以来,依照相关法律法规,"根据国家广告管理机关的规定须由广
告审查机构审查的广告"之外的商品广告的审查实际上是由广告经营者、广
告发布者来实施的。由此可见,广告经营者、广告发布者实际上负责了所有商
品广告的自我审查。例如,《广告法(1995 年)》第二十七条规定:"广告经营
者、广告发布者依据法律、行政法规查验有关证明文件,核实广告内容。对内
容不实或者证明文件不全的广告,广告经营者不得提供设计、制作、代理服务,
广告发布者不得发布。"第二十八条规定:"广告经营者、广告发布者按照国家
有关规定,建立、健全广告业务的承接登记、审核、档案管理制度。"1996 年,国
家工商行政管理局颁布实施《广告审查员管理办法》,明确要求广告经营单
位、广告发布单位设立广告审查员,广告审查员应当由所在单位委派,参加工
商行政管理机关统一组织的培训、考试并取得《广告审查员证》之后,方可获
得从事广告审查工作的资格。广告经营者、广告发布者设计、制作、代理、发布
的广告,应当经过本单位广告审查员书面同意。《广告审查员管理办法》的颁
布实施旨在"引导经营单位建立完善的内部广告审查制度,增强自我约束的
意识,形成有效的行业自律"①。

3. 1998 年以来我国广告审查制度安排的调整

1998 年 9 月 20 日,国家工商行政管理局发布《关于停办广告审查机构的
通知》,通知指出,1993 年 7 月,国家工商行政管理局下发了《关于在部分城市
进行广告代理制和广告发布前审查试点工作的意见》(工商广字[1993]第 214
号文件),决定在部分城市进行广告发布前审查试点工作。文件下发后,试点
城市工商行政管理机关在当地人民政府的支持下,相继成立了广告审查机构。
1995 年 2 月,《广告法(1995 年)》正式实施。根据《广告法(1995 年)》,广告

---

① 国家工商局广告监督管理司:《建立新型的广告监督管理模式——关于广告审查员制
度和广告监测制度》,《工商行政管理》1997 年第 7 期,第 8 页。

监管机关不具有广告发布前审查的职能,试点城市广告审查机构应依据《广告法(1995年)》的规定作出相应的调整。但是由于种种原因,部分试点城市广告监管机关的广告审查机构仍在从事广告发布前审查工作,一些广告法律咨询服务机构存在着以法律咨询为名从事广告发布前审查工作的现象。这种集广告行政执法与广告收费审查于一体的行为违反了《广告法(1995年)》的有关规定,在某种程度上已直接影响了广告监管机关的依法行政和执法形象。为严格执行《广告法(1995年)》,保证广告监管机关依法履行监管职能,各地广告监管机关一律不得成立新的广告审查机构或成立变相从事广告审查工作的机构。自1998年10月1日起,各地根据214号文件成立的广告审查机构,不得再使用广告审查批准文号。根据214号文件成立的广告审查机构的转制脱钩工作,国家工商行政管理局将在调查研究的基础上,进一步提出规范性意见。

由此可见,1998年9月20日以后,广告审查委员会已经不具有广告审查职权。依照《广告法(1995年)》规定,利用广播、电影、电视、报纸、期刊以及其他媒介发布药品、医疗器械、农药、兽药等商品的广告和法律、行政法规规定应当进行审查的其他广告,必须在发布前依照有关法律、行政法规由有关行政主管部门对广告内容进行审查。广告经营者、广告发布者依据法律、行政法规查验有关证明文件,核实广告内容,对所有类型商品负有自我审查责任。2015年4月24日第十二届全国人民代表大会常务委员会第十四次会议审议通过的《中华人民共和国广告法》(以下简称《广告法(2015年修订)》)第四十六条明确规定:"发布医疗、药品、医疗器械、农药、兽药和保健食品广告,以及法律、行政法规规定应当进行审查的其他广告,应当在发布前由有关部门对广告内容进行审查;未经审查,不得发布。"第三十四条规定:"广告经营者、广告发布者依据法律、行政法规查验有关证明文件,核对广告内容。对内容不符或者证明文件不全的广告,广告经营者不得提供设计、制作、代理服务,广告发布者不得发布。"

三、现行广告审查制度的弊端及其成因

1. 重视广告事后监管,广告发布前审查往往流于形式,导致大量违法广告流入市场

事实上,我国已经建立起广告审查机关和广告经营单位事前审查、广告监

督管理机关事中、事后监管的广告审查制度,对防止虚假违法广告的创作及发布起到了一定的过滤及监管作用。然而,近年来违法广告事件频发,消费者权益受到侵害,对我国现行广告审查制度设计提出了挑战。在广告事前审查、事中审查和事后审查中,广告发布前审查大都流于形式,根据《广告法(1995年)》第三十四条的规定,特殊行业广告需要首先交由相关行政主管部门对广告内容和形式进行发布前审查,审查合格后发给广告审批表,同时,"广告经营者、广告发布者依据法律、行政法规查验有关证明文件,核实广告内容"。由于法律对有关行政主管部门的审查失责缺乏有效的法律规制,没有建立相应的广告审查绩效考评机制,使得广告审查不严格,是直接导致虚假违法广告进入市场的关键因素。此外,广告经营者、广告发布者的自我审查也大都流于形式。广告经营者和广告发布者都是有着自身利益追求的"经济人",追求自身利益的最大化会促使广告经营者和广告发布者铤而走险。

2. 重视特殊行业的广告审查,对一般行业审查缺乏有效的制度设计

我国目前的广告审查制度主要还是针对特殊行业,如利用广播、电影、电视、报纸、期刊以及其他媒介发布药品、医疗器械、农药、兽药等商品的广告,需要有关行政主管部门审查,而对于一般行业广告审查缺乏有效的制度设计。根据《关于在部分城市进行广告代理制和广告发布前审查试点工作的意见》《广告法(1995年)》《广告审查员管理办法》的相关规定,一般行业商品广告的审查,是由广告经营者、广告发布者来具体实施的,1996年发布的《广告审查员管理办法》第六条规定:"广告审查员按照下列程序审查广告:查验各类广告证明文件的真实性、合法性、有效性,对证明文件不全的,提出补充收取证明文件的意见;核实广告内容的真实性、合法性;检查广告形式是否符合有关规定;审查广告整体效果,确认其不致引起消费者的误解;检查广告是否符合社会主义精神文明建设的要求;签署对该广告同意、不同意或者要求修改的书面意见。"

这一制度设计存在明显缺陷,广告公司、广告媒体都是有着自身利益追求的"经济人",必然追求自身利益最大化,广告公司为了自身的经济利益,对广告主的相关证明文件疏于查验,对于明知或应知的虚假信息缺乏严格审核,导致虚假广告流入市场,给消费者利益造成损害,同时带来不良社会影响。广告公司受到处罚有两个条件,一是没有查验广告主的证明文件,二是视情节轻

重。这种模糊的表述使得工商行政管理部门在行政执法中对广告公司的责任认定十分困难。广告媒体同样有着自身的利益追求,尤其是在媒介产业化经营运作的背景下,部分媒体忽视媒体责任,一味追求自身经济利益的现象也不在少数,广告媒体为了获得更多客户资源,对广告主的相关证明文件疏于查验,对于明知或应知的虚假信息缺乏严格审核,导致虚假广告流入市场,给消费者利益造成损害,同时带来不良社会影响。而在我国广告审查制度设计中缺乏对广告媒体的有效制度约束,也是导致违法广告泛滥的一个重要因素。"广告从业者角色扭曲以及制度设计不完备是审查失灵的根本原因。"①

　　3. 重视广告审查权利的赋予,而对广告审查失责缺少有效的监督与惩罚机制

　　权利与责任是一对概念,没有无权利的责任,也没有无责任的权利。我国现行广告审查制度设计中,重视对广告审查权利的赋予,而对广告审查失责缺少有效的监督与惩罚机制,使得广告审查失责成为一种可能和常态,没有相应责任约束审查权利,必然成为空洞的制度设计。我国实行的"双轨制"审查制度是广告经营者、广告发布者负责所有商品的广告审查,相关行政主管部门负责特殊行业商品的广告审查。1982 年的《广告管理暂行条例》和 1987 年的《广告管理条例》规定了广告经营者、广告发布者的审查职责及违法责任,对工商行政管理部门和相关行政主管部门的责任只字未提;《广告法(1995年)》不仅规定了广告经营者、广告发布者的审查职责及违法责任,同时对广告行政管理机关和广告审查机关的职责进行了规定,例如,第四十六条规定:"广告监督管理机关和广告审查机关的工作人员玩忽职守、滥用职权、徇私舞弊的,给予行政处分。构成犯罪的,依法追究刑事责任。"但是这种泛化的表述不具现实操作性,由于对"玩忽职守""滥用职权""徇私舞弊"缺乏明确规定,因而,很难对失责的广告监督管理机关和广告审查机关人员进行处罚。即使违法广告漫天飞,广告监督管理机关和广告审查机关人员依然可以高枕无忧,没有责任的权利,要么会导致权力的滥用,要么会导致责任的缺失,这两种

---

① 王甜甜:《论我国广告审查法律制度的缺欠与完善》,《甘肃社会科学》2007 年第 6 期,第108 页。

情况在我国广告市场管理中均不同程度存在。

4. 重视商品广告的自我审查与行政审查,广告行业自律机构审查处于一种事实的缺位状态

在广告审查制度的设计中,广告经营者、广告发布者的自我审查存在一个审查主体错位的问题,而相关行政主管部门的广告审查又由于审查成本高昂以及缺乏有效的广告审查绩效考评机制等原因,广告审查制度绩效不高,因而无法根本解决广告市场的违法广告现象。在这一制度设计中,广告行业协会组织一直处于一种事实的缺位状态。长期以来,广告协会作为工商行政管理机关指导下的一个“半官方”组织,其人事编制及人事任免都是由工商行政管理机关负责,因而,广告办会存在一定程度的官僚化倾向,服务意识和服务职能不强,缺乏行业影响力和权威性。“从世界发达国家的广告管理经验及发展趋势看,随着制度的完善和经营者自身素质的不断提高,广告行为的规范和调控越来越注重行业自律、经营者自律。”①广告行业协会组织有两大重要的社会职能,一是规范广告市场主体的市场行为,二是维护广告行业的整体利益。只有规范广告市场主体的市场行为,才能确保公平的市场竞争环境,虚假违法广告损害同业竞争者利益,因而必然要对其进行规范和约束。同时,广告行业协会组织也是维护广告行业整体利益的组织。发挥广告行业协会组织的力量开展广告自律审查,一方面可以降低广告行政管理机关的审查成本,另一方面可以更加及时有效地识别并制止虚假违法广告的传播,提高广告审查的绩效,净化广告市场环境。

第四节　中国广告审查制度优化及其实施路径

一、构建政府主导与行业协会参与的审查制度

我国广告行业自律组织的发育目前还不是很成熟,内部组织运作不是很规范,组织权威性还处在建构之中,在这种情况下,尤其需要构建政府主导型

---

① 陈谦:《广告审查制度仍需完善》,《经济论坛》2000 年第 17 期,第 30 页。

广告审查制度。政府主导型广告审查制度主要是指政府通过国家有关部门制定和颁布广告管理办法、政策、条例、法令对广告活动进行审查管理。当前,就政府组织与广告行业协会自律组织的审查职能来看,我国的广告审查制度还存在两大关键性问题:一是广告行业自律审查长期处于一种事实的缺位状态;二是相关行政主管部门广告审查绩效比较低。借鉴发达国家广告审查制度的经验,我国必须建立起政府主导与行业协会参与相结合的广告审查制度。因此,必须完善我国现行的法律法规体系,明确相关行政主管部门的职责和权利,充分发挥广告行业协会组织的自律审查功能。现行广告审查制度体系中,主要包括相关行政主管部门审查和广告经营者、广告发布者自我审查,而对广告行业协会组织的自律审查基本没有涉及,这一制度安排将"提供服务,反映诉求,规范行为"的广告行业自律组织置于广告审查制度体系之外,不利于从根本上解决我国虚假违法广告问题。广告行业自律组织的职能是规范市场行为,维护行业利益,促进行业整体发展,它理应成为广告审查的主体。我国目前广告审查制度绩效总体较低,很重要的一个原因就是没有充分发挥广告行业协会组织的职能,从内部行为上进行约束。从广告行业协会的组织性质来说,协会代表的是协会所有成员的利益,而不是少数成员的利益,当少数成员发布虚假违法广告对多数成员造成利益损害时,广告行业协会就要规范市场行为,保护多数企业的合法权益不受损害。尽管广告行业协会也有着自身的部门利益追求,但是大多数情况下,它能够代表多数企业的利益,因而对于防止虚假违法广告流入市场具有重要意义。《广告法(2015 年修订)》第七条明确规定了广告行业组织的职责,"广告行业组织依照法律、法规和章程的规定,制定行业规范,加强行业自律,促进行业发展,引导会员依法从事广告活动,推动广告行业诚信建设。"广告行业协会组织根据相关法律法规,制定行业成员共同遵守的自律规则,规范企业的广告行为,维护行业企业的合法权益,规避行业企业的广告违法风险,可以大大降低相关行政管理部门和广告监督管理机关的管理成本,提高广告审查和广告监管的绩效。

二、明确广告审查机构及其人员的权利与责任

权利与责任是一对概念,没有无责任的权利,也没有无权利的责任。在现

有的法律法规中,广告审查权利的赋予与广告审查责任的规约并不相称。从广告审查机构及其人员的权利与责任角度来看,现有广告审查制度重广告审查权利轻广告审查责任规约的制度设计。"要确保广告审查机关公正、依法、廉洁的形象,不让违法广告在任何环节上有可乘之机,有必要对广告审查机关工作人员玩忽职守、滥用职权、徇私舞弊致使违法广告出台又未构成犯罪的,加以必要的行政处罚。"①针对我国现行广告审查制度中存在的广告审查机构权利及责任不明确的问题,《广告法(2015 年修订)》加大了对广告审查人员失责的处罚力度,第七十二条明确规定:"广告审查机关对违法的广告内容作出审查批准决定的,对负有责任的主管人员和直接责任人员,由任免机关或者监察机关依法给予处分;构成犯罪的,依法追究刑事责任。"当前,相关行政主管部门需要结合《广告法(2015 年修订)》,对广告审查的失责行为进行有效的制度设计,可以考虑将广告审查的绩效与广告审查人员的职业发展相结合,建立明确的奖惩和升迁机制。以相关行政主管部门广告审查为例,卫生行政管理部门、医药行政管理部门、食品卫生监督机构等部门的广告预审查非常重要,直接关系虚假违法广告流入市场的数量,上述机构需要建立相应的广告审查机构对分管行业的广告进行审查,并出具证明文件,同时将广告审查人员的工作业绩与广告监督管理部门的违法广告审查结合起来,对于一些重大虚假违法广告事件以及虚假违法广告多发地区实行责任追究制,而对于一些违法广告较少的地区,对其广告审查人员给予奖励,通过建立广告审查的激励约束机制,最大限度地调动广告审查人员的积极性,约束广告审查人员的渎职等行为。

三、广告审查与行政监管和司法管理结合

我国现行的广告审查制度,表面上看是广告事前审查、行政监管与司法管理的结合,实质却是重行政监管,轻广告事前审查与司法管理。西方发达国家非常重视广告事前审查与行政监管、司法管理的结合,这样一方面可以保证广

---

① 王瑞龙:《商业广告审查的法律思考》,《中南民族大学学报(哲学社会科学版)》1998 年第 3 期,第 28 页。

告事前审查的权威性和可执行性。如果广告主拒绝接受广告事前审查的结果,广告审查机构可以将其案件移交政府部门和司法部门,为了避免政府的行政处罚和司法的法律制裁,广告主通常都会遵守广告审查机构的裁决,从而保证广告审查的效率。另一方面可以减少行政监管和司法管理的成本。工商行政管理部门作为政府的一个职能部门,肩负着广告监管的社会职责,并负责对违法广告进行行政处罚,对于情节严重的,还需要移交司法机关。但同时也必须看到作为政府职能部门的工商行政管理部门也有自身的部门利益追求,违法广告事件的频发凸显了广告审查机构的审查缺位,同时对违法广告的行政处罚又可以提高部门利益,这是一个悖论。如何平衡这一组关系,即如何平衡部门利益与公共利益之间的关系,也是当前迫切需要解决的问题。违法广告投放市场必然对公共利益造成损害,造成负外部性问题,增加社会成本,而完全净化的广告市场则会对部门利益造成损害。从社会管理的角度来看,必须建立一套制度防止部门利益对公共利益的伤害,因而需要对广告监管与广告审查机关的职责进行明确规定,同时建立广告审查、行政监管与司法管理的科学运作机制。

四、特殊行业广告与一般行业广告审查兼顾

各国非常重视对特殊行业广告的审查,这些特殊行业一般直接关系民众的身心健康,特殊行业的虚假违法广告对消费者和社会的危害非常大。在1993 年以前,广告审查主要是广告经营者、广告发布者自我审查,没有行业的特别规定。1993 年发布的《关于在部分城市进行广告代理制和广告发布前审查试点工作的意见》,首次对广告审查的行业进行了规定,广告审查委员会负责审查家用电器广告、药品广告、农药广告、兽药广告、医疗器械广告、医疗广告、食品广告、烟酒广告、化妆品广告、金融广告、其他广告(包括报刊出版发行广告、图书出版发行广告、文艺演出广告、文化补习班的招生广告、职业技术培训班招生广告、招工招聘广告、大专院校招生广告、中等专业教育广告、外国来华的招生广告、展销会、订货会、交易会广告)。这一制度安排对特殊行业的虚假违法广告起到了一定限制作用,但是由于缺乏对一般行业广告的审查,使得一般行业的虚假违法广告没有得到有效的规制。尽管相关法律法规规定

一般行业广告的审查由广告经营者、广告发布者自我审查,但是这一制度设计本身存在缺陷,既要求广告经营者、广告发布者充当运动员,又要他们充当裁判员,显然是无法做到客观公正的,这一制度基本形同虚设。《广告法(2015年修订)》加大了对虚假违法广告行为的处罚力度,对广告主、广告经营者和广告发布者都会产生一定的震慑效果,但是无法杜绝一般行业虚假违法广告流入市场。因而,必须建立起特殊行业与一般行业广告审查相结合的广告审查制度。从制度的设计来看,广告经营者、广告发布者仍然肩负广告自我审查的职责,如果出现违法广告,广告经营者和广告发布者必须提供无过错的相关证明。另外,一般商品的广告审查可以交由广告行业协会组织的广告审查机构或独立的、代表多方利益的新的广告审查委员会来执行。

五、建立和健全消费者、企业投诉处理机制

发达国家广告审查制度设计中,十分重视消费者和企业的投诉。以美国为例,国家广告审查委员会下属的全国广告处(NAD)负责受理企业和消费者投诉,投诉一经查实,全国广告处就着手通知广告主,指明已经查实的全部声明。如果证据不充分,全国广告处会提出要求修改或终止广告声明。"NAD审查的约75%的案件来自消费者或企业的投诉。"①可见消费者和企业投诉的重要性。当前,我国消费者和企业投诉处理机制还不完善,具体表现在三个方面:一是消费者和企业发现虚假违法广告不知道该向谁投诉;二是消费者和企业投诉得不到及时、公正的处理,影响了消费者和企业投诉的积极性;三是目前制度设计无法维护消费者和企业的合法权益,根据"谁主张,谁举证"的原则,消费者和企业即使发现虚假违法广告或因使用了虚假违法广告商品造成身体和精神上的损害,但由于无法举证,可能也使得违法者逍遥法外。《广告法(2015年修订)》第五十四条规定:"消费者协会和其他消费者组织对违反本法规定,发布虚假广告侵害消费者合法权益,以及其他损害社会公共利益的行为,依法进行社会监督。"工商行政管理部门有必要加大对消费者和企业维

---

① Davis J J,"Ethics in Advertising Decision-making: Implications for Reducing the Incidence of Deceptive Advertising,"*Journal of Consumer Affairs*,28:pp.380-402.

权的宣传力度,告诉消费者和企业应该向哪个机构或部门投诉并公开投诉电话等,在广告审查、广告行政监管和司法管理过程中,从制度层面鼓励消费者或企业投诉,同时建立一套有效的机制保证消费者或企业投诉得到及时、公正的处理。

六、多方联合组建独立的广告自律审查机构

1993 年,国家工商行政管理局发布《关于在部分城市进行广告代理制和广告发布前审查试点工作的意见》,提出"成立广告审查委员会,下设办事机构。广告审查委员会及其办事机构在广告管理机关的监督、指导下开展工作"。然而,由于《广告法(1995 年)》中对广告审查委员会只字未提,使得广告审查委员会作为广告审查机构的职能缺乏法律依据。1998 年 9 月 20 日,国家工商行政管理局发布了《关于停办广告审查机构的通知》,自此广告审查委员会在中国也就不复存在了。《广告法(2015 年修订)》明确了广告审查机构的职责和权力,同时对广告审查机构人员的失责行为作了明确的规定,但是广告审查的思路基本上是沿袭《广告法(1995 年)》的做法。事实上,1993 年关于广告审查委员会的制度设计,存在严重缺陷,即广告审查机构与广告监管机构合一。但是,不可否认,广告审查委员会的广告审查是一种比较好的制度设想,只是需要更好的制度设计。"现行广告审查制度的弊端越来越显露出来,建立独立的广告审查制度已经作为一种时代要求被提上了议事日程"①。笔者主张在国家工商行政管理部门的指导下,充分发挥行业协会组织的力量,成立一个包括政府组织、行业协会组织、社会公益组织、广告主、广告公司、广告媒体、广告专家、法律专家和公众等在内的具有广泛代表性的、独立的中国广告自律审查委员会,实现广告审查与广告监管职能的分离。新成立的中国广告自律审查委员会,在制度设计层面需要解决以下问题:(1)中国广告自律审查委员会坚持政府主导和行业协会组织参与,一方面要处理广告行政监管部门与中国广告自律审查委员会的关系,避免"一套班子,两块牌子"式的运作方式,另一方面要确保委员会成员的广泛性和代表性;(2)工商行政管理部

---

① 周茂君:《建立我国独立广告审查制度刍议》,《湖北社会科学》2001 年第 11 期,第 58 页。

门将广告审查的职责逐渐让渡给中国广告自律审查委员会,尽可能减少广告监管机构与广告审查机构合一导致的制度性问题,提高广告审查的公正性和客观性;(3)中国广告自律审查委员会需要加强对重点媒介、重点行业和重点传播对象的广告审查,建立广告诚信档案,对于一些经常违法的广告主、广告公司和广告媒介重点审查,并作出科学公正的审查决定;(4)中国广告自律审查委员会的广告审查程序设计中,要建立及时有效的消费者和企业投诉处理机制,同时将广告审查与广告行政监管和司法管理有机结合,建立起广告发布前审查、广告发布后监督的动态广告审查机制,提高虚假违法广告的发现概率以及广告审查机构和裁决的权威性;(5)国家工商行政管理部门组织广告行业协会组织和广告学专家、法学专家就中国广告自律审查委员会的组建及其运作机制展开深入研讨,并出台相关政策文件,为中国广告自律审查委员会及地方广告自律审查委员会的成立及运作提供政策支持。

第五章 广告法律法规体系的合理化构建

完善的广告法律法规体系是广告市场规范化运作的重要前提,也是广告监管创新的重要保证。本章重点研究经济发达国家的广告法律法规体系及其特点,分析中国广告法律法规体系的现状及存在的问题,并提出广告法律法规体系合理化构建的对策建议。

第一节 发达国家的广告法律法规体系及特点

一、发达国家的广告法律法规体系

1. 美国的广告法律法规

美国是世界广告业最发达的国家,其广告法律法规体系相对比较完善。美国政府设有专门管理广告的部门,主要机构有联邦贸易委员会、联邦通讯委员会和美国食品药品监督管理局等。联邦贸易委员会享有制止不正当竞争、保护消费者的广泛权力,是美国最具权威的综合广告管理部门。它是1914年由美国国会根据《联邦贸易委员会法》设立的,由5名委员组成,从1950年起,美国总统依法指定委员之一担任委员会主席。该委员会下设6个局,反欺诈行为局是专门管理广告的机构,该局下设食品药物广告处、一般营业处、科学意见处,并在地方设立分支机构。它监督全国广告,有权要求广告客户证明其广告属实。联邦贸易委员会的主要职责是制定广告管理的监督制度并负责监督实施,查处各种违反广告法规的虚假广告和违反商业原则的不道德广告。联邦通讯委员会的主要职责是管理邮寄广告,该机构也有权管理广播电视广告的数量及播出时间。对邮寄信息不实的电视广告,联邦通讯委员会有权进行全面的审查。凡发现属于"不公正、虚假"的违法广告,立即采取停放、罚款、赔偿损失或更正广告等措施。若电视台或广告主不执行联邦通讯委员会的决定,委员会还可请求法院强制执行。美国联邦通讯委员会对电视广告哪些内容可以播放哪些不可以播放也都有具体规定,尤其强调广告必须真实。由于食品、药品和化妆品的安全卫生及贴签工作由食品药品监督管理局负责,这方面的广告,虽然联邦贸易委员会也有管理权限,但仍以食品药品监督管理局为主。同时,为了保护广告主和广告代理商的合法权益,美国法律还规定,如果广告主和广告代理商对联邦贸易委员会和联邦通讯委员会的处罚不服,可向法院起诉或向国会陈情,法院和国会有权推翻联邦贸易委员会和联邦通讯委员会的决定。[①]

美国政府通过设立三级立法机构对各类广告进行严格的管理。以户外广告管理为例,美国联邦政府、州政府和地方政府都有针对户外广告的相关立法。联邦政府立法规定了户外广告的地点、尺寸和内容。对于地点,联邦政府确立了两大原则:其一,广告不能对行人和司机造成干扰;其二,要保护和改进城市的面貌。为此,在一些地方是不可以安装户外广告的,比如楼顶上,隧道、桥梁、码头周围305米内,指定的旅游景点线路上,历史建筑物附近,等等。对于户外广告的内容,只有一个限制——烟草不许做广告。除了联邦政府的立法以外,各州政府和地方政府针对本州、本地区的实际情况,还可作出一些更加细致的法律规定。比如,巴尔的摩市市政府就曾规定,不再增加商业中心广告牌的数量,只允许现有广告牌的买卖和出租。

美国政府制定了比较完备的广告法律法规。1911年,美国纽约州通过的《普令泰因克广告法案》(又称《印刷物广告法案》),是美国第一个有关广告管理的专门法律,它是由美国广告联合会的前身——广告联合俱乐部在开展广告诚实化运动的基础上制定的,主要针对欺骗性印刷广告。法案规定:"凡个人、商店、公司、会社欲直接或间接出卖或用其他方法处理商

[①] 张龙德、姜智彬、王琴琴主编:《中外广告法规研究》,上海交通大学出版社2008年版,第237页。

品、证券、劳务或任何物品,或者欲增加这些物品的消费量,或用任何方法诱使公众就这些事物缔结契约、取得利益,或者发生利益关系而制成广告,直接或间接刊载于本州各种报纸或其他刊物上,或作为书籍、通告、传单、招贴、小册子、书信等分发的,如其中陈述的事实有不确、欺诈或使人误信者,治以轻罪。"这个法案最初在纽约州实行,后经多次修改,为其他州广为采用。1913年通过的《联邦贸易委员会法》是美国另一重要的广告管理法规,它规定了虚假广告的含义、法律责任和虚假广告的管理机关。根据该法规定,虚假广告是指在主要方面有欺骗性的广告,决定广告的欺骗性时,既要考虑广告说明、词句及设计、声音或组合,还要考虑其对相关事实的表述程度。该法第十二条规定,任何个人、合伙人、公司传播或者导致传播虚假广告,都是违法的。该法也明确了虚假广告的管理机关是联邦贸易委员会。美国有关广告的联邦法律,除《联邦贸易委员会法》外,还有《纯食品和药物法案》(1906年)、《广告业务准则》(1937年)、《广告行为准则》(1937年)、《联邦食品、药物和化妆品法案》(1938年)、《毛织品标签说明》(1939年)、《毛皮商品标签说明法案》(1951年)、《易燃织品法案》(1953年)、《纺织品分类法》(1958年)。另外《不当包装与商标法》《消费者信贷保护法》《玩具安全法》等法规均对广告活动作了明确规定,并把不真实的欺骗性广告列为禁止和制裁之列。多年来,联邦贸易委员会在广告执法的过程中,还根据国会法中关于"不公正、虚假行为是违法"这个原则,制定了一些广告管理的基本条例,这些条例也是联邦贸易委员会裁决和法院判决广告是否违法的依据。美国地方当局制定的与广告有关的州法,除前面提到的《普令泰因克广告法案》外,还有关于户外广告的法规、关于旅游业与旅馆业价格广告的法规等。

　　2. 英国的广告法律法规

　　与美国相比,英国的广告法律法规对广告的限制更为严格。英国是世界上广告立法较早的国家,1907年颁布的《广告法》禁止在公园、娱乐场所和风景地带张贴广告,以免损及公众娱乐和休息的环境。这是广告立法史上最早的比较完整的广告法,以后又进行了多次修订。1925年,法律禁止的范围扩大到所有涉及乡村风景、公路、铁路、水道、公共场所,以及任何有历史价值的建筑和场所的广告。1927 年，车辆饰成广告在街市中行驶，或步行、骑马、乘车在闹市中做广告，亦被列入禁止的范围。采取这些措施的主要目的是保护生活环境，保障交通安全。

英国对广告实行分类管理，并设立专门的机构负责实施。英国将广告分为三大类：非广播电视类广告、广播广告和电视广告。英国负责管理三类广告的专门机构是广告标准局（ASA）、独立电视委员会（ITC）和广播局（RA），广告标准局负责制定和执行《英国广告和营销准则》，监督所有非广播电视媒体广告，即电影、录像、文字新闻、杂志、招贴、传真、邮件、推销和非广播电视类电子传媒广告。独立电视委员会和广播局是根据英国有关立法成立的法定机构，有权批准和监督英国国内的商业电视和广播机构，其任务是：向设在英国境内的电视和无线电广播设施发放许可证并实施管理；制定、审议和执行广播电视媒体广告和赞助行为必须遵守的行为准则。《误导广告监管法规》指定独立电视委员会和广播局为广播电视媒体广告行为的监管机构。独立电视委员会负责管理商业性地面电视设施，包括商业性图文电视、英国有线电视和在英国境内设立的电视卫星地面站。它于 1991 年制定了《独立电视委员会广告时段规则》，1994 年制定了《独立电视委员会节目赞助准则》，1995 年制定了《广告业行为标准准则》，以上三项文件均于 1997 年修正。1998 年，英国独立电视委员会制定了《英国电视广告业行为标准准则》及其附则。独立电视委员会下属的广告与赞助处不参与广告发布前的审查工作，但是它依据《英国电视广告业行为标准准则》监测已发布的广告并处理消费者投诉，并向被监管机构就《英国电视广告业行为标准准则》提供一般性解释意见。另外，作为法定机构，广播局根据 1996 年《广播局广告和赞助准则》对持有广播局许可证的所有全国性、地方性的卫星、有线和特殊专用广播机构实施监管。

英国的广告法律法规比较完备，除了专门的《广告法》之外，适用于广告监管的法律主要有《误导广告监管法规》（1988 年）、《误导广告监管修正法规》（2000 年）、《广播电视法》（1996 年）、《消费者保护（远程销售）法规》（2000 年）等。其他适用于广告监管的相关法律还有《贸易描述法》（1968年）、《消费者信用法》（1974 年）、《消费者保护法》（1987 年）、《药品（广告）

条例》(1994 年)、《数据保护法》(1998 年)等。①

英国广告法律法规包括判例法和成文法两种,以判例法为主。英国法院的判决有两种作用:一是对当事人具体争议的裁决,它发生既判的效力;二是宣示法律原则和解释制定法,即通过判决建立一个范例,或称法律原则。英国的判例不仅是法律实施的结果,更重要的是,它还是法律规则的总结,因而具有极大的权威性。判例法制度的基本原则是遵循先例原则,这一原则的形成与判例汇编的发展有密切关系,遵循的先例通常是以判例汇编中选载的案例为准。

3. 法国的广告法律法规

法国是世界广告史上最重要的国家之一,在广告监管方面有自己鲜明的特色。公元 1141 年,法国国王路易七世为法国贝里州一个 12 人的口头广告团体核发特许证书,以及随后法国政府为口头广告颁布的《叫卖人法则》,可以看作是法国广告史上最早的广告监管活动。

在法国,法定的与广告监管有关的政府机构主要有最高视听委员会(CSA)、法国卫生安全和健康产品委员会(AFSSPR)、法国竞争、消费和反欺诈总局(DGCCRF)等。(1)最高视听委员会主要负责广播电视广告内容的规范。它成立于 1989 年,是负责媒介业务监控的独立权威管理机构,由总统、国民议会议长和参议院议长任命三位委员组成委员会,其使命是确保"视听传播是完全自由的",但同时也强调自由并非没有限制,委员会特设专人二十四小时监督电视和电台节目并接受投诉,以维护电视的公共利益,尤其在保护文化传统以及青少年儿童发育两方面。CSA 还负责为所有类型的频道和频率开播发放许可证,任命国营电视台的负责人等,并核准每个电视台的年度广告播出量和单位小时的广告播出时间。(2)法国卫生安全和健康产品委员会主要负责非处方药和面向一般公众的医药产品的广告。它成立于 1998 年,是法国卫生部所属的医药产品管理机构,其职责是独立地确保对于药品和卫生健康产品的生产、试验、使用以及治疗特性的研究和检验时的科学权威性以及

---

① 参见范志国主编:《中外广告监管比较研究》,中国社会科学出版社 2008 年版,第 160 页。

管理的有效性;参与有关药品和卫生健康产品生产、试验、使用和商品化各个环节法律法规的实施;负责发放药品的市场准入许可证。下设的 9 个委员会中,药品使用广告传播监管委员会以及与健康有关的物品、器具和方式方法广告监管委员会负责监管面向广大公众和面向医药专业人士的广告,范围涉及新闻媒体、电影、录像带、小册子、医学或科学出版物,以及邮件上的广告等。(3)法国竞争、消费和反欺诈总局负责误导广告和欺诈行为的监管。它是法国经济财政工业部下属的行政机构,其职责是对所有的经济主体调控,包括消费者、企业和地方政府,工作重点是对市场行为进行监督和检查,指导原则是围绕调控的核心任务展开工作,具体包括三个方面:遵守竞争法规、保护消费者权益、保护消费者安全。

法国适用于广告监管的法律法规主要有:《埃文法》(1991 年)严格限制烟草和酒精饮料广告;《环境法》(1991 年)禁止在广告中表现机动车在道路以外区域行驶的状态;《第 92—280 号法令》(1992 年)禁止有害环境的广告诉求;《药品广告法》(1994 年)规定尚未获得上市批准的药品不得先期进行广告宣传,不允许在药品广告中使用"特别安全""绝对可靠""效果最令人满意""绝对广泛使用"等吹嘘药品安全和疗效的过激字样,不能在广告中出现"第一""最好"等绝对字样,此外,任何药品在投放市场一年后,不能再继续标榜为"新药"等;《图邦法》(1994 年)规定在使用其他语言的广告中必须包含有法文,等等。

与英美法律不同的是,法国法采用的是大陆法系。法国法以自然法理论为指导,以成文法为基本形式,所体现的法律原则明确而系统。大陆法系与英美法系有着显著差异,大陆法系国家重视实体法,除轻微的案件可以由一人独任审判外,一般都采用合议制。英美法系国家重视有关审判、诉讼程序、证据、判决执行等程序法的规定,除高级上诉法院采取合议制外,一般采取独任制。大陆法系采用审问或者讯问制,法官通过讯问当事人,根据所查明的事实作出判决。在开庭审理的过程中,法官居于主要地位,发言需要经过法官的许可,有关证据在当事人不在场的情况下可以提出。开庭审判是以准备好的案卷材料为线索进行,法官审理案件首先考虑的是成文法典是如何规定的。英美法系国家在开庭审理时主要采用辩论制或对质制,法官只是中立的裁判者。证据必须在当事人在场的情况下提出,否则无效。大陆法系的法院判决书一般比较简单扼要,判决书的推理方式一般是大前提—小前提—结论。英美法系的法院判决书一般都很长,多的可达到几百页,判决书的推理方式是从以往案例和有关制定法中归纳出一般原则,然后得出适于本案的结论。与美国和英国不同的是,法国关于广告的司法审判采用的是大陆法系的司法原则和司法程序。

4.日本的广告法律法规

在日本,通过国家立法来对广告进行直接或间接的限制是很普遍的。虽然日本尚未出台专门的广告法,但各种相关的法律、条例、规约、标准等都对广告活动作了明确的规定,形成了一个庞大的广告法制网络。日本最早关于广告的法律文件是 1908 年制定的《治安处罚条例》和 1911 年制定的《广告物品管理法》,规定废除夸大和虚假广告,监督管理有损环境和有伤风化的户外广告,拆除破坏公共秩序安定的广告物品等。经过长期的发展,日本的广告监管法律法规体系逐渐完善。目前日本政府实施广告监管所涉及的法律主要有《宪法》《民法》《不正当竞争防止法》《不当赠品及不当表示防止法》《消费者保护基本法》《药物法》《食品法》《滞销商品及其不正当宣传防止法》《户外广告物法》等。

《宪法》第二十一条规定:"保证集会、结社及言论、出版和其一切表现的自由。"但强调表现自由并不是绝对无限制的,不能违反公共的福利,不违背消费者利益的广告表现才是表现的自由,在这个框框内才能创造出强有效的广告表现。

《民法》中第五百二十九条至五百三十二条规定了广告主、广告代理公司及媒介三者的权利与义务,为调节广告法律关系确立了基本的法律规范。如果因广告内容违法给他人造成损害,可以适用《民法》第七百零九条规定,追究其损害赔偿的责任。

《不正当竞争防止法》制定于 1934 年,1975 年又进行了修改。该法从防止不正当竞争的角度对广告作出了禁止性规定:一是在广告中对商品的质量、内容、制作方法、用途或数量作出令人误解的表示;二是在广告中对商品的原产地作虚假表示;三是在广告中作出可以使人错认为该产品是出产、制造或加工地以外的地方出产、制造或加工的表示；四是陈述虚假事实，损害有竞争关系的他人信用。根据该法规定，对实施上述行为的处三年以下劳役或 20 万日元以下的罚金。给他人造成损害的，承担赔偿责任。

《不当赠品及不当表示防止法》制定于 1962 年，由于 1960 年伪造牛肉事件引起公众对虚假广告的不满，日本政府为保护消费者利益而制定了该法。《不当赠品及不当表示防止法》禁止提供金额过大的奖品及不当标注，同时，该法还将广告、商品的容器及包装上等用来诱导消费者产生误解的标示视为"不当标示"而加以禁止，从保护公平竞争及消费者利益的角度上规定禁止广告出现下列"不当标示"，主要包括三个方面：一是"在有关商品、服务质量、计划及其他内容上，使一般消费者误认为其明显优于实物或竞争对手，以此招揽顾客、阻碍公平竞争"的质量误导标示；二是"在商品或服务的价格及其他交易条件上，使一般消费者误认为明显优于实物或竞争对手，以此招揽顾客、阻碍公平竞争"的价格误导标示；三是其他由公平交易委员会认定，并发出限制或禁制令的不当标示。例如，使一般消费者难以辨别商品的原产国、无法进行交易或无销售意图的物品却通过广告不正当招揽顾客的诱饵广告标示等。

《消费者保护基本法》制定于 1968 年，该法第一百五十条至一百七十条由各种各样有关保护消费者利益的法律法规和条例组成，对国家、地方公共团体、企业经营者和消费者四方面所负的责任和各尽的义务予以明确规定，并在此基础上制定了一系列保护消费者关系法，如国家生活中心法、建筑标准法、毒品及激烈刺激药品取缔法、农药取缔法、消费生活用品安全法、有关含有有害物质的家庭用品规制的法律、有关串户销售等法律。各企业进行广告活动时，如果违反了上述有关保护消费者的法律法规和条例，不仅会受到惩罚等制裁，企业的威信也会大幅度下降，同时还会受到消费者和舆论的谴责。

《著作权法》《商标法》《创意法》《实用性新发明法》等保护知识产权的法律与广告制作有着密切关系，广告制作中禁止擅自使用他人的著作物；禁止擅自使用他人已注册的商标；禁止擅自使用他人已有的创意构思和实用性新发明。

日本还有一些特定行业领域的专项法律涉及该行业特定内容广告的管理规范。如《药事法》规定禁止医药品包装外、医药部门外有关产品、化妆品、医疗用品的虚假、夸大广告,禁止医师做证明的广告,限制表现治疗某些特定疾病的广告,禁止没有许可证的医药品广告。《医疗法》对医疗行业、医院、诊所及助产房的广告进行了限制。此外,日本还有《食品卫生法》《医药品广告标准》《住宅建筑行业交易法》《证券交易法》《职业安定法》《旅游法》《分期付款销售法》《访谈销售法》《进出口保险法》等一些涉及不同行业、不同交易形式广告的管理规范。

二、发达国家广告法律法规体系的特点

1. 立法较早,法律法规体系比较完善

发达国家广告立法相对比较早。早在 1906 年,美国通过的《纯食品和药物法案》就涉及了医药广告的管理问题。1911 年美国纽约州通过的《普令泰因克广告法案》是美国第一个有关广告管理的专门法律,主要针对欺骗性印刷广告制定。这项法案后经多次修改并为其他州所采用,人们因此将其视为广告发展史上的一个里程碑。1913 年,美国国会通过了《联邦贸易委员会法案》,该法案指出,利用欺骗性广告这种不正当的经商手段进行竞争是违法的。英国也是世界上广告立法较早的国家,1907 年颁布的《广告法》禁止在公园、娱乐场所和风景地带张贴广告,以免损及公众娱乐和休息的环境。1925年,禁止的范围扩大到所有损及乡村风景、公路、铁路、水道、公共场所,以及任何有历史价值的建筑和场所的广告。1927 年,车辆饰成广告行驶在街市中或步行、骑马、乘车在闹市中作广告,亦被列入禁止范围。采取这些措施的主要目的是保护生活环境,保障交通安全。公元 1141 年,法国国王路易七世为法国贝里州一个 12 人的口头广告团体核发特许证书,以及随后法国政府为口头广告颁布的《叫卖人法则》,可以看作是法国广告史上最早的广告监管活动。日本最早关于广告的法律文件是 1908 年制定的《治安处罚条例》和 1911 年制定的《广告物品管理法》。

发达国家大都已经建立起比较完善的广告法律法规体系。除了国家颁布的法律之外,一般还有地方法规或政府有关部门制定的广告法规。美国有关广告的联邦法律,除《纯食品和药物法案》外,还有《联邦贸易委员会法案》《联邦食品、药物和化妆品法案》等,多年来,联邦贸易委员会在广告执法的过程

中,还根据国会立法中"不公正、虚假行为是违法的"原则,制定了一些广告管理的基本条例,这些条例也是联邦贸易委员会裁决和法院判决广告是否违法的依据。美国地方当局制定的与广告有关的州法,除《普令泰因克广告法案》外,还有关于户外广告的法规,关于旅游或旅馆业价格广告的法规等。近年来,联邦法院和州法院又制定了一系列涉及广告问题的重要条文,包括《第一修正案权利法》《隐私权法》和《比较广告法》等。英国除了专门的《广告法》之外,适用于广告监管的法律主要有《误导广告监管法规》《误导广告监管修正法规》《广播电视法》《消费者保护(远程销售)法规》《贸易描述法》《消费者信用法》《消费者保护法》《药品(广告)条例》《数据保护法》等。法国适用于广告监管的法律法规主要有《埃文法》《环境法》《第92—280号法令》《药品广告法》《图邦法》《限制诱惑、销售以及欺骗性广告法》《商业、手工业引导法》《消费者价格表示法》《防止不正当行为表示法》《禁止附带赠品销售法》等。日本政府实施广告监管所涉及的法律主要有《宪法》《民法》《不正当竞争防止法》《不当赠品及不当表示防止法》《消费者保护基本法》《药物法》《食品法》《滞销商品及其不正当宣传防止法》《户外广告物法》等。

2. 广告管理机构分工明确,各司其职

由于美国特殊的广告法规体系,涉及广告法管理的机构较多,它们在各自的领域内负责有关广告的法规条款的执行。联邦贸易委员会负责规范各州之间的商业活动;食品药品监督管理局对所有包装食品和治疗手段的广告、标识、包装以及品牌享有管理权,它要求标识详尽,并规范包装上描述性言辞的使用,对有害产品或有毒产品的包装享有管理权;联邦通讯委员会通过对所有广播电台、电视台授权或吊销权力的权限间接管理广告;烟、酒、火器局几乎对酒类广告享有绝对的管理权力……所有这些部门在各自领域内直接或间接地管理广告。

美国广告法规管理的执法程序也比较规范。以联邦贸易委员会查处违法广告为例,当消费者或广告受害者对广告提出控告时,联邦贸易委员会首先召开听证会听取市民和广告主对该广告的看法,并进行必要的调查,如果控告事实成立,他们将采取三个步骤来处理违法广告。第一步是向违法者发出《认可通知》,通知指出广告存在的问题,要求他们签字认错,重新刊登更正广告,并赔偿消费者的损失。这种通知带有协商规劝的性质。如果协商规劝失败,联邦贸易委员会将采取第二个步骤,即向违法者发出《终止通知》,通知要求终止广告宣传,并采取必要的处罚措施。如果受罚者仍不服从,联邦贸易委员会将采取第三个步骤,即向法院起诉,由法院审理他们提交的广告案件,并实施有关广告方面的联邦法律。另一方面,广告主或广告商对广告管理机构处罚不服,也可向法院起诉或向国会陈情,以求法院依法公正裁决,或迫使国会修改有关广告的法规。

3. 对商业广告的限制性规定非常严格

英国对香烟广告的控制十分严格。英国政府与烟草行业有一个关于香烟广告的协议,而且建立了一个监督实行协议的机构。该协议的主要内容有十条。其中第一条规定,禁止在电影院做香烟广告;第二条规定,目前印有健康警句的地方,将有六个新词句,它们大致均等地出现在香烟盒、招贴画和报刊、杂志的广告中。这些警句为"吸烟会引起致命的疾病""吸烟会导致心脏病""孕妇吸烟会伤害婴儿,引起早产""戒烟可以减少患染严重疾病的危险""吸烟导致肺癌、支气管炎和其他胸部疾病""英国每年有三万多人死于肺癌";第六条规定,禁止在学校附近张贴香烟广告;第九条规定,妇女读者在 20 万人以上,而其中 1/3 以上读者在 15—24 岁之间的杂志不得刊登香烟广告。英国对证人广告也有严格的规定,英国独立广播局的《广告标准和实践法规》中,要求广播、电视中的证人广告证词必须属实,不可因此造成误解。广告主和广告公司一经要求就必须向广播局出示证词或表述的凭据。若没有凭据或凭据不真实,则按欺骗广告处理。英国的《交易表示法》中也指出,在产品或服务广告中使用假证言就是犯法,若消费者因购买和使用这种产品而受到损害,可根据《民法》向为该产品做过广告而没有表述凭据的广告主索赔。另外,英国还规定在医药广告中不准出现社会名人,不准在 16 岁以下少儿节目中或节目前后刊播医药广告,无须获得医药许可证的边缘产品的广告不得出现有关医疗作用的用词。在酒类广告中也不能出现年轻人所追随的名人形象。

在法国,1991 年发布的《埃文法》严格限制烟草广告,该法律禁止烟草公司做广告,禁止烟草商进行赞助活动和促销性赠送。虽然仍允许在销售地点做室内广告,但是只有在遵循严格的指导原则的情况下才可以。法律还要求在所有烟草产品中注明有关健康的警语以及尼古丁和焦油含量,还要求所有的餐馆单独设立吸烟区,并在许多公共场所限制吸烟。根据法国 1991 年的《酒类销售法》,酒类商品广告应当遵守如下规定:任何广告不得表现过量饮酒是勇气,也不能建立少饮或禁饮的标准;任何广告不得面向未成年人,也不能向未成年人介绍、提及那些有诱惑力的场景、真实的或虚构的人物;任何广告不得强调酒类的治疗、刺激、陶醉、镇静作用,也不得表现改善生理或心理的作用;任何情况下,广告不得表现饮酒有助于解决问题,或取得成功;广告不得参照任何体育运动,也不能参照体育比赛场馆;任何广告不得与驾驶汽车或其他有潜在危险的机器操作的行为联系在一起。① 1994 年发布的《药品广告法》,为防止公众利益受到侵害,规定尚未获得上市批准的药品不得先期进行广告宣传,不允许在药品广告中使用"特别安全""绝对可靠""效果最令人满意""绝对广泛使用"等吹嘘药品安全和疗效的过激字样,不能在广告中出现"第一""最好"等绝对字样,此外,任何药品在投放市场一年后,不能再继续标榜为"新药"等。

4. 广告法律法规比较细化,便于操作

以美国对儿童电视广告的法律法规为例,美国规定在儿童观看电视的主要时间段,儿童节目插播广告必须使用"隔离技术",即用短节目缓冲作为插播广告开始和结束的信号。例如,美国广播公司(ABC)电视网使用了生动活泼的动画歌手,其唱着说:"在这些广告之后,我们会立刻回来!"1997 年的一项基础研究显示,儿童领会一则单独播放的广告的推销意图要比领会使用了隔离技术的儿童节目和广告的混合片的推销意图困难得多。因而,《儿童电视法》又加了一条辅助规定:电视广告必须同儿童节目混合播出。《儿童电视法》中的很多规定都用精确的数字来表示,更增加了法规的细化与准确程度。如规定儿童电视节目中的广告周末每小时不得超过 9.5 分钟,平时每小时不得超过 12 分钟,禁止播出像节目一样长的广告,规定广告与节目之间最短的间隔不得少于 5 秒钟。这种具体化的法律规定既便于媒介和广告主执行,也

---

① 吕蓉编:《广告法规管理》,复旦大学出版社 2009 年版,第 275 页。

为广告审查、监督和违法查处提供了明确的准则。

日本的《不当赠品及不当表示防止法》禁止提供金额过大的奖品及不当标示。该法规定，奖品是"作为招揽顾客的手段，无论是直接的或是间接的，是抽奖的还是其他方法，企业在自己商品的销售或业务交易中，附加提供给对方的由公正交易委员会制定的物品、金钱及其他经济上的利益"。对于买一送一式的奖品规定：1000 日元以下商品奖品的最高额为 100 日元，1000 日元以上商品奖品的最高额为交易价格的 10%；对于抽奖式的奖品规定：5000 日元以下的商品奖品的最高额为交易价格的 20 倍，5000 日元以上的商品奖品的最高额为 30 万日元，并且奖品总额不得超过销售总额的 2%；对于不把购买商品作为前提条件的，诸如广泛在消费者中征集智力竞赛答案，从回答正确者中抽奖，提供奖品的公开抽奖行为规定：奖品的最高额为 1000 万日元。此外，对于某些特定的行业该法也有提供奖品、奖品的最高额及奖品总额的限制性规定。这些细化的限制性法律法规，便于广告管理人员的行政执法，对于广告主和广告代理公司具有指导和规范作用。

5. 对违法广告的处罚严厉，威慑力强

在美国，在严格广告责任制度的同时，还规定了集团诉讼制度，即因同一法律上或事实上的原因使利害关系相同的人数众多，无法使全部利害关系人进行共同诉讼时，由人数众多的利害关系人群体中的一人或数人代表当事人进行诉讼，而该诉讼判决结果对全体成员都有效力。这一制度使得一般消费者无需直接参加诉讼也可获得损害赔偿。虚假广告相关的广告主、广告公司在承担民事责任后，并不能免除其行政责任和刑事责任，根据美国《联邦贸易委员会法》，对于违反该法第十二项的规定，制作发布虚假广告的行为，必须处以六个月以下有期徒刑，单处或并处 5000 美元以下罚金；再犯者则可处一年以下有期徒刑，单处或并处 10000 美元以下罚金。联邦贸易委员会在处理虚假广告和不道德广告方面有权采取以下措施：(1)责令发布更正广告；(2)要求赔偿消费者损失；(3)发布广告禁止令；(4)公布处理决定；(5)罚款；(6)冻结银行存款；(7)封存商品。为达到更正广告的目的，让受骗的消费者知道广告真实的一面，更正广告必须符合以下要求：(1)从时间上，更正广告刊登时间至少一年；(2)从规模上，更正广告的成本不得少于原广告的 1/4；

（3）从内容上，更正广告必须针对原广告中虚假不实部分进行揭露。尽管更正广告在美国引起许多争议，但其在制止违法广告上的效能是不容置疑的。如果广告违法者不服从处罚，联邦贸易委员会就向法院起诉，通过司法途径进行强制性的处理。这种情况一般很少发生，主要由于法院的审理时间很长，费用很高，法律制裁也非常严厉。一旦刊播虚假广告的事实成立，罚款数额最高可达上千万美元，而且必须马上执行，否则，继续刊播违法广告 1 次将受到 1 万美元的罚款。此外，美国的广告形象代言人必须是其所代言产品的直接受益者和使用者，否则也会被重罚。美国摇滚巨星杰克逊曾为百事可乐做广告，但有人发现他根本不喝可乐，一时间他被公众列为最讨厌的人物；一名好莱坞演员也曾因做虚假广告被罚款 50 万美元。法国一位电视主持人吉尔贝曾因代言虚假广告而锒铛入狱，罪名是夸大产品的功效。

第二节　中国现行广告法律法规体系及问题

一、现行广告法律法规体系及特点

1. 我国现行的广告法律法规

（1）《宪法》及其相关的法律法规

《宪法》是国家的根本大法，也称母法，由全国人民代表大会制定并颁布实施，具有最高的法律效力，是其他法律的立法之本，其他法律不得与《宪法》相抵触。《宪法》中规定了公民的基本权利与义务。例如第三十三条规定："凡具有中华人民共和国国籍的人都是中华人民共和国公民。中华人民共和国公民在法律面前一律平等。国家尊重和保障人权。任何公民享有宪法和法律规定的权利，同时必须履行宪法和法律规定的义务。"第四十一条规定："中华人民共和国公民对于任何国家机关和国家工作人员，有提出批评和建议的权利；对于任何国家机关和国家工作人员的违法失职行为，有向有关国家机关提出申诉、控告或者检举的权利，但是不得捏造或者歪曲事实进行诬告陷害。对于公民的申诉、控告或者检举，有关国家机关必须查清事实，负责处理。任何人不得压制和打击报复。由于国家机关和国家工作人员侵犯公民权利而受到损失的人,有依照法律规定取得赔偿的权利。"尽管《宪法》中并没有明确提出与广告监管相关的条文,但是却规定了公民有监督国家机关和国家工作人员的权利,这些为公民和企业合法广告权利的维护提供了法律依据。

《中华人民共和国民法通则》规定了因产品质量问题给他人造成人身、财产损失的民事责任。第一百一十条规定:"对承担民事责任的公民、法人需要追究行政责任的,应当追究行政责任;构成犯罪的,对公民、法人的法定代表人应当依法追究刑事责任。"第一百二十二条规定:"因产品质量不合格造成他人财产、人身损害的,产品制造者、销售者应当依法承担民事责任。运输者、仓储者对此负有责任的,产品制造者、销售者有权要求赔偿损失。"虚假违法广告的商品,有些存在产品质量问题,因而对于虚假违法广告中存在质量问题的企业的处罚,《中华人民共和国民法通则》的相关规定可以适用。

《中华人民共和国刑法》规定了扰乱市场秩序罪,其中对违法广告构成犯罪的情形进行了特别规定。第二百二十二条规定:"广告主、广告经营者、广告发布者违反国家规定,利用广告对商品或者服务作虚假宣传,情节严重的,处二年以下有期徒刑或者拘役,并处或者单处罚金。"《刑法》中明确规定了对情节严重的虚假广告,广告主、广告经营者和广告发布者必须承担刑事责任。

《消费者权益保护法》规定了消费者的权利、经营者的义务、国家对消费者权益的合法保护、消费者组织、争议的解决、法律责任等。第二十条规定:"经营者向消费者提供有关商品或者服务的质量、性能、用途、有效期限等信息,应当真实、全面,不得作虚假或者引人误解的宣传。经营者对消费者就其提供的商品或者服务的质量和使用方法等问题提出的询问,应当作出真实、明确的答复。经营者提供商品或者服务应当明码标价。"第四十五条规定:"消费者因经营者利用虚假广告或者其他虚假宣传方式提供商品或者服务,其合法权益受到损害的,可以向经营者要求赔偿。广告经营者、发布者发布虚假广告的,消费者可以请求行政主管部门予以惩处。广告经营者、发布者不能提供经营者的真实名称、地址和有效联系方式的,应当承担赔偿责任。广告经营者、发布者设计、制作、发布关系消费者生命健康商品或者服务的虚假广告,造成消费者损害的,应当与提供该商品或者服务的经营者承担连带责任。社会团体或者其他组织、个人在关系消费者生命健康商品或者服务的虚假广告或者其他虚假宣传中向消费者推荐商品或者服务,造成消费者损害的,应当与提供该商品或者服务的经营者承担连带责任。"

《中华人民共和国产品质量法》第四十三条规定:"因产品存在缺陷造成人身、他人财产损害的,受害人可以向产品的生产者要求赔偿,也可以向产品的销售者要求赔偿。属于产品的生产者的责任,产品的销售者赔偿的,产品的销售者有权向产品的生产者追偿。属于产品的销售者的责任,产品的生产者赔偿的,产品的生产者有权向产品的销售者追偿。"第四十九条规定:"生产、销售不符合保障人体健康和人身、财产安全的国家标准、行业标准的产品的,责令停止生产、销售,没收违法生产、销售的产品,并处违法生产、销售产品(包括已售出和未售出的产品)货值金额等值以上三倍以下的罚款;有违法所得的,并处没收违法所得;情节严重的,吊销营业执照;构成犯罪的,依法追究刑事责任。"

《中华人民共和国反不正当竞争法》第九条规定:"经营者不得利用广告或者其他方法,对商品的质量、制作成分、性能、用途、生产者、有效期限、产地等作引人误解的虚假宣传。广告的经营者不得在明知或者应知的情况下,代理、设计、制作、发布虚假广告。"第二十四条规定:"经营者利用广告或者其他方法,对商品作引人误解的虚假宣传的,监督检查部门应当责令停止违法行为,消除影响,可以根据情节处以一万元以上二十万元以下的罚款。广告的经营者,在明知或者应知的情况下,代理、设计、制作、发布虚假广告的,监督检查部门应当责令停止违法行为,没收违法所得,并依法处以罚款。"

《中华人民共和国药品管理法》明确规定了对药品广告的管理。第六十条规定:"药品广告须经企业所在地省、自治区、直辖市人民政府药品监督管理部门批准,并发给药品广告批准文号;未取得药品广告批准文号的,不得发布。处方药可以在国务院卫生行政部门和国务院药品监督管理部门共同指定的医学、药学专业刊物上介绍,但不得在大众传播媒介发布广告或者以其他方式进行以公众为对象的广告宣传。"第六十一条规定:"药品广告的内容必须真实、合法,以国务院药品监督管理部门批准的说明书为准,不得含有虚假的内容。药品广告不得含有不科学的表示功效的断言或者保证;不得利用国家机关、医药科研单位、学术机构或者专家、学者、医师、患者的名义和形象作证明。非药品广告不得有涉及药品的宣传。"第六十二条规定:"省、自治区、直辖市人民政府药品监督管理部门应当对其批准的药品广告进行检查,对于违反本法和《中华人民共和国广告法》的广告,应当向广告监督管理机关通报并提出处理建议,广告监督管理机关应当依法作出处理。"

《医疗器械监督管理条例》第三十四条规定:"医疗器械广告应当经省级以上人民政府药品监督管理部门审查批准;未经批准的,不得刊登、播放、散发和张贴。医疗器械广告的内容应当以国务院药品监督管理部门或者省、自治区、直辖市人民政府药品监督管理部门批准的使用说明书为准。"

《中华人民共和国食品安全法》第五十四条规定:"食品广告的内容应当真实合法,不得含有虚假、夸大的内容,不得涉及疾病预防、治疗功能。食品安全监督管理部门或者承担食品检验职责的机构、食品行业协会、消费者协会不得以广告或者其他形式向消费者推荐食品。"第五十五条规定:"社会团体或者其他组织、个人在虚假广告中向消费者推荐食品,使消费者的合法权益受到损害的,与食品生产经营者承担连带责任。"

《化妆品卫生监督条例》第十四条规定:"化妆品的广告宣传不得有下列内容:化妆品名称、制法、效用或者性能有虚假夸大的;使用他人名义保证或以暗示方法使人误解其效用的;宣传医疗作用的。"

(2)《广告法(2015年修订)》及其相关规定

随着中国市场经济体制的转型与发展,中国广告市场也获得了迅猛发展,尤其是1992年邓小平同志南巡讲话之后,改革开放的步伐明显加快,广告作为企业竞争的重要武器,发挥着越来越重要的作用。然而,广告市场繁荣的背后,也产生了很多虚假违法广告,扰乱了正常的市场竞争秩序,损害了消费者的权益,广告市场亟待规范。正是在这一背景下,1994年第八届全国人民代表大会常务委员会第十次会议审议通过了《中华人民共和国广告法》,并于2015年4月24日第十二届全国人民代表大会常务委员会第十四次会议进行了修订,该法的制定旨在规范广告活动,保护消费者的合法权益,促进广告业的健康发展,维护社会经济秩序。

《广告法(2015年修订)》明确规定了其适用对象为在中华人民共和国境内从事广告活动的广告主、广告经营者、广告发布者、广告代言人。《广告法

（2015年修订）》所称广告，是指在中华人民共和国境内，商品经营者或者服务提供者通过一定媒介和形式直接或者间接地介绍自己所推销的商品或者服务的商业广告，公益广告的管理办法由国务院工商行政管理部门会同有关部门制定。第六条规定："国务院工商行政管理部门主管全国的广告监督管理工作，国务院有关部门在各自的职责范围内负责广告管理相关工作。县级以上地方工商行政管理部门主管本行政区域的广告监督管理工作，县级以上地方人民政府有关部门在各自的职责范围内负责广告管理相关工作。"

《广告法（2015年修订）》中对广告传播的内容进行了明确的规定。第八条规定："广告中对商品的性能、功能、产地、用途、质量、成分、价格、生产者、有效期限、允诺等或者对服务的内容、提供者、形式、质量、价格、允诺等有表示的，应当准确、清楚、明白。广告中表明推销的商品或者服务附带赠送的，应当明示所附带赠送商品或者服务的品种、规格、数量、期限和方式。法律、行政法规规定广告中应当明示的内容，应当显著、清晰表示。"并且规定了广告不得有下列情形：使用或者变相使用中华人民共和国的国旗、国歌、国徽，军旗、军歌、军徽；使用或者变相使用国家机关、国家机关工作人员的名义或者形象；使用"国家级""最高级""最佳"等用语；损害国家的尊严或者利益，泄露国家秘密；妨碍社会安定，损害社会公共利益；危害人身、财产安全，泄露个人隐私；妨碍社会公共秩序或者违背社会良好风尚；含有淫秽、色情、赌博、迷信、恐怖、暴力的内容；含有民族、种族、宗教、性别歧视的内容；妨碍环境、自然资源或者文化遗产保护；法律、行政法规规定禁止的其他情形。广告不得损害未成年人和残疾人的身心健康。广告内容涉及的事项需要取得行政许可的，应当与许可的内容相符合。广告中涉及专利产品或者专利方法的，应当标明专利号和专利种类。广告不得贬低其他生产经营者的商品或者服务。广告应当具有可识别性，能够使消费者辨明其为广告。麻醉药品、精神药品、医疗用毒性药品、放射性药品等特殊药品，药品类易制毒化学品，以及戒毒治疗的药品、医疗器械和治疗方法，不得作广告。

《广告法（2015年修订）》对医疗、药品、医疗器械广告，保健食品广告，农药、兽药、饲料和饲料添加剂广告，烟草广告，酒类广告，教育、培训广告，招商等有投资回报预期的商品或者服务广告，房地产广告，农作物种子、林木种子、草种子、种畜禽、水产苗种和种养殖广告等特殊行业的广告内容以及在户外发布广告进行了特别规定。

医疗、药品、医疗器械广告不得含有下列内容：表示功效、安全性的断言或者保证；说明治愈率或者有效率；与其他药品、医疗器械的功效和安全性或者其他医疗机构比较；利用广告代言人作推荐、证明；法律、行政法规规定禁止的其他内容。药品广告的内容不得与国务院药品监督管理部门批准的说明书不一致，并应当显著标明禁忌、不良反应。

保健食品广告不得含有下列内容：表示功效、安全性的断言或者保证；涉及疾病预防、治疗功能；声称或者暗示广告商品为保障健康所必需；与药品、其他保健食品进行比较；利用广告代言人作推荐、证明；法律、行政法规规定禁止的其他内容。保健食品广告应当显著标明"本品不能代替药物"。广播电台、电视台、报刊音像出版单位、互联网信息服务提供者不得以介绍健康、养生知识等形式变相发布医疗、药品、医疗器械、保健食品广告。

农药、兽药、饲料和饲料添加剂广告不得含有下列内容：表示功效、安全性的断言或者保证；利用科研单位、学术机构、技术推广机构、行业协会或者专业人士、用户的名义或者形象作推荐、证明；说明有效率；违反安全使用规程的文字、语言或者画面；法律、行政法规规定禁止的其他内容。

禁止在大众传播媒介或者公共场所、公共交通工具、户外发布烟草广告。禁止向未成年人发送任何形式的烟草广告。禁止利用其他商品或者服务的广告、公益广告，宣传烟草制品名称、商标、包装、装潢以及类似内容。烟草制品生产者或者销售者发布的迁址、更名、招聘等启事中，不得含有烟草制品名称、商标、包装、装潢以及类似内容。

酒类广告不得含有下列内容：诱导、怂恿饮酒或者宣传无节制饮酒；出现饮酒的动作；表现驾驶车、船、飞机等活动；明示或者暗示饮酒有消除紧张和焦虑、增加体力等功效。

教育、培训广告不得含有下列内容：对升学、通过考试、获得学位学历或者合格证书，或者对教育、培训的效果作出明示或者暗示的保证性承诺；明示或者暗示有相关考试机构或者其工作人员、考试命题人员参与教育、培训；利用科研单位、学术机构、教育机构、行业协会、专业人士、受益者的名义或者形象作推荐、证明。

招商等有投资回报预期的商品或者服务广告,应当对可能存在的风险以及风险责任承担有合理提示或者警示,并不得含有下列内容:对未来效果、收益或者与其相关的情况作出保证性承诺,明示或者暗示保本、无风险或者保收益等,国家另有规定的除外;利用学术机构、行业协会、专业人士、受益者的名义或者形象作推荐、证明。

房地产广告,房源信息应当真实,面积应当表明为建筑面积或者套内建筑面积,并不得含有下列内容:升值或者投资回报的承诺;以项目到达某一具体参照物所需的时间表示项目位置;违反国家有关价格管理的规定;对规划或者建设中的交通、商业、文化教育设施以及其他市政条件作误导宣传。

农作物种子、林木种子、草种子、种畜禽、水产苗种和种养殖广告关于品种名称、生产性能、生长量或者产量、品质、抗性、特殊使用价值、经济价值、适宜种植或者养殖的范围和条件等方面的表述应当真实、清楚、明白,并不得含有下列内容:作科学上无法验证的断言;表示功效的断言或者保证;对经济效益进行分析、预测或者作保证性承诺;利用科研单位、学术机构、技术推广机构、行业协会或者专业人士、用户的名义或者形象作推荐、证明。

《广告法(2015年修订)》对虚假广告作出了明确的界定,指出广告以虚假或者引人误解的内容欺骗、误导消费者的,构成虚假广告。广告有下列情形之一的,为虚假广告:商品或者服务不存在的;商品的性能、功能、产地、用途、质量、规格、成分、价格、生产者、有效期限、销售状况、曾获荣誉等信息,或者服务的内容、提供者、形式、质量、价格、销售状况、曾获荣誉等信息,以及与商品或者服务有关的允诺等信息与实际情况不符,对购买行为有实质性影响的;使用虚构、伪造或者无法验证的科研成果、统计资料、调查结果、文摘、引用语等信息作证明材料的;虚构使用商品或者接受服务的效果的;以虚假或者引人误解的内容欺骗、误导消费者的其他情形。

关于户外广告的管理,《广告法(2015年修订)》指出县级以上地方人民政府应当组织有关部门加强对利用户外场所、空间、设施等发布户外广告的监督管理,制定户外广告设置规划和安全要求。户外广告的管理办法,由地方性法规、地方政府规章规定。有下列情形之一的,不得设置户外广告:利用交通安全设施、交通标志的;影响市政公共设施、交通安全设施、交通标志、消防设施、消防安全标志使用的;妨碍生产或者人民生活,损害市容市貌的;在国家机关、文物保护单位、风景名胜区等的建筑控制地带,或者县级以上地方人民政府禁止设置户外广告的区域设置的。

《广告法(2015年修订)》对广告行为规范进行了明确的规定。广播电台、电视台、报刊出版单位从事广告发布业务的,应当设有专门从事广告业务的机构,配备必要的人员,具有与发布广告相适应的场所、设备,并向县级以上地方工商行政管理部门办理广告发布登记。广告主、广告经营者、广告发布者之间在广告活动中应当依法订立书面合同。广告主、广告经营者、广告发布者不得在广告活动中进行任何形式的不正当竞争。广告主委托设计、制作、发布广告,应当委托具有合法经营资格的广告经营者、广告发布者。广告主或者广告经营者在广告中使用他人名义或者形象的,应当事先取得其书面同意;使用无民事行为能力人、限制民事行为能力人的名义或者形象的,应当事先取得其监护人的书面同意。广告经营者、广告发布者应当按照国家有关规定,建立、健全广告业务的承接登记、审核、档案管理制度。广告经营者、广告发布者依据法律、行政法规查验有关证明文件,核对广告内容。对内容不符或者证明文件不全的广告,广告经营者不得提供设计、制作、代理服务,广告发布者不得发布。广告经营者、广告发布者应当公布其收费标准和收费办法。广告发布者向广告主、广告经营者提供的覆盖率、收视率、点击率、发行量等资料应当真实。法律、行政法规规定禁止生产、销售的产品或者提供的服务,以及禁止发布广告的商品或者服务,任何单位或者个人不得设计、制作、代理、发布广告。广告代言人在广告中对商品、服务作推荐、证明,应当依据事实,符合本法和有关法律、行政法规规定,并不得为其未使用过的商品或者未接受过的服务作推荐、证明。不得利用不满十周岁的未成年人作为广告代言人。对在虚假广告中作推荐、证明受到行政处罚未满三年的自然人、法人或者其他组织,不得利用其作为广告代言人。不得在中小学校、幼儿园内开展广告活动,不得利用中小学生和幼儿的教材、教辅材料、练习册、文具、教具、校服、校车等发布或者变相发布广告,但公益广告除外。在针对未成年人的大众传播媒介上不得发布医疗、药品、保健食品、医疗器械、化妆品、酒类、美容广告,以及不利于未成年

人身心健康的网络游戏广告。针对不满十四周岁的未成年人的商品或者服务
的广告不得含有下列内容：劝诱其要求家长购买广告商品或者服务；可能引发
其模仿不安全行为。

《广告法（2015 年修订）》还同时规定了广告审查的程序。发布医疗、药
品、医疗器械、农药、兽药和保健食品广告，以及法律、行政法规规定应当进行
审查的其他广告，应当在发布前由有关部门对广告内容进行审查；未经审查，
不得发布。广告主申请广告审查，应当依照法律、行政法规向广告审查机关提
交有关证明文件。广告审查机关应当依照法律、行政法规规定作出审查决定，
并应当将审查批准文件抄送同级工商行政管理部门。广告审查机关应当及时
向社会公布批准的广告。任何单位或者个人不得伪造、变造或者转让广告审
查批准文件。同时，广告经营者和广告发布者有广告自我审查的职责，广告经
营者、广告发布者应当按照国家有关规定，建立、健全广告业务的承接登记、审
核、档案管理制度。广告经营者、广告发布者依据法律、行政法规查验有关证
明文件，核对广告内容。对内容不符或者证明文件不全的广告，广告经营者不
得提供设计、制作、代理服务，广告发布者不得发布。

《广告法（2015 年修订）》规定了违法广告的法律责任。发布虚假广告
的，由工商行政管理部门责令停止发布广告，责令广告主在相应范围内消除影
响，处广告费用三倍以上五倍以下的罚款，广告费用无法计算或者明显偏低
的，处二十万元以上一百万元以下的罚款；两年内有三次以上违法行为或者有
其他严重情节的，处广告费用五倍以上十倍以下的罚款，广告费用无法计算或
者明显偏低的，处一百万元以上二百万元以下的罚款，可以吊销营业执照，并
由广告审查机关撤销广告审查批准文件、一年内不受理其广告审查申请。医
疗机构违法行为情节严重的，除由工商行政管理部门依照本法处罚外，卫生
行政部门可以吊销诊疗科目或者吊销医疗机构执业许可证。广告经营者、
广告发布者明知或者应知广告虚假仍设计、制作、代理、发布的，由工商行政
管理部门没收广告费用，并处广告费用三倍以上五倍以下的罚款，广告费用
无法计算或者明显偏低的，处二十万元以上一百万元以下的罚款；两年内有
三次以上违法行为或者有其他严重情节的，处广告费用五倍以上十倍以下
的罚款，广告费用无法计算或者明显偏低的，处一百万元以上二百万元以下

的罚款,并可以由有关部门暂停广告发布业务、吊销营业执照、吊销广告发布登记证件。广告主、广告经营者、广告发布者构成犯罪的,依法追究刑事责任。

(3)广告监管的行政法规和规章

除了专门的《广告法(2015年修订)》之外,工商行政管理部门还制定和出台了一系列的行政法规和规章,重要的有《广告管理条例》《广告管理条例施行细则》《化妆品广告管理办法》《医疗广告管理办法》《医疗器械广告审查标准》《医疗器械广告审查办法》《药品广告审查标准》《药品广告审查办法》《兽药广告审查标准》《兽药广告审查办法》《临时性广告经营管理办法》《酒类广告管理办法》《户外广告登记管理规定》《烟草广告管理暂行办法》《广告显示屏管理办法》《房地产广告发布暂行规定》《广告经营资格检查办法》《店堂广告管理暂行办法》《广告语言文字管理暂行规定》《印刷品广告管理办法》《广告审查员管理办法》等(如表5.1所示)。此外,各级政府也发布了一些与广告监管相关的法律法规,如《北京市网络广告管理暂行办法》《北京市户外广告设置管理办法》《上海市户外广告设施管理办法》《广州市户外广告管理办法》《杭州市户外广告管理办法》等。

表5.1 1982年以来我国颁布实施的重要广告法律法规①

年度	发布单位	广告法律法规	备注
1982年	国务院	《广告管理暂行条例》	已失效
	国家工商行政管理局	《关于〈广告管理暂行条例实施细则〉试行的通知》	已失效
1987年	国务院	《广告管理条例》	有 效
1988年	国家工商行政管理局	《广告管理条例施行细则》	已失效
1990年	国家工商行政管理局	《关于在温州市试行广告代理制的通知》	已失效
	广播电影电视部、财政部	《广播电视广告收入管理暂行规定》	有 效

① 资料来源:根据国家工商行政管理总局、国家食品药品监督管理局、国家广电总局、国家税务局、商务部、财政部、卫生部等职能部门颁布的广告法律法规文件整理。

续表

年度	发布单位	广告法律法规	备注
1990 年	广播电影电视部、财政部、国家工商行政管理局	《广播电视赞助活动和赞助收入管理暂行规定》	有　效
1993 年	国家工商行政管理局	《关于在部分城市进行广告代理制和广告发布前审查试点工作的意见》	已失效
		《化妆品广告管理办法》	有　效
		《广告经营者资质标准及广告经营范围核定用语规范（试行）》	已失效
	国家工商行政管理局、卫生部	《医疗广告管理办法》	已失效
	国家工商行政管理局、国家计划委员会	《关于加快广告业发展的规划纲要》	已失效
1994 年	国家工商行政管理局	《广告审查标准》	有　效
	第八届全国人民代表大会常务委员会第十次会议审议通过	《中华人民共和国广告法》	已失效
	国家工商行政管理局、对外贸易经济合作部	《关于设立外商投资广告企业的若干规定》	已失效
1995 年	国家工商行政管理局	《广告经营者、广告发布者资质标准及广告经营范围核定用语规范》	有　效
		《酒类广告管理办法》	有　效
		《兽药广告审查标准》	有　效
		《农药广告审查标准》	有　效
		《关于执行〈关于设立外商投资广告企业的若干规定〉有关问题的通知》	已失效
		《临时性广告经营管理办法》	已失效
		《药品广告审查标准》	已失效
		《医疗器械广告审查标准》	已失效
		《烟草广告管理暂行办法》	已失效
		《户外广告登记管理规定》	已失效
	国家工商行政管理局、卫生部	《药品广告审查办法》	有　效
	国家工商行政管理局、国家医药管理局	《医疗器械广告审查办法》	已失效

年度	发布单位	广告法律法规	备注
1995 年	国家工商行政管理局、农业部	《兽药广告审查办法》	有　效
		《农药广告审查办法》	有　效
1996 年	国家工商行政管理局	《烟草广告管理暂行办法》修订	有　效
		《广告服务收费管理暂行办法》	已失效
		《食品广告发布暂行规定》	已失效
		《广告显示屏管理办法》	已失效
		《房地产广告发布暂行规定》	已失效
		《广告审查员管理办法》	已失效
1997 年	国家工商行政管理局	《店堂广告管理暂行办法》	有　效
		《广告活动道德规范》	有　效
		《广告经营资格检查办法》	已失效
	财政部、国家税务总局	《文化事业建设费征收管理暂行办法》	有　效
1998 年	国家工商行政管理局	《关于停办广告审查机构的通知》	有　效
		《关于停止核准登记媒介购买企业的通知》	有　效
		《临时性广告经营管理办法》	有　效
		《广告显示屏管理办法》修订	有　效
		《房地产广告发布暂行规定》修订	有　效
		《广告经营资格检查办法》修订	有　效
		《关于加强电视直销广告管理的通知》	有　效
		《广告语言文字管理暂行规定》	有　效
		《食品广告发布暂行规定》修订	有　效
		《户外广告登记规定》修订	已失效
2000 年	国家工商行政管理总局	《关于开展网络广告经营登记试点的通知》	已失效
		《印刷品广告管理办法》	已失效
	国家税务总局	《企业所得税税前扣除办法》	有　效
2003 年	国家广电总局	《广播电视广告播放管理暂行办法》	已失效

续表

年度	发布单位	广告法律法规	备注
2004 年	国家工商行政管理总局	《广告管理条例施行细则》	有　效
		《广告经营许可证管理办法》	有　效
		《关于废止〈广告服务收费管理暂行办法〉等有关文件的通知》	有　效
2005 年		《印刷品广告管理办法》修订	有　效
		《关于加强对网络广告经营单位登记和管理的通知》	有　效
	国家工商行政管理总局、商务部	《外商投资广告企业管理规定》修订	已失效
	国家工商行政管理总局	《国家工商行政管理总局关于按照新修订的〈广告管理条例施行细则〉调整有关广告监管规章相应条款的决定》	有　效
	国家发展和改革委员会、国家工商行政管理总局	《广告服务明码标价规定》	有　效
	国家食品药品监督管理局	《保健食品广告审查暂行规定》	有　效
2006 年	国家工商行政管理总局	《户外广告登记规定》修订	有　效
	国家工商行政管理总局、卫生部	《医疗广告管理办法》	有　效
2007 年	国家食品药品监督管理局、国家工商行政管理总局	《药品广告审查办法》《药品广告审查发布标准》	有　效
2008 年	国家工商行政管理总局、商务部	《外商投资广告企业管理规定》	有　效
	国家工商总局、国家发改委	《关于促进广告业发展的指导意见》	有　效
2009 年	国家工商行政管理总局	《食品广告监管制度》	有　效
	卫生部、国家工商行政管理总局、国家食品药品监督管理局	《医疗器械广告审查办法》	有　效
		《医疗器械广告审查发布标准》	有　效
	卫生部	《互联网医疗保健信息服务管理办法》	有　效

续表

年度	发布单位	广告法律法规	备注
2009 年	财政部、国家税务总局	《关于部分行业广告费和业务宣传费税前扣除政策的通知》	有 效
	国家广电总局	《广播电视广告播出管理办法》	有 效
		《关于加强电视购物短片广告和居家购物节目管理的通知》	有 效
2010 年	国家工商行政管理总局	《网络商品交易及有关服务行为管理暂行办法》	有 效
	国家广电总局	《关于进一步加强广播电视广告审查和监管工作的通知》	有 效
2011 年	国家广电总局	《〈广播电视广告播出管理办法〉的补充规定》	有 效
2012 年	国家工商行政管理总局	《国家广告产业园区认定和管理暂行办法》	有 效
	国家工商行政管理总局	《关于推进广告战略实施的意见》	有 效
	国家工商行政管理总局、国家旅游局	《关于加强旅游服务广告市场管理的通知》	有 效
	财政部、国家税务总局	《关于广告费和业务宣传费支出税前扣除政策的通知》	有 效
	国家工商行政管理总局、中央宣传部、国务院新闻办公室、公安部、监察部、国务院纠风办、工业和信息化部、卫生部、国家广播电影电视总局、新闻出版总署、国家食品药品监督管理局、国家中医药管理局	《大众传播媒介广告发布审查规定》	有 效
2015 年	第十二届全国人民代表大会常务委员会第十四次会议	《中华人民共和国广告法》修订	有 效

2. 现行广告法律法规的特点

（1）构建多层次的中国广告法律法规体系

《中华人民共和国广告法》是体现国家对广告的社会管理职能的一部行

政管理法律。它的调整对象侧重在商业、服务性广告,其力度、涵盖面是其他广告法规所不能比拟的。内容主要有:立法目的和原则;对广告活动和广告内容的基本要求;县级以上人民政府工商行政管理部门作为广告监督管理机关相应的法律义务和责任;广告内容及某些特殊商品的广告准则;对广告活动主体资格的规范;对广告活动的具体规则的基本规定;设计、制作、代理、发布违法广告以及违反国家规定从事广告活动的法律责任等。

《广告管理条例》在弥补《广告法(1995年)》的不足方面起着不可替代的重要作用。因《条例》未将商业广告与非商业广告明确区分,所以,《条例》中的有关管理措施对非商业广告是有效的,依据《条例》,可以对某些违反行业规范规定的行为施行必要的行政处罚,这一点对规范广告市场行为制止不正当竞争有重要的实际意义。

由国家工商局单独或会同有关部门制定的有关广告监督管理的行政规章和规定有《药品广告审查办法》《药品广告审查发布标准》《医疗器械广告审查办法》《医疗器械广告审查发布标准》《兽药广告审查办法》《农药广告审查办法》《关于加强旅游服务广告市场管理的通知》等二十多项。这些行政规定是依据《广告法(1995年)》《广告管理条例》的原则规定而制定的具体规定,有很强的针对性和操作性、在我国广告法制体系中发挥着重大作用。这些行政规定处于边施行、边修改补充、不断充实完善的过程中,是我国广告法规体系中比较活跃的组成部分。

另外,其他与广告有关的法律、法规也不容忽视,其辅佐作用不可缺少。广告作为一般意义上的经济活动和传播行为,同时也受到刑法、民法有关规定和国家某些经济、社会管理法律、法规的约束和规范。就后者而言,包括反不正当竞争法、知识产权保护、经济合同管理、城市建设、交通、环保、医药卫生事业管理法等。它们在规范广告活动方面起着直接或间接作用,是广告法规体系的外围支持。①

(2)广告法律法规的激励与约束性规制并存

我国的广告法律法规体系中容纳了程序性规定、限制性规定、资质条件规

① 陈绚:《广告道德与法律法规教程》,中国人民大学出版社2010年版,第196页。

定和政策性规定。程序性规定主要有药品、医疗器械、农药和兽药广告审查标准《户外广告登记管理规定》《关于加强对网络广告经营单位登记和管理的通知》《广告服务收费管理暂行办法》等。限制性规定主要有《烟草广告管理暂行办法》《酒类广告管理办法》等。资质条件规定主要有《广告审查员管理办法》《广告经营者、广告发布者资质标准及广告经营范围核定用语规范》《外商投资广告企业管理规定》等。政策性的规定主要有《关于加快广告业发展的规划纲要》《关于促进广告业发展的指导意见》《关于推进广告战略实施的意见》《国家广告产业园区认定和管理暂行规定》等。

二、现行广告法律法规体系存在的问题

1. 广告法律法规种类繁多，内容上不统一，增加了广告执法的难度

1979 年，中国广告市场重开，国家高度重视广告管理工作。1980 年，国务院决定由工商行政管理部门统一管理广告。8 月，由国家经委牵头，国家工商行政管理局参加，开始起草《广告管理暂行条例》。1981 年 1 月，国家工商行政管理局成立广告管理处。1982 年 2 月 2 日，国务院通过《广告管理暂行条例》，并于 2 月 6 日正式颁布，5 月 1 日起正式实施。6 月，国家工商行政管理局颁布《广告管理暂行条例实施细则》。《广告管理暂行条例》及其实施细则成为改革开放后第一部全国性广告管理法规。同年，国家工商行政管理局广告管理处改为国家工商行政管理局广告司。1987 年 11 月 10 日，国务院颁布《广告管理条例》，自 1987 年 12 月 1 日起施行，1982 年 2 月 6 日国务院发布的《广告管理暂行条例》同时废止。1988 年 1 月 9 日，国家工商行政管理局颁布《广告管理条例施行细则》。在《广告法（1995 年）》出台之前，《广告管理暂行条例》《广告管理暂行条例施行细则》《广告管理条例》《广告管理条例施行细则》是工商行政管理部门依法对广告进行行政监管的主要法规文件。

随着中国经济体制改革的不断深化和改革开放进程的逐步推进，违法广告现象也更为突出，扰乱了正常的市场秩序，损害了消费者权益，为了维护公平的竞争环境，保护消费者合法权益，由国家工商行政管理局起草，1994 年 10 月 27 日第八届全国人民代表大会常务委员会第十次会议通过了《中华人民共和国广告法》，自 1995 年 2 月 1 日起正式施行。《广告法（1995 年）》的出

台对于规范市场主体行为、惩处违法广告案件具有重要价值。然而,由于宏观市场环境不成熟及官本位思想的影响,《广告法(1995年)》的出台显得过于仓促。《广告法(1995年)》规定该法施行前制定的其他有关广告的法律、法规的内容与本法不符的,以本法为准。也就是说,《广告管理条例》《广告管理条例施行细则》只要不与《广告法(1995年)》相冲突便继续有效。因而,自《广告法(1995年)》颁布之后,《广告法(1995年)》、《广告管理条例》和《广告管理条例施行细则》一直就是工商行政管理部门行政执法的重要法律法规文件。

《广告管理条例》的某些条款与《广告法(1995年)》不一致,在操作上造成冲突。如《广告法(1995年)》规定:"户外广告的设置规划和管理办法,由当地县级以上地方人民政府组织广告监督管理、城市建设、环境保护、公安等有关部门制定。"而《广告管理条例》则规定:"户外广告的设置、张贴,由当地人民政府组织工商管理、城建、环保、公安等有关部门制定规划,工商行政管理机关负责监督实施。"由于表述不同,在执行上出现了截然不同的结果。由于《广告法(1995年)》中没有明确户外广告管理由工商行政管理机关负责,因而,相关的城市管理部门都争相审批和管理户外广告,给广告经营者和户外广告管理、统一执法带来极大困难。

2.广告法律法规多原则性表述,条款不够细化,致使执法中缺乏可操作性

《广告法(1995年)》中过多概括性、模糊化的表述,不利于广告管理机关的行政执法。对于虚假广告,《广告法(1995年)》虽然提出"真实、合法""清楚、明白"的要求,也列出若干保证"真实、合法"的规范性条款,但由于对真实性的界定不明确,也未提及判定广告真实性的具体标准,执法人员仅凭自己的理解,难以科学执法。对于欺骗、失实、夸张,这些性质不同的广告也不能依据《广告法(1995年)》进行正确区分,特别是一些含有虚假的产品演示、图解、概念、有奖销售、免费、消费者现身说法的广告。这使得违法广告不能及时受到查处,消费者也难以依据广告法规维护自身的合法权益。关于比较广告,《广告法(1995年)》第十二条中规定:"广告不得贬低其他生产经营者的商品或者服务。"至于比较广告是否可以做、怎么做,没有进一步的规定。所以,对于广告创作者和执法者来说,比较广告就成了一大难题。关于未成年人和残

疾人的保护,《广告法(1995年)》规定:"广告不得损害未成年人和残疾人的身心健康。"这一原则性的规定根本不具有现实的约束力,什么样的广告会损害未成年人和残疾人的身心健康,没有相关的司法解释。关于烟草广告,《广告法(1995年)》规定:"禁止利用广播、电影、电视、报纸、期刊发布烟草广告",对于以烟草品牌名称命名的文化传播公司发布的广告是否应该禁止,《广告法(1995年)》没有明确规定,因而尽管在大众媒体上看不到烟草广告,但以烟草品牌命名的文化传播公司的广告却四处可见,消费者也大都知道是烟草企业所做的广告。规定"烟草广告中必须标明'吸烟有害健康'",但对标明的大小和位置没有作明确规定,烟草企业可以用尽可能小的字号,在不起眼的地方标明"吸烟有害健康"。《广告法(1995年)》规定"广告收费应当合理、公开",但如何做到合理、如何公开却没有相关规定。《广告法(1995年)》规定"广告发布者向广告主、广告经营者提供的媒介覆盖率、收视率、发行量等资料应当真实",这种原则性的规定对广告发布者不具任何约束力,媒介提供的覆盖率、收视率、发行量等资料的真实性根本无法核实,因而也不能对其进行惩罚。《广告法(1995年)》规定:"发布虚假广告,欺骗和误导消费者,使购买商品或者接受服务的消费者的合法权益受到损害的,由广告主依法承担民事责任;广告经营者、广告发布者明知或者应知广告虚假仍设计、制作、发布的,应当依法承担连带责任。"这个"明知或者应知"的具体标准很难衡量,因而不利于行政执法。

3. 违法广告风险收益高和违法广告处罚力度低,增加了违法广告发生概率

对违法广告处理力度过低,也是导致违法广告泛滥的一个重要因素。过轻的违法处罚无法对违法者形成有力的威慑,反而加剧了他们铤而走险的心理。例如,《广告法(1995年)》规定:"利用广告对商品或者服务作虚假宣传的,由广告监督管理机关责令广告主停止发布、并以等额广告费用在相应范围内公开更正消除影响,并处广告费用一倍以上五倍以下的罚款;对负有责任的广告经营者、广告发布者没收广告费用,并处广告费用一倍以上五倍以下的罚款;情节严重的,依法停止其广告业务。构成犯罪的,依法追究刑事责任。"一些小广告(如报缝广告或占有版面和时间很少、付费较低的广告)造成的大损

失,采用"等额广告费用"更正和处以一倍到五倍的罚款显然很难给违法者以经济制裁的威慑力。还有一些广告违法问题,在法律条款中缺乏相应的处罚措施,像新闻广告之类的变相广告虽被认定为违法广告,但至今没有明确的处罚标准,以至于此类广告屡禁不止。

4. 广告管理机关以罚代刑,司法管理缺失,加剧了市场主体的机会主义心理

我国广告管理中普遍存在以罚代刑的现象,致使很多违法企业逃过法律的制裁。工商行政管理部门在行政执法过程中,对于消费者、企业举报的违法广告,或是行政执法过程中发现的违法广告的处理,依照《广告法(1995 年)》及行政管理法规,很难认定是否需要移交司法机关,经常会采用一种以罚代刑的方式。一些地方的工商行政管理部门出于部门利益或自身利益的考虑,对本应该移交司法机关的广告违法案件不移交。例如,《广告法(1995 年)》规定,对于违法广告,"情节严重的,依法停止其广告业务。构成犯罪的,依法追究刑事责任"。什么样的情况是"情节严重",没有相应的司法解释,《广告管理条例》和《广告管理条例施行细则》也没有作出明确的规定。因而,工商行政管理部门在行政执法过程中很难界定情节的严重程度。事实上,对于情节严重、构成犯罪的,工商行政管理机关需要移送司法机关,但因为情节轻重程度无法清楚界定,或因为部门利益的驱使,工商行政管理部门便以罚代刑,使得很多需要进入司法程序的违法广告案件没有能够进入司法程序,从而也使得委托、制作、发布违法广告的广告主、广告公司和广告媒体轻易逃过了法律的制裁。

5. 消费者损害赔偿机制不健全,降低了消费者举报和起诉违法企业的积极性

《广告法(1995 年)》对于委托、制作和发布违法广告的广告主、广告公司和广告发布者的行政处罚的规定相对比较明确,而对消费者损害赔偿的问题则只是一些原则性的规定。例如,《广告法(1995 年)》规定:"发布虚假广告,欺骗和误导消费者,使购买商品或者接受服务的消费者的合法权益受到损害的,由广告主依法承担民事责任;广告经营者、广告发布者明知或者应知广告虚假仍设计、制作、发布的,应当依法承担连带责任。"这种原则性的规定不具有现实可操作性。消费者因虚假广告购买商品或者接受服务,其合法权益受

到损害,可以通过两种途径解决,一是向工商行政管理部门举报,由工商行政管理部门对其进行行政监管,在核实违法事实的基础上,对委托、制作和发布虚假广告的广告主、广告公司和广告发布者进行行政处罚,同时赔偿消费者的损失;二是消费者直接向人民法院起诉。对于第一种情况,行政处罚只是对举报的消费者赔偿,其他消费者的合法权益得不到保护。对于第二种情况,根据我国现行法律"谁主张,谁举证"的原则,消费者需要提供足够的证据证明利益损害与广告商品之间的直接关系,这一原则显然对受害者不公平。

根据《最高人民法院关于适用〈中华人民共和国民事诉讼法〉若干问题的意见》第七十四条规定,在诉讼中,当事人对自己提出的主张,有责任提供证据。但在下列侵权诉讼中,对原告提出的侵权事实,被告否认的,由被告负责举证:(1)因产品制造方法发明专利引起的专利侵权诉讼;(2)高度危险作业致人损害的侵权诉讼;(3)因环境污染引起的损害赔偿诉讼;(4)建筑物或者其他设施以及建筑物上的搁置物、悬挂物发生倒塌、脱落、坠落致人损害的侵权诉讼;(5)饲养动物致人损害的侵权诉讼;(6)有关法律规定由被告承担举证责任的。笔者认为,发布虚假广告,欺骗和误导消费者,使购买商品或者接受服务的消费者的合法权益受到损害的,可以适用举证倒置原则,使加害人对其行为无故意、过失的事实及其行为与损害之间无因果关系的事实负举证责任。如果没有使法官对要件事实形成内心确信,加害人就要承担败诉的后果。

6.《广告法(1995 年)》规制范围过窄,使得广告审查机关和广告管理机关对一些广告的审查无法可依

随着我国广告业的迅猛发展,《广告法(1995 年)》已经无法适应广告业发展的实际,亟须修订。

第一,《广告法(1995 年)》只是规范商业广告,对公益广告不具约束力。《广告法(1995 年)》规定:"本法所称广告,是指商品经营者或者服务提供者承担费用,通过一定媒介和形式直接或者间接地介绍自己所推销的商品或者所提供的服务的商业广告。"也就是说,《广告法(1995 年)》只适用于商业广告,公益广告的管理主要是根据《广告管理条例》和《广告管理条例施行细则》。《广告法(1995 年)》实施时,公益广告还只是一种新生事物,发展至今,

公益广告已经成为一种重要的广告形态,已经被政府、中介组织和企事业单位所广泛采用,因而必须对其进行有效的规范。

第二,《广告法(1995年)》没有界定广告行业协会的职责和功能。广告行业协会作为广告市场的重要中介组织,在行业自律和产业发展方面起着重要作用,然而,由于长期以来广告行业协会的职责和功能不明确,使得协会没有发挥其应有的作用。

第三,《广告法(1995年)》对广告审查程序和广告审查委员会的职责没有清楚界定。1993年发布的《关于在部分城市进行广告代理制和广告发布前审查试点工作的意见》,对广告审查的程序和广告审查委员会的成立及其职责进行了明确的规定,但在《广告法(1995年)》中,对于广告审查委员会的职责基本没有涉及,使得这一制度没有得到落实。

第四,《广告法(1995年)》对于广告荐证者的责任缺乏界定。《广告法(1995年)》规定:"社会团体或者其他组织,在虚假广告中向消费者推荐商品或者服务,使消费者的合法权益受到损害的,应当依法承担连带责任。"对于广告代言人的责任问题基本没有涉及,《广告法(1995年)》内容的缺失,导致违法广告中广告代言人经常可以逍遥法外,因而必须要明确广告代言人的责任问题。

第五,《广告法(1995年)》对于变相烟草广告缺乏规范。《广告法(1995年)》规定:"禁止利用广播、电影、电视、报纸、期刊发布烟草广告。禁止在各类等候室、影剧院、会议厅堂、体育比赛场馆等公共场所设置烟草广告。烟草广告中必须标明'吸烟有害健康'。"对于烟草企业变相的烟草广告,《广告法(1995年)》无法对其进行有效的管理,但是现在变相烟草广告漫天飞,已经对广告法律法规的权威性提出了挑战,因而必须要规范变相的烟草广告。

第六,《广告法(1995年)》对于新媒体广告,如网络广告、手机媒体广告,以及一些新兴广告形式如植入式广告缺乏规范。近年来,网络广告、手机媒体广告迅猛发展,违法广告现象尤为突出,此外,植入式广告迅猛发展,但植入形式生硬,植入数量过多和植入式广告市场不规范等现象突出,因而需要对其进行规范。

第三节　中国广告法律法规体系的合理化构建

一、完善广告法律法规的规制范围

1. 调整《广告法》的重点规制领域

随着中国广告业的快速发展,广告经营方式、广告发布方式、广告传播形态等都发生了重大变化,《广告法(1995年)》亟须调整其规制范围。(1)《广告法(1995年)》只对商业广告具有规制效力,《广告法(2015年修订)》第二条规定:"在中华人民共和国境内,商品经营者或者服务提供者通过一定媒介和形式直接或者间接地介绍自己所推销的商品或者服务的商业广告活动,适用本法。"第七十四条规定:"国家鼓励、支持开展公益广告宣传活动,传播社会主义核心价值观,倡导文明风尚。大众传播媒介有义务发布公益广告。广播电台、电视台、报刊出版单位应当按照规定的版面、时段、时长发布公益广告。公益广告的管理办法,由国务院工商行政管理部门会同有关部门制定。"(2)《广告法(1995年)》主要是对传统形式广告的监管,而对新形式广告的监管缺乏法律效力,《广告法(2015年修订)》对网络广告和移动广告作出了明确的法律规范,第四十四条规定:"利用互联网从事广告活动,适用本法的各项规定。利用互联网发布、发送广告,不得影响用户正常使用网络。在互联网页面以弹出等形式发布的广告,应当显著标明关闭标志,确保一键关闭。"第四十五条规定:"公共场所的管理者或者电信业务经营者、互联网信息服务提供者对其明知或者应知的利用其场所或者信息传输、发布平台发送、发布违法广告的,应当予以制止。"(3)《广告法(1995年)》对荐证者的责任缺乏法律规制,导致名人代言虚假广告泛滥,而由于法律规制的漏洞,明星往往可以逃过法律制裁,《广告法(2015年修订)》对荐证者的法律责任作出了明确要求,第三十八条规定:"广告代言人在广告中对商品、服务作推荐、证明,应当依据事实,符合本法和有关法律、行政法规规定,并不得为其未使用过的商品或者未接受过的服务作推荐、证明。不得利用不满十周岁的未成年人作为广告代言人。对在虚假广告中作推荐、证明受到行政处罚未满三年的自然人、法人或者其他组织,不得利用其作为广告代言人。"(4)《广告法(1995年)》虽有对烟草广告的限制性条款,却对变相烟草广告缺乏法律约束,近年来变相烟草广告泛滥便是最好的例证,这已经危害到消费者身体健康,影响了政府形象。《广告法(2015年修订)》强化了对烟草广告的规制,第二十二条规定:"禁止在大众传播媒介或者公共场所、公共交通工具、户外发布烟草广告。禁止向未成年人发送任何形式的烟草广告。禁止利用其他商品或者服务的广告、公益广告,宣传烟草制品名称、商标、包装、装潢以及类似内容。烟草制品生产者或者销售者发布的迁址、更名、招聘等启事中,不得含有烟草制品名称、商标、包装、装潢以及类似内容。"同时,《广告法(2015年修订)》还加强了对重点行业广告的监管,如对医疗、药品、医疗器械广告,保健食品广告,农药、兽药、饲料和饲料添加剂广告,烟草广告,酒类广告,教育、培训广告,招商等有投资回报预期的商品或者服务广告,房地产广告,农作物种子、林木种子、草种子、种畜禽、水产苗种和种养殖广告内容及违法责任等作了详细的规定。

2. 明确广告行业协会的法律地位和职责

完善的广告监管体系构建,离不开广告行业协会组织的自律,广告自律是广告法律法规的有效补充,是提高广告法律法规效力和广告监管行政执法能力的有效保证。我国实行政府主导型的广告监管体制,尽管强调行政监管为主,行业自律和社会监督为辅,但是实质上,广告行业自律和社会监督长期处于一种缺位状态,一方面由于广告自律组织体制机制不健全和社会监督机制不完善,另一方面很重要的原因就是《广告法(1995年)》中对广告行业协会组织的性质、职能、权利、责任、义务等缺乏法律规定,使得广告行业协会自律组织的职能没有得到有效发挥。《广告法(2015年修订)》中,首次确立了广告行业组织的法律地位及职责,第七条规定:"广告行业组织依照法律、法规和章程的规定,制定行业规范,加强行业自律,促进行业发展,引导会员依法从事广告活动,推动广告行业诚信建设。"从履行法定职责的角度来看,这也是中国广告协会新的启程。《广告法(2015年修订)》从"制定行业规范""加强行业自律""推动广告行业诚信建设"三个层面全面、清晰地界定了中国广告协会的职责,这既明确了协会的法律地位,也确定了协会的基本工作框架。当前,尤其需要发挥广告行业协会组织在广告监管中的作用,通过制度设计加强广告自律审查监督,提高广告审查监管的效率。同时,积极推动广告行业诚信建设,建立广告行业信用标准,明确广告行业违法强制退出市场的机制等。

3. 明确有关行政主管部门的广告审查职责

按照《广告法(1995 年)》规定,有关行政主管部门是广告的审查机关,负有广告审查的权力和责任,《广告法(1995 年)》第三十四条规定:"利用广播、电影、电视、报纸、期刊以及其他媒介发布药品、医疗器械、农药、兽药等商品的广告和法律、行政法规规定应当进行审查的其他广告,必须在发布前依照有关法律、行政法规由有关行政主管部门对广告内容进行审查;未经审查,不得发布。"第三十五条规定:"广告主申请广告审查,应当依照法律、行政法规向广告审查机关提交有关证明文件。广告审查机关应当依照法律、行政法规作出审查决定。"第四十六条规定:"广告监督管理机关和广告审查机关的工作人员玩忽职守、滥用职权、徇私舞弊的,给予行政处分。构成犯罪的,依法追究其刑事责任。"《广告法(1995 年)》中没有对广告审查机关的渎职行为作出具体的可操作性的规定,严重影响了有关行政主管部门的广告审查绩效。

《广告法(2015 年修订)》中明确规定了广告审查的主管部门的职责,并对广告审查机关工作人员的渎职行为作出了规定。第四十六条规定:"发布医疗、药品、医疗器械、农药、兽药和保健食品广告,以及法律、行政法规规定应当进行审查的其他广告,应当在发布前由有关部门对广告内容进行审查;未经审查,不得发布。"第七十二条规定:"广告审查机关对违法的广告内容作出审查批准决定的,对负有责任的主管人员和直接责任人员,由任免机关或者监察机关依法给予处分;构成犯罪的,依法追究刑事责任。"明确有关行政主管部门的广告审查职责与法律责任,有助于强化其行政审查的责任意识,提高行政审查的水平。

4. 明确广告监管部门的行政管理职责

《广告法(1995 年)》规定"县级以上人民政府工商行政管理部门是广告监督管理机关"。《广告法(1995 年)》明确规定了广告监督管理机关的行政权力,对工商行政管理部门的渎职行为的惩罚规定缺乏操作性,仅有第四十六条规定:"广告监督管理机关和广告审查机关的工作人员玩忽职守、滥用职权、徇私舞弊的,给予行政处分。构成犯罪的,依法追究刑事责任。"这一原则性的规定,对广告监管部门行政执法人员的约束力不强,可操作性比较弱。《广告法(2015年修订)》第七十三条规定:"工商行政管理部门对在履行广告监测职责中发现的违法广告行为或者对经投诉、举报的违法广告行为,不依法予以查处的,对负有责任的主管人员和直接责任人员,依法给予处分。工商行政管理部门和负责广告管理相关工作的有关部门的工作人员玩忽职守、滥用职权、徇私舞弊的,依法给予处分。有前两款行为,构成犯罪的,依法追究刑事责任。"《广告法(2015年)》颁布实施后,广告监管部门需要制定明确的部门规章,强化对广告监管部门工作人员的绩效管理。

5. 体现对广告行政相对人合法权益的保护

《广告法(1995年)》显现出一定的"部门利益"倾向。具体而言,《广告法(1995年)》在赋予工商行政管理部门广告监管权的同时,并未明确界定其广告监管的职责、义务、法律责任,而是单向地设定行政相对人(广告从业者)的义务,忽视了行政相对人(广告从业者)的合法权利,如享有行政部门信息咨询服务的权利、自主合法进行广告经营活动的权利、对广告管理机关的管理行为的监督权、知情权等。《广告法(2015年修订)》虽然明确了广告监管的职责、义务与法律责任,但它没有体现对广告行政相对人(广告从业者)合法权益的保护,对广告经营者、广告发布者的合法权益保护方面的法律规定基本没有涉及,仅第五十二条规定:"工商行政管理部门和有关部门及其工作人员对其在广告监督管理活动中知悉的商业秘密负有保密义务。"

二、明确广告审查机构职能及审查程序

根据现行的广告法律法规,在中国,肩负广告审查职责的机构主要是有关行政主管部门的广告审查机构,以及广告媒体、广告公司的内部审查部门。有关行政主管部门的审查依据主要是1987年的《广告管理条例》和1995年实施的《广告法(1995年)》,广告媒体和广告公司的自我审查主要是依据《广告管理条例》《广告管理条例施行细则》和《广告法(1995年)》。从广告审查的体系来说,涉及的部门和环节非常多,如果每个环节和部门都严格审查的话,应该可以杜绝虚假违法广告现象。然而,现实的情况是,尽管有如此严密的广告

审查网络,违法广告依然屡见不鲜,从某种程度上凸显了我国广告审查制度的缺陷。

多部门和多环节的广告审查导致各部门之间相互推诿,广告审查失职与侵害广告市场主体利益的现象时有发生,然而现有的法律法规对广告审查渎职行为没有有效的约束机制,对广告市场主体利益的维护也缺乏有效的制度设计。以相关行政主管部门的广告审查为例,由于缺乏广告审查失责行为的有效法律规制,以及广告审查的高昂成本问题,导致广告审查机构可能会疏于审查。同时,广告发布媒体,尽管建立了广告审查员制度,然而广告媒体的广告审查员认为广告已经经过相关行政主管部门的审查,也可能会疏于审查,致使虚假违法广告流入市场的概率大大增加。又比如户外广告的多部门监管导致经常发生损害户外广告主合法权益的事件。要从根本上解决这些问题,必须从广告审查的程序和制度上进行重新设计。广告监管部门和相关行政主管部门负责广告法律法规的制定,负责处理消费者和企业对违法广告的投诉,以及违法广告的日常监控和行政处理。

有关行政主管部门的广告审查机构负责特殊行业商品广告的审查,如对药品广告、食品广告、医疗广告、医疗器械广告、化妆品广告、农药广告、兽药广告、烟酒广告等,但必须要对广告审查机构的失职行为作出明确有力的规制。而一般商品广告的审查可交由独立的广告自律审查委员会负责,以保证广告审查的客观公正和权威高效。

当前,有必要在广告监管部门指导下,成立一个包括政府职能部门、广告行业协会组织、社会公益组织、广告公司、广告媒体、广告主、广告专家和法律专家、公众等在内的、代表各方利益的独立的广告自律审查机构——中国广告自律审查委员会,负责对一般商品广告的日常审查,同时负责处理消费者和企业投诉并作出裁决,如果广告主、广告公司和广告媒体不服从裁决,中国广告自律审查委员会可以将案件移交工商行政管理部门,或直接提起司法诉讼。中国广告自律审查委员会可以下设广告审查局、儿童广告审查委员会和针对具体行业进行广告审查的分委员会。除特殊商品以外的所有商品广告必须首先提交各广告审查委员会分会审查,广告审查委员会分会对其作出审查决定,针对儿童的广告还必须提交儿童广告审查委员会审查,如果审查通过,准予发布,如果审查不通过,广告主和广告公司可以申请广告审查局裁定。如果广告主和广告公司拒不执行,中国广告自律审查委员会有权将其移交相关行政主管部门和司法机关。各省、自治区、直辖市成立地方性的广告审查委员会,各个地方发布的广告必须首先经由各地广告审查委员审查通过后方能发布,如果广告主需要在全国各地投放广告,可以申请由中国广告自律审查委员会审查,审查通过在各地均有效。同时,中国广告自律审查委员会和地方广告自律审查委员会接受广告主和消费者的投诉,并及时展开调查,对于违法广告作出处理决定并告知广告主,若广告主拒不执行,广告审查委员会有权将其移交相关行政主管部门和司法部门。《广告法(2015 年修订)》基本上沿袭了《广告法(1995 年)》的广告审查办法,即特殊商品广告由相关行政主管部门审查和广告公司、广告媒体自我审查,一般商品则由广告公司、广告媒体自我审查。笔者认为,相关的法律法规中需要增加对广告审查机构职责和审查程序的规定,尤其要明确有关行政主管部门和中国广告自律审查委员会的审查职责和审查程序。

广告公司、广告媒体负责审查广告主相关资料和广告审查证明文件,对于工商行政管理部门处罚的违法广告,广告公司、广告媒体如果不能提供广告主相关资料以及广告审查证明文件,需要承担连带责任。对于未经广告审查机关审查发布的虚假违法广告,广告媒体需要承担连带责任。有关行政主管部门广告审查机构与中国广告自律审查委员会可以制定广告主、广告公司和广告媒体广告信用评级制度,对于一些违法现象突出的广告主、广告公司和广告媒体进行重点审查。

三、细化广告法律法规条款

广告法律法规需要进一步细化,以增强广告行政执法的可操作性和一致性。

例如,关于虚假广告的问题,《广告法(1995 年)》只是规定:"广告应当真实、合法,符合社会主义精神文明建设的要求。广告不得含有虚假的内容,不得欺骗和误导消费者。"对于什么是虚假广告缺乏明确的界定,也没有相应的司法解释,不利于行政执法和司法判案。《广告法(2015 年修订)》对虚假广告作出了明确界定,指出广告有下列情形之一的,为虚假广告:商品或者服务不存在的;商品的性能、功能、产地、用途、质量、规格、成分、价格、生产者、有效期限、销售状况、曾获荣誉等信息,或者服务的内容、提供者、形式、质量、价格、销售状况、曾获荣誉等信息,以及与商品或者服务有关的允诺等信息与实际情况不符,对购买行为有实质性影响的;使用虚构、伪造或者无法验证的科研成果、统计资料、调查结果、文摘、引用语等信息作证明材料的;虚构使用商品或者接受服务的效果的;以虚假或者引人误解的内容欺骗、误导消费者的其他情形。一方面对于广告主、广告经营者、广告发布者和广告代言人而言,可以明确虚假广告的构成要件,避免违反广告法;另一方面广告审查机关和广告监督管理机关对于虚假广告的认定也有了法律依据。

关于比较广告的问题,《广告法(1995年)》规定:"广告不得贬低其他生产经营者的商品或者服务。"《广告法(2015年修订)》基本上沿袭了《广告法(1995年)》关于比较广告的规定,对于什么是比较广告、什么样的比较广告是法律禁止的、什么样的比较广告是法律所允许的没有作出任何规定,也不利于行政执法和司法断案,《广告法(2015年修订)》之后,还需要进一步对相关规定作出明确的司法解释,以便于广告经营者和广告发布者的广告创意、制作与发布,也便于广告审查机关和广告监督管理机关的行政执法。

关于针对未成年人和残疾人的广告问题。《广告法(1995年)》规定:"广告不得损害未成年人和残疾人的身心健康。"这种原则性的规定不具现实操作性,什么样的广告会损害未成年人和残疾人的身心健康,法律没有明文规定,损害到什么程度违背广告法,也没有相应的司法解释。《广告法(2015年修订)》第十条同样规定"广告不得贬低其他生产经营者的商品或者服务",但对针对未成年人的广告和未成年人代言的广告作出了更加具体的规定,如禁止向未成年人发送任何形式的烟草广告;不得利用不满十周岁的未成年人作为广告代言人;不得在中小学校、幼儿园内开展广告活动,不得利用中小学生和幼儿的教材、教辅材料、练习册、文具、教具、校服、校车等发布或者变相发布广告,但公益广告除外;在针对未成年人的大众传播媒介上不得发布医疗、药品、保健食品、医疗器械、化妆品、酒类、美容广告,以及不利于未成年人身心健康的网络游戏广告;针对不满十四周岁的未成年人的商品或者服务的广告不得含有下列内容:劝诱其要求家长购买广告商品或者服务;可能引发其模仿不安全行为。

关于烟草广告问题。《广告法(1995年)》规定:"禁止利用广播、电影、电视、报纸、期刊发布烟草广告。禁止在各类等候室、影剧院、会议厅堂、体育比赛场馆等公共场所设置烟草广告。烟草广告中必须标明'吸烟有害健康'。"由于这一规定存在诸多泛律漏洞,使得变相烟草广告大行其道,缺乏相应的法律法规对其进行管理。《广告法(2015年修订)》对烟草广告作出了更加严格的规定,尤其是加强了对变相烟草广告的规制,如禁止在大众传播媒介或者公共场所、公共交通工具、户外发布烟草广告。禁止向未成年人发送任何形式的烟草广告。禁止利用其他商品或者服务的广告、公益广告,宣传烟草制品名称、商标、包装、装潢以及类似内容。烟草制品生产者或者销售者发布的迁址、更名、招聘等启事中,不得含有烟草制品名称、商标、包装、装潢以及类似内容。

关于户外广告问题。《广告法(1995年)》规定:"户外广告的设置规划和管理办法,由当地县级以上地方人民政府组织广告监督管理、城市建设、环境保护、公安等有关部门制定。"《广告管理条例》规定:"户外广告的设置、张贴,由当地人民政府组织工商行政管理、城建、环保、公安等有关部门制订规划,工商行政管理机关负责监督实施。"《广告法(2015年修订)》基本沿袭了《广告法(1995年)》关于户外广告的管理规定。《广告法(1995年)》和《广告法(2015年修订)》都没有规定户外广告负责监督实施的机构,多个部门管理导致权益分配的矛盾与责任的推诿,近年来户外广告的"拆牌热",一方面反映出户外广告的无序发展,另一方面也反映出政府监管的随意性。户外广告既然是经过政府枢关行政主管部门批准的,其权益自然应该受到法律保护。

关于广告审查的问题。哪些商品需要审查,由谁来审查,广告主对于审查决定不服如何处理,广告审查机构如何设置,广告审查机构的职责是什么,广告审查应遵循什么样的程序,广告审查标准如何,广告审查失责的法律责任如何确定等都需要进行明确的法律规定。《广告法(2015年修订)》关于广告审查的规定基本上沿袭了《广告法(1995年)》的做法,虽然广告审查的商品种类更加细化,但是总体的广告审查思路并没有本质变化,特殊商品的广告审查如何解决广告审查标准与广告监管标准的一致性问题,如何解决广告审查机关工作人员的激励约束机制问题,一般商品的广告审查如何进行,如果只是广告经营者和广告发布者的自我审查,显然无法解决一般商品虚假违法广告的问题。实际上,上述问题在《广告法(2015年修订)》出台之后,还需要进一步作出司法解释,相关行政主管部门需要依照《广告法(2015年修订)》尽快出台细化的行政法规和部门规章。

关于法律责任的问题。《广告法(2015年修订)》加大了违法广告的处罚力度,而且对于广告主、广告经营者、广告发布者和广告代言人的法律责任问题作出了更加明确的规定。如广告经营者、广告发布者明知或者应知广告虚假仍设计、制作、代理、发布的,由工商行政管理部门没收广告费用,并处广告费用三倍以上五倍以下的罚款,广告费用无法计算或者明显偏低的,处二十万元以上一百万元以下的罚款;两年内有三次以上违法行为或者有其他严重情节的,处广告费用五倍以上十倍以下的罚款,广告费用无法计算或者明显偏低的,处一百万元以上二百万元以下的罚款,并可以由有关部门暂停广告发布业务、吊销营业执照、吊销广告发布登记证件。广告主、广告经营者、广告发布者构成犯罪的,依法追究刑事责任。发布虚假广告,欺骗、误导消费者,使购买商品或者接受服务的消费者的合法权益受到损害的,由广告主依法承担民事责任。广告经营者、广告发布者不能提供广告主的真实名称、地址和有效联系方式的,消费者可以要求广告经营者、广告发布者先行赔偿。关系消费者生命健康的商品或者服务的虚假广告,造成消费者损害的,其广告经营者、广告发布者、广告代言人应当与广告主承担连带责任。前款规定以外的商品或者服务的虚假广告,造成消费者损害的,其广告经营者、广告发布者、广告代言人,明知或者应知广告虚假仍设计、制作、代理、发布或者作推荐、证明的,应当与广告主承担连带责任。

四、加大违法广告处罚力度

对违法广告的处罚力度不够,是导致我国违法广告屡禁不止的重要原因,广告主、广告经营者和广告发布者都是独立的"经济人",可能会因为追求自身利益的最大化而做出有损失市场道德的行为,广告主、广告经营者和广告发布者委托、制作和发布虚假违法广告,首先会比较违法收益与违法成本,如果违法成本大大高于违法收益,也就是违法广告处罚特别重,广告主、广告经营者和广告发布者可能遭受重大的经济制裁和法律制裁,那么广告主、广告经营者和广告发布者就会严格审查广告内容,避免广告违法行为的发生。但是如果违法收益大大高于违法成本,广告主、广告经营者和广告发布者就有可能铤而走险,做出违背市场道德的广告行为,违法广告泛滥必然对消费者权益、政府公信力造成损害,增加社会成本。目前我国违法广告发生的频率比较高,其中一个重要的原因就是违法收益大大高于违法成本。在现行的广告审查及监管体制下,单个企业的违法广告被发现的概率相对较小,而且违法成本也非常低。例如,《广告法(1995 年)》规定:"利用广告对商品或者服务作虚假宣传的,由广告监督管理机关责令广告主停止发布、并以等额广告费用在相应范围内公开更正消除影响,并处广告费用一倍以上五倍以下的罚款;对负有责任的广告经营者、广告发布者没收广告费用,并处广告费用一倍以上五倍以下的罚款;情节严重的,依法停止其广告业务。构成犯罪的,依法追究刑事责任。"如果以"等额广告费用"在相应范围内公开更正消除影响,并处广告费用一倍以上五倍以下的罚款,对于一些报纸中缝广告,根本无法起到威慑作用。由于对"负有责任""情节严重"等具体情况没有明确规定,所以广告经营者、广告发布者经常可以逃过行政处罚和法律的制裁。"以等额广告费用在相应范围内公开更正消除影响",这一规定不但使广告发布者逃脱了行政处罚和法律制裁,另外还可以获得一笔不菲的更正广告收入,这显然也是不合理的。

《广告法(2015 年修订)》明显加大了对违法广告的处罚力度,具体包括处罚金额的提高和处罚手段的多元化,如吊销营业执照,暂停广告发布业务,吊销广告发布登记证件,撤销广告审查批准文件、一年内不受理其广告审查申请,责令广告主在相应范围内消除影响等。对于广告代言人的法律责任问题,《广告法(2015 年修订)》首次作出了明确规定,如广告代言人有下列情形之一的,由工商行政管理部门没收违法所得,并处违法所得一倍以上二倍以下的罚款:在医疗、药品、医疗器械广告中作推荐、证明的;在保健食品广告中作推荐、证明的;为其未使用过的商品或者未接受过的服务作推荐、证明的;明知或者应知广告虚假仍在广告中对商品、服务作推荐、证明的。有下列行为之一的,由工商行政管理部门责令停止发布广告,责令广告主在相应范围内消除影响,处广告费用一倍以上三倍以下的罚款;利用不满十周岁的未成年人作为广告代言人的;对在虚假广告中作推荐、证明受到行政处罚未满三年的自然人、法人或者其他组织,利用其作为广告代言人。因为媒体本身的特权,导致违法广告中广告媒体经常逃过行政处罚和法律制裁,也使得广告媒体疏于广告内容的审查,因而必须建立针对媒体的责任追究和惩罚机制。《广告法(2015年修订)》加强了对广告发布者的监管,第六十八条规定:"广播电台、电视台、报刊音像出版单位发布违法广告,或者以新闻报道形式变相发布广告,或者以介绍健康、养生知识等形式变相发布医疗、药品、医疗器械、保健食品广告,工商行政管理部门依照本法给予处罚的,应当通报新闻出版广电部门以及其他有关部门。新闻出版广电部门以及其他有关部门应当依法对负有责任的主管人员和直接责任人员给予处分;情节严重的,并可以暂停媒体的广告发布业务。新闻出版广电部门以及其他有关部门未依照前款规定对广播电台、电视台、报刊音像出版单位进行处理的,对负有责任的主管人员和直接责任人员,依法给予处分。"

五、提高广告行政执法水平

社会主义法制的基本要求是"有法可依,有法必依,执法必严,违法必究"。有法可依是社会主义法制的前提和基础,即国家应制定完备的法律体系;有法必依是社会主义法制的中心环节,即指一切国家机关、党派团体、社会组织和任何个人,都必须遵守法律、依法办事;执法必严是社会主义法制的关键,即指执行的司法机关及工作人员,必须严格按法律的规定实施法律,坚决维护法律权威和尊严;违法必究是社会主义法制的保障,即指任何公民只要是违反了法律,必须受到追究,法律面前人人平等。要维护公平的广告市场竞争环境,规范广告市场行为,必须建立健全广告法律法规体系,广告法律法规体系建立以后,执法水平就显得格外重要,这里包含两层含义,一是执法水平如何,二是执法力度如何。我国广告行政执法水平有待加强,广告行政监管长期普遍存在选择性执法、运动式治理和便宜式执法等问题,没有形成广告行政监管的长效机制。广告行政执法力度也有待提高,当前我国广告行政执法力度不够,行政监管□处罚过轻、以罚代刑等现象尤为突出。

当前,我国广告行政监管亟须做到规范化、制度化和科学化,以提高广告行政监管的效能。从规范化和制度化的角度来看,我国广告行政监管必须切实履行自身职责,建立公开、透明和制度化的广告行政监管程序,防止"工商行政管理部门和负责广告管理相关工作的有关部门的工作人员玩忽职守、滥用职权、徇私舞弊"。从科学化的角度来看,提高广告行政执法水平,可以利用现代化的分析技术,将人工监管和机器监测结合起来,提高监管效率。例如,北京市工商行政管理机关实现广告监管方式的创新,将电视、广播、平面和网络四大主流媒体全部纳入监测范围,通过先进的图像和语音识别等技术,实现广告与非广告的自动识别、涉嫌违法广告的自动搜索等功能。自 2004 年 9 月北京市广告监测中心成立以来,北京市工商局开发了广告监管系统,建立了市局、分局、工商所三级互动监测体系,实现了市局统一调动指挥和快速反应。从广告的采集、识别,到所有数据的处理、统计分析,再到市局与分局、分局与工商所之间的任务分派流程管理、绩效考核,以及管理与被管理单位之间的网上互动,都已经在广告监管系统中实现。工商部门对广告市场的控制力大为增强,使北京市对广告行业的监管水平稳居全国前列。目前,北京市工商部门共监测 54 个电视频道、22 个广播频道、2316 家平面媒体、8 万多家网站的广告,年均监测量为六百多万条次以上。2015 年 4 月 28 日,国家工商行政管理总局广告数据中心正式启用。广告数据中心是基于大数据理念建成的集广告监管、广告信用、广告业发展、广告信息交流于一体的系统,已基本实现对 31 个省(区市)332 个市所有媒体、全类广告的全范围、全天候监测,3 年后监测范围将进一步扩展到全国两千八百多个县。总局及省局、市局、县局四级广告监管机关,可依托该系统提供的大数据,实时掌握了解各地广告市场情况,及时派发监测发现的违法广告线索,形成证据提供、案件交办、立案查处、结果反馈一体化的监管指挥系统,提升广告监管执法效能。

提高广告行政执法水平,还需要重视消费者和企业的投诉,建立健全消费者和企业投诉处理机制。行政执法同样存在一个执法成本的问题,通过调动社会力量参与违法广告的监督,一方面可以及时发现并处理违法广告,另一方面可以降低广告监管的成本,提高广告监管的效率。

第六章　广告行业自律组织体制机制优化

我国实行政府主导型广告监管制度,即"以行政监管为主,行业自律和社会监督为辅"。然而,长期以来由于行业自律与社会监督的缺位,导致广告行政监管成本高,监管绩效低,不利于广告市场良性健康发展。当前,迫切需要发挥行业协会组织"规范行为、提供服务、反映诉求"的职能,优化广告行业协会体制和运行机制,提高广告监管绩效和水平。本章重点研究广告伦理道德与广告行业自律的关系,中国广告行业自律组织现状及存在的体制性问题,并提出广告行业协会组织服务效能提升的对策。

第一节　广告伦理道德与广告行业自律

一、广告传播的价值悖论与伦理困境

1. 广告对消费的刺激,是否会导致虚假需求的生成?

广告是商品经济的产物,广告的本质功能就是信息传播,广告的商业属性决定了广告的功利性,广告可以传播商品信息,刺激消费欲望,塑造品牌形象,促进产品销售。为了实现广告的商业目标,广告需要充分了解消费者,并针对消费者心理进行创意传播。一方面,广告为消费者日常生活提供必备的商业信息。消费者有吃、穿、住、用、行等基本生活需求,以及休闲娱乐、艺术审美等更高层级精神需求,广告为消费者提供商品渠道、价格、性能等方面信息,帮助消费者作出正确购买决定,可见广告对于现代社会消费者也是一种必需。另一方面,广告也在不断刺激消费者的购买欲望。广告传播的"AIDAS 法则",

其中"D"就是"Desire",即欲望,广告要在引起关注、激发兴趣的基础上,刺激消费者购买欲望,进而实现产品销售目的。例如,广告对成功人生的定义,美女、汽车、房子、高档的商品等,首先从观念上影响现代社会人的消费观念,由此可能导致一种变态消费,即不切实际的追求高消费,进而导致虚假需求的生成。广告创造一种消费需求的虚假幻象,这种非理性消费形态与我国崇尚节俭的传统文化相背离。广告的商业属性决定了广告必然会不断地刺激消费者的购买欲望,但同时也会使广告面临伦理困境,即虚假需求的生成,助长非理性的、盲目追求高消费和高享受的消费心理,滋生社会攀比心理以及享乐主义。

2. 广告需要重复,是否会侵占消费者个人生活空间?

广告要引起消费者注意,激发消费者兴趣,刺激消费者欲望,促进消费者购买,重复性传播是必要的。广告需要发布一定频次,才可能产生效果。当前,市场环境和传播环境发生巨大改变,原有大众市场裂分为无数个分众市场,原有大众传播媒介也演变为分众传播媒介,传统的大众营销和大众传播手法已经无法适应现在的市场,借助多种媒体介质对广告进行全方位信息传播成为广告传播的必然趋势。广告需要重复,广告也经常在重复,受众经常在媒体上重复接触广告,这是一个司空见惯的事实,然而这种重复性传播,也使得广告陷入另外一个伦理困境——侵占消费者个人生活空间,主要表现在两个方面:一是广告借助于媒本强迫性的进行传播;二是广告侵占个人的私密空间。脑白金在中央电视台和省级卫视投放的广告,可以说是将广告的强迫性传播发挥到了极致,缺乏创意的电视广告不断在考验观众的容忍底线。此外,广告已经进入到个人生活空间中,"我们呼吸着的空气由氧气、氮气和广告组成",在现代社会已经成为一种现实。

3. 媒体需要广告,是否会导致广告主对媒体的控制?

广告需要借助于大众媒体进行传播,同时广告也是媒体最主要的经济来源。中国传媒体制改革经历了三个重要发展阶段:第一个阶段,1978 年财政部批准《人民日报》等新闻单位实行"事业单位,企业化管理",是中国传媒体制变革的起点,自此传媒的产业属性开始彰显。第二个阶段,以 1996 年《广州日报》报业集团的成立为标志,随后大批报业集团和广电集团纷纷成立,成立传媒集团之后,必须实现内部资源的整合和媒介市场的扩张。第三个阶段,在

2003 年文化体制改革的背景之下,提出将公共事业型传媒和产业经营型传媒"两分开",明确产业经营型传媒必须强化经营意识。中国传媒体制变革的三个阶段,为媒介的多元补偿机制提供了政策保证。传媒资源补偿机制由政府补贴向市场补给转变,传媒形态的多元化与传媒市场竞争的加剧,都要求传媒采取更加积极主动的姿态开展广告经营,探索传媒收益的多种渠道。媒体对广告的现实需要,极易使广告陷入伦理困境——广告主对媒体的控制。对于投放广告的企业,媒体是否会给予报道上的倾斜,片面报道企业正面新闻,而对企业负面消息则不予报道或淡化处理,置消费者利益和社会利益于不顾?媒体对广告主的过度依赖,换句话说就是广告主对媒体的控制,一定程度上会影响媒体客观公正的报道取向。

4. 广告作为一种必要投入,是否会增加商品成本?

广告是企业的一种必要宣传投入,正如美国著名广告大师大卫·奥格威所言,"任何一则广告都是对品牌的长期投资"。广告的本质功能是信息传播,广告传播部分消解了消费者与广告主之间的信息不对称,为消费者和广告主之间架起一座桥梁。广告为消费者提供购买的指引,帮助消费者作出正确购买决定,显然消费者需要广告,同时广告也是广告主传播商品信息、推销商品或服务的重要渠道,广告犹如黑夜里的明灯,为广告商品寻找到合适的消费者。由此可见,消费者和广告主都需要广告,然而,企业的广告投入也使得广告面临新的伦理困境——广告投入是否会增加商品成本?对此,经济学界和广告学界一直争论不休,至今没有得出明确的结论。认为广告会增加商品成本的人主张:正所谓羊毛出在羊身上,企业巨大的广告投入必然会分摊到产品成本中,最终由消费者买单,所以,广告无疑会增加商品成本。认为广告降低商品成本的人主张:企业广告传播活动,尽管需要一笔不小的花费,但是广告对企业品牌的塑造,提高了产品销量,为大规模商品生产提供可能,而规模化生产可以降低商品成本,因而最终广告不是增加商品成本而是降低商品成本。

5. 广告需要利用文化并对其解构,是否会消解主流文化?

广告对文化的利用正是由于文化的利销性,文化根植于消费者的潜意识之中。中华民族有着五千多年的悠久历史和灿烂文化,"仁、义、礼、智、信、忠、孝、悌、节、恕、勇、让"等是中华民族的传统美德,也是中华文化的内核。

全球化不仅包括经济全球化,更包括文化全球化,欧美国家在全球范围内推销其消费文化和价值观念,为欧美跨国企业全球扩张铺路。欧美文化强势扩张,给世界各国尤其是发展中国家带来巨大挑战,加剧了民族传统文化消解和身份认同危机。西方文化与东方文化之间存在较大差异,并不是孰优孰劣的问题,而是东方文明与西方文明之间冲突与共生的问题。受众心理是多层面的,既有对传统文化的认同,也有对外来文化的喜好,广告正是利用人们的好奇心理,通过对西方消费文化与价值观念的传播,对消费者心理造成强烈感官和心灵刺激,从而达到广告传播目的。那么,广告对文化的利用及其解构,是否会消解主流文化? 例如,广告对个人英雄主义的推崇,与中国传统的集体观念形成强烈冲击;广告对身份、地位的物质定义,可能会让年轻人陷入拜物教的泥潭,催生享乐主义和金钱至上观念。

6. 广告利用女性做广告,是否会造成女性刻板印象?

广告界有一个重要的"3B 法则",即 Beauty(美女/帅哥)、Beast(动物)、Baby(婴儿/小孩)。广告商热衷于在广告中使用美女/帅哥、动物、婴儿/小孩,主要是基于这些广告元素很容易引起消费者注意而且不易招致消费者反感。我们现在处于一个注意力极度稀缺的时代,产品无限丰富,广告铺天盖地,如何快速吸引消费者眼球已经成为广告传播的首要议题。"爱美之心,人皆有之",广告利用女性代言广告,正是利用了受众的爱美心理。中国广告中的女性形象主要表现为以下三种类型:(1)美女陪衬型。例如,在举办车展时,商家总会把美女与车相配,一个婀娜多姿的模特摆上一个亮眼的动作,引来消费者观赏,在欣赏的同时实现商品售卖;(2)贤内助型。例如,福临门天然谷物调和油的一则电视广告:爸爸与儿子为妈妈拍 DV,妈妈用福临门天然谷物调和油做饭,爸爸与儿子享用,儿子给妈妈颁发金牌。广告强化了男主外女主内的刻板印象;(3)新女性型。随着社会的进步、经济的发展,以及女性受教育程度的提高,女性社会地位也大大提升,广告中也出现了越来越多新女性形象,这些新女性穿着精致考究,做事干练,充满自信和智慧。广告利用女性做广告,是否会造成女性刻板印象? 广告中的女性形象以美女型和贤内助型为主,新女性形象广告总体还是偏少,广告强化男权社会固有观念,即男主外女主内,相夫教子,做好丈夫贤内助等,这无疑会对树立健康女性形象、提升女性社会地位等带来消极影响。

7. 广告利用儿童做广告,是否会影响儿童身心健康?

利用儿童做广告有两种情况:一种情况是给成人商品做代言;另一种情况是给儿童商品做广告。对于第一种情况,由于儿童是最天真可爱的群体,利用儿童做广告,比较容易抓住消费者眼球。对于第二种情况,就是给儿童商品做广告,广告中儿童演员的行为极容易影响儿童观众的消费取向。基于这两点因素,儿童代言经常被广告商所青睐。然而,广告利用儿童做广告,是否会影响儿童观众的身心健康?儿童正处在身心发展的关键时期,儿童广告中的消费观念和价值观念对他们有很强的吸引力和影响力。例如,"妈妈我要喝,娃哈哈","乐百氏 AD 钙奶,今天你喝了没有"等,很多儿童看了广告之后要求父母买该饮料。还有一些广告表现儿童是家里的小皇帝,要什么家长就给什么,另外还有些广告表现使用什么样的产品,会被其他小朋友尊重等。这些不健康的广告宣传,对儿童成长不利。

二、广告自律与广告法律法规的互补

制定法也可称为国家制定法,或国家正式规则,是指享有立法权的国家机关按法定的权限和程序制定的各种法律规范性文件的总和。行业规范是指特定行业的行业规约和经营惯例的集合,是维系行业组织的制度保证,是规范和协调行业行为的重要工具,是行业经营的行为准则,在性质上属于自律规则,对行业成员具有契约上的效力。行业规范可以被理解为一种广义的习惯法,在性质上属于"民间法"的范畴,是与国家制定法相对应的"非正式制度"。宽泛意义上的"法"包括了制定法和习惯法。在一些法律未入之地或时段,民间法(包括行业规范)具有很大的调适作用。这是因为行业规范等民间法建立了一套自己的科学的评判标准,当制定法缺失时,行业规范等民间法就成为制定法的替代法,并成为人们处理争议和评判行为的标准。①

广告法规作为国家统治的工具,是适应经济基础要求而产生的,同时,反过来又为一定社会的经济基础服务,它与国家的政治、经济、文化各方面的管

---

① 徐卫华:《浅谈〈广告法〉修订讨论的误区》,《法制与社会》2008 年第 4 期,第 62 页。

理,与人民的生活富裕和幸福息息相关。广告法规的基本任务,总的说来,就是规范广告活动,促进广告业健康发展,保护消费者合法权益,维护社会经济秩序,发挥广告在市场经济中的积极作用。也就是把宪法和法律所规定的基本原则,在广告活动和广告管理方面作出明确的具体规定,使之得以完全有效的贯彻执行。广告法规是国家行政机关及其工作人员实施广告管理的法律依据和保障,是一切从事广告活动的团体、单位和个人都必须遵守的行为规则。在现代市场经济环境下,建立健全广告法规无疑是规范广告市场的最有力手段。

　　具有内在约束的自觉性的广告自律和具有外在约束的强制性的广告法规是相对应而存在的。作为广告管理的重要组成部分,它是广告法规管理不可缺少的有效补充。法律可以裁定广告主可以做什么,不可以做什么,但"有权"和"正确的事"之间是有区别的,这就需要伦理道德与社会责任来加以约束。在不违法的情况下,广告主完全可以行为不轨或不负责任。啤酒公司和烟草公司可以赞助一场面向大学生的校园歌手演唱会,牛仔服饰公司也可以通过广告告诉城市青年"牛仔裤将使你更有性魅力"。正如美国学者伊万·普里斯顿所言:"你只有在有不合伦理的选择余地时,你才可能合乎伦理,在你毫无选择的时候,你也无法选择做个合乎伦理标准的人。因此,只有在法律终结的时候,伦理才会开始。法律管不到的地方,自会有伦理掌管。"伦理道德和社会责任相结合,可以从道德上防范广告主违反经济、社会或文化的公共原则,即便没有法律的约束。

三、广告自律与广告产业发展的互动

　　当前,我国广告产业面临诸多问题,从产业层面来看,高度分散与高度弱小的广告产业现状依然没有改观,广告公司之间的恶性价格竞争依然存在,广告公司专业代理水平与诚信意识有待提高。从管理层面来看,市场还不是很规范,不正当竞争现象依然存在,违法广告与违背道德伦理的广告问题依然突出。这就要求,必须通过广告法律法规与广告行业自律的结合,为广告产业发展创造良好的外部环境。

　　以户外广告行业为例,改革开放三十多年来,户外广告产业高速发展的同时也带来一系列产业问题,如户外广告设置缺乏合理有效的规划,影响城市景

观;户外广告内容缺乏有效的规范,市民反映强烈等。为此,近年来政府针对户外广告业开展了专项整治。对于专项整治学界和业界褒贬不一,肯定的人认为专项整治规范了户外广告市场,对于户外广告业长远发展有利,否定的人认为专项整治侵犯了户外媒体主的合法权益,是"公权力"对"私权利"的侵犯,不利于户外广告业发展。笔者认为,当前政府迫切需要加强相关行业立法,保护户外广告经营者合法经营权,同时户外广告业也必须加强自律,从而避免政府行政力量的规制。

第二节　中国广告行业自律组织现状及问题

一、中国广告行业自律组织类型及其运作

1. 行政体制框架下的广告行业协会组织

(1)中国广告协会

中国广告协会(简称 CAA)成立于 1983 年,是国家工商行政管理总局直属事业单位,是经民政部注册登记的全国性社会团体。经过三十多年的发展,中国广告协会组织结构日益健全、组织力量日益壮大,成为中国最有影响的广告协会组织。目前,已有全国各省、自治区、直辖市等地方广告协会单位会员52 家(包括 33 个省、自治区、直辖市、行政特区、5 个计划单列城市,10 个副省级市,4 个地市),单位会员 700 余家(包括广告公司、媒体、广告主、教学研究机构、市场调查公司、网络公司等),个人会员 400 余名(包括学术委员和法律委员等),以及 15 个专业领域的分支机构。

中国广告协会始终紧密围绕"为行业建设与发展提供服务"的根本宗旨,切实履行"提供服务、反映诉求、规范行为"的基本职责,积极开展工作,取得了一定成效。中国广告协会职责以及开展的主要工作包括:一是加强行业自律,大力推动行业诚信建设,规范会员行为,加强自我监管。协会组织制定并实施了广告行业自律规范,积极开展对违法广告的劝诚、点评工作,广告发布前法律咨询工作,开展全国广告行业精神文明先进单位评选表彰活动。二是以优化产业结构、提升企业核心竞争力、推动产业升级为出发点,积极开展中

国广告业企业资质认定工作,赢得业界和社会的支持和认同。三是以提升广告从业人员素质、维护广告行业人才市场秩序为宗旨,努力推动建立全国广告专业技术人员职业水平评价体系,使广告专业技术人员纳入全国专业技术人员职业资格证书制度统一规划。四是积极开展反映诉求和维权工作,为行业发展创造良好的政策环境。积极参与推动相关立法和政策制定,参与《中华人民共和国广告法》等法律法规的制定修订工作,协助国家工商行政管理总局、国家发改委研究制定《关于促进广告业发展指导意见》《广告产业发展"十二五"规划》等。2001年有效协调广告费税前抵扣问题,使企业广告费税前扣除标准由2%调整至8%。2009年进一步使化妆品制造、医药制造和饮料制造(不含酒类制造)企业发生的广告费和业务宣传费支出税前扣除比例从15%放宽到30%。2006年组织开展《中国户外广告业生态和整治问题的调研》,使我国户外广告管理逐步纳入规范化、法制化的轨道。五是开展行业培训、交流活动,实施多层次人才培养计划,提升行业整体服务水平。六是广泛开展调查研究和信息服务工作,利用行业网站、工作通讯和电子刊物等形式为会员和行业提供优质服务。七是搭建学习展示、商务交流的平台,帮助广告企业提高业务素质、拓展业务领域、改进业务能力,"中国国际广告节""中国广告论坛"等重要展会已经成为业界颇有影响力的服务品牌。八是加强学术研究,为提高广告从业人员的专业素质和理论研究水平拓宽了领域。其主办的《现代广告》等专业杂志和所属学术分会成为行业思想舆论和学术理论建设的重要平台和阵地。九是积极开展国际交流,促进中国广告业与国际广告业的接轨和融合。值得肯定的是,2004年在北京成功举办第39届世界广告大会,标志着中国广告业进入国际化发展的新时期。2014年5月,中国广告协会再次承办第43届世界广告大会,利用世界广告大会这一高端国际平台,推介中国广告业发展成就和中国广告市场,有利于促进中国广告业快速发展,进一步提高中国在国际广告界的影响和地位。中国广告协会的组织机构如图6.1所示。

(2)中国商务广告协会

中国商务广告协会(简称CAAC)原为中国对外经济贸易广告协会,成立于1981年,是我国最早成立的第一个全国性广告行业组织。后经商务部和民

```
                          ┌─────────┐
                          │ 会员大会 │
                          └────┬────┘
                          ┌────┴────┐
                          │  理事会  │
                          └────┬────┘
                         ┌─────┴─────┐
                         │  常务理事会 │
                         └─────┬─────┘
                          ┌────┴────┐
                          │  会长   │
                          └────┬────┘
                          ┌────┴────┐
                          │  秘书长 │
                          └────┬────┘
             ┌─────────────────┴─────────────────┐
        ┌────┴────┐                          ┌────┴────┐
        │ 办事机构 │                          │ 分支机构 │
        └────┬────┘                          └────┬────┘
```

图中办事机构下设：现代广告杂志社、中广协广告信息文化传播有限责任公司（会展部）、评价考试部、信息咨询部、学术培训部、对外联络部、会员管理部、综合事务部

分支机构下设：电视分会、广告分司分会、学术委员会、公交分会、民航分会、户外广告分会、光源和标识广告分会、商业企业委员会、广播分会、报刊分会、铁路分会、法律咨询分会、烟草分会、电力分会、互动网络分会

广告行业组织会员52家（33个省、自治区、直辖市、行政特区，5个计划单列城市，10个副省级市，4个地市）

单位会员700余家（广告公司、媒体、广告主、教学研究机构、市场调查公司、网络公司等）

个人会员400余名（学术委员和法律委员）

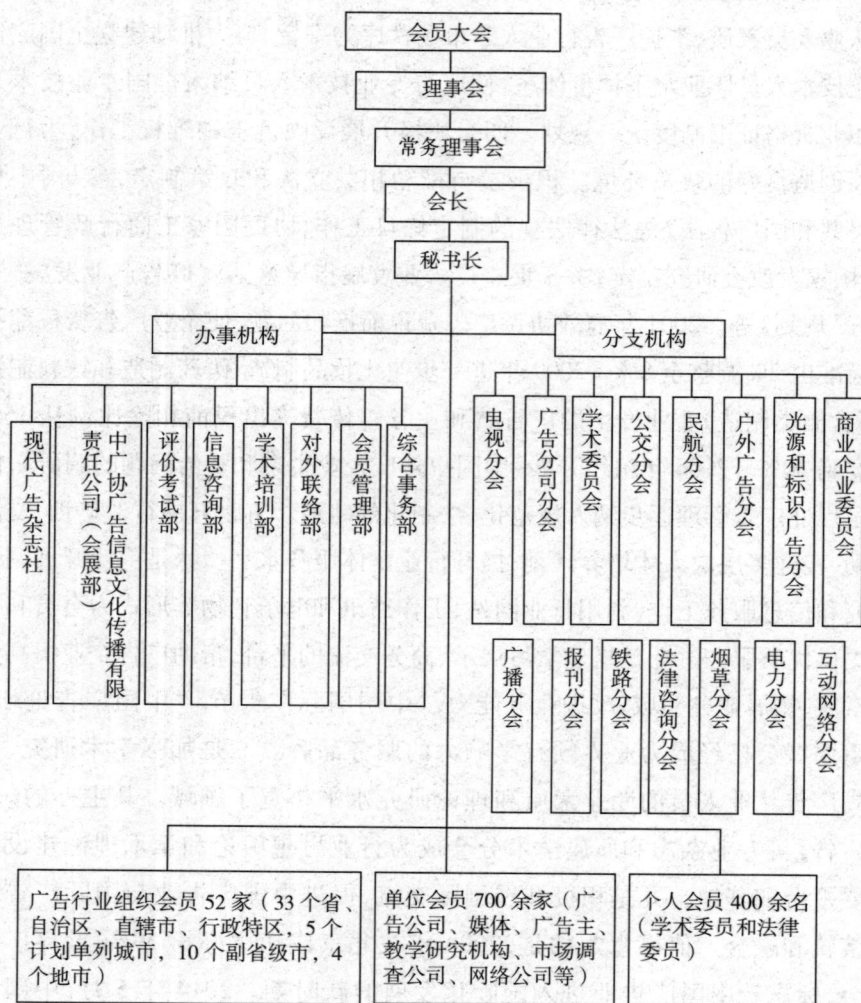

图 6.1　中国广告协会组织机构图

政部批准,2005 年更名为中国商务广告协会。

　　由于自身比较熟悉国际市场,中国商务广告协会率先引进国外广告作品展,邀请国外及港澳台地区广告专家前来举办讲座,开展国际交流,并成功地在北京举办了规模空前的第三世界广告大会,同时先后引进《广告饕餮之夜》《美国莫比奖》并在全国巡展。此外,还出版了《国际广告》(现已更名为《国

际品牌观察》)和《IAI中国广告作品年鉴》。

更名后的中国商务广告协会职能任务为:围绕商务部的工作,团结引导全国商务广告界在提高素质、加强自律的基础上,不断提升商务广告对我国内外经济贸易的服务功能,为促进我国经济社会的健康发展发挥应有的作用。加强对创意产业的研究,促进自主品牌包括广告自主品牌的建设,以及加强对会员单位的服务。

中国商务广告协会在借鉴国外经验基础上,组织一批实力相对较强、信誉好、服务水平高的本土广告公司,并吸收一批在国内较为成功的合资广告公司,共同组成了一个具有中国特色的广告高端组织——中国4A。为这些公司相互学习,相互交流,共同提高,共同发展,尽快形成一批具有较强的综合实力和创新能力,信誉好、服务水平高的品牌广告公司,提供了一个理想的平台。根据商务部的安排,依据自身优势,组织广告界和企业界联手,共同打造中国自主品牌,提高自主品牌的竞争力。在为品牌建设服务的同时,促进广告业自身的发展。目前,协会已成立了由著名品牌专家、大型广告公司和国内知名品牌企业共同参加的品牌促进委员会,并和中国传媒大学共同组建了中国商务品牌战略研究所。协会还积极参与商务部举办的"品牌万里行"活动。此外,中国商务广告协会在引导商务广告界不断学习借鉴国外广告界的先进思想和经验,推广广告新媒体、新材料、新技术、新设备方面,做了很多有益尝试。中国商务广告协会的组织机构如图6.2所示。

2. 纯民间性质的广告行业协会组织

从2006年起,我国广告行业协会组织开展了一场民间化的改革运动,广州、深圳、重庆、成都等地的广告协会正式与工商局脱钩,成为独立社团法人,广州市广告行业协会就是这一轮民间化改革的代表之一。

广州市广告行业协会是由广州地区从事广告行业的企业单位按自愿平等原则组成,具有独立法人资格的非营利性行业组织。该会原称广州市广告协会,成立于1986年11月。2006年12月,举行第五届会员代表大会,根据广州市有关文件精神和《广东省行业协会条例》有关规定进行改制,实行民间化和自治化。该协会作为行业组织,奉行维权、自律、协调、服务的宗旨,主要职能是维护会员企业合法权益,建立行业行规实现行业自律,为企业和社会提供各

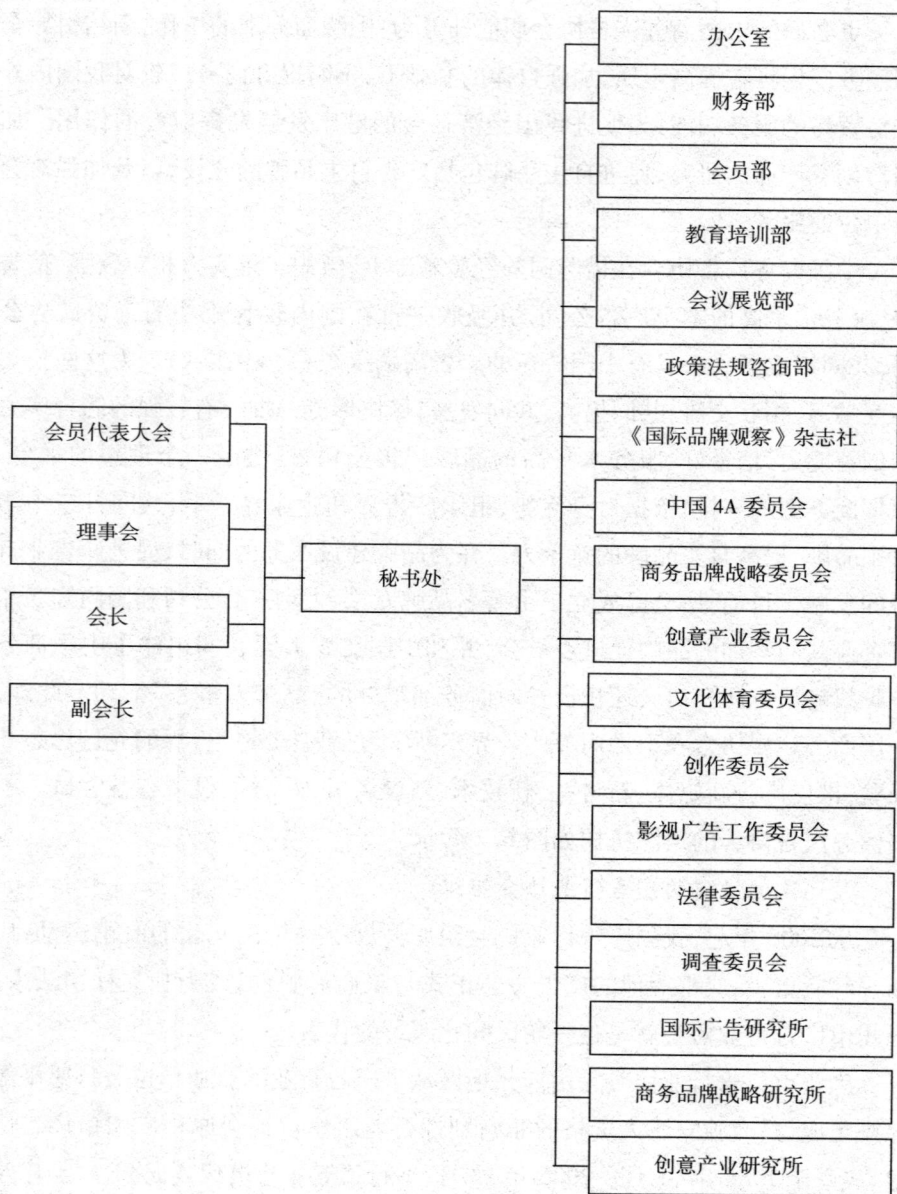

图 6.2 中国商务广告协会组织机构图

种公共服务,积极参与行业管理,向政府有关部门反映本行业企业的意见和诉求,努力营造公平公正的竞争环境,促进广告业健康和谐发展。协会设立了六个分支机构:综合性广告代理公司、户外广告分会、影视广告专业委员会、交通广告专业委员会、媒介代理专业委员会、数字营销分会(如图6.3所示)。协会章程明确提出"提供服务、反映诉求、规范行为"是该协会的主要职能,具体的业务工作包括:宣传贯彻国家有关广告的法律法规和方针政策,维护广告市场经营秩序;发挥政府与行业沟通的桥梁和纽带作用,向政府部门提出有关广告管理、行业发展规划的建议,反映行业的意见和诉求;制定和执行行业自律规则,开展创建行业文明单位活动,提高行业的自律性和诚信度;开展广告专业培训和交流活动,推动学术理论研究,开展广告企业资质认定、从业人员职称评定工作,提高行业整体素质;维护会员正当权益,组织行业业务协作,为行业和社会各界提供专业咨询服务,积极宣传和推荐资质优秀的广告企业,编印行业资料和刊物;代表广州广告业参加国内外交流活动;积极参与法规和产业政策的研究、制定,参与制订广告行业标准、发展规划、市场准入条件,完善广告行业管理,促进行业发展;承办政府部门授权或委托的有关事项。

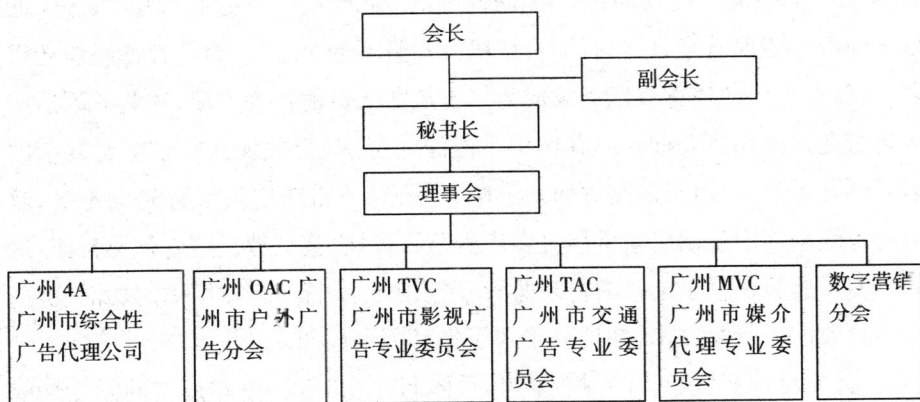

图6.3 广州市广告行业协会组织机构图

二、广告行业自律组织的体制性弊端

1. 行政主导下广告行业协会的体制性弊端

广告监管制度是对广告活动实施管理的一整套机制和组织机构的总和,

主要涉及参加者和如何进行监管两个基本要素。我国广告监管制度包括三个层面:(1)行政监管:指政府通过国家有关部门制定和颁布的有关广告管理法律法规来管理广告活动,即以法律形式和手段对广告活动实行监管;(2)行业自律:指在一定的社会道德水准上进行自我约束的管理方式,包括行为主体的自我约束和所在行业及其组织的约束;(3)社会监督:消费者个人和组织、企业、新闻媒体及其他组织或机构,对广告业进行广泛监督。它们形成了我国广告监管制度的三层体系,如同三层防护或过滤装置,形成三道广告监管的"屏障",共同规范着广告行为和广告市场秩序。

作为中国目前最大的广告行业自律组织——中国广告协会,自1983年成立以来,就承担着对全国广告行业成员进行指导、协调和服务的工作,在行业发展、国际交流和人才培养方面,为中国广告业发展作出了重要贡献。但是,在广告监管制度体系中,中国广告协会作为有限。中国广告协会虽已制定并颁布《广告行业自律规则》等章程,但我国广告行业自律尚未成为组织性的自律形式,仍然停留在个体自觉的较低层面上,在整个广告监管制度体系中未能充分发挥其应有作用,无法形成对政府监管的"辅助",甚至出现广告行业自律的"缺位"现象。究其原因,"体制性障碍"是导致广告行业自律"缺位"的根本原因。表面看来,广告行业自律机制本身不健全,广告行业自律组织还很弱小,行业自律的道德规范尚未成为广告从业人员的行为习惯,这些原因造成广告行业自律无法发挥其应有作用。但深入考察,会发现其中暗藏着复杂的因果循环关系,即由于体制方面的影响,广告行业自律组织发育先天不足,政府行政管理部门长期以来承担过多广告监管责任,甚至替代广告行业自律,这导致广告监管依赖于单一的行政监管,严重阻碍了行业自律组织的功能发育,最终导致广告行业自律"缺位",形成了循环因果怪圈。

"体制性障碍"又源于"体制内生""体制存在"等历史和现实的制度性弊病。从历史角度来看,"体制内生"使广告行业自律组织带有强烈"行政色彩"。以中国广告协会为例,它产生于政府经济体制内,即由政府主管部门(即工商行政管理机关)组建,并在政府授权或委托下,承担工商行政管理机关原来承担的部分职能。另外,"权力本位"观念的遗毒使得广告行业自律组织以"自主独立"作为交换物,换取政府管理部门的"行政权力",而不是通过行业内成员的选举等民主方式获得"组织权威"。从现实角度看,广告行业自律组织的"体制存在",特别是其"强制挂靠"方式,强化了其对政府的依赖。虽然原国家经贸委于 1999 年 10 月印发《关于加快培育和发展工商领域协会的若干意见》通知,对行业协会的性质、建立措施作了明确表述,但文件仍然强调行业协会为政府的辅助组织,未对其自治性和独立性作出明确规定;更重要的是,我国有关法律规定,包括中国广告协会在内的民间社团,不仅要依法申请批准成立,而且必须强制性地挂靠相应的主管部门。这种"体制性障碍"实际上强化了广告行业自律组织对政府部门的依赖,使其无法、也不愿真正脱离政府部门,导致广告行业自律无法在广告监管制度体系中发挥其应有作用。

广告行业自律组织的应有功能和实际作用之间的落差,引起我国广告业界、广告学界和政府主管部门的高度关注。"如何处理好广告监管执法与行业自律的关系,有效地降低执法成本,提高广告监管工作的效率,是我们和广告界同仁面临的共同课题。工商机关承担着指导广告行业组织的职能,如何在现有条件下,引导广告行业组织充分地发挥行业自律的职能作用,需要我们更好地加以研究解决。"[①]

2. 民间性广告行业协会组织的发展问题

民间性广告行业协会组织,是广告行业企业依法登记设立,为维护行业共同利益和会员合法权益而自行组织起来的民间性、行业代表性、自律性、非营利性的独立社会团体法人,其职责主要是维护广告行业利益,实行广告行业自律,开展了广告行业服务,促进广告产业发展。

我国从 2006 年起,在全国部分城市如深圳、广州、重庆、成都等地开展了广告协会组织的体制变革试点,即由原来由工商行政管理部门直接管理转变为在工商行政管理部门指导下的独立社会团体法人,对于广告行业协会发展来说,这一变革具有重大里程碑意义。从改制后的运行情况来看,民间性的广告行业协会组织在"提供服务、反映诉求、规范行为"等方面取得一定进展,但总体来看并不是很理想,政会分离后,广告行业协会某些方面的号召力、影响

---

① 刘凡:《认真学习贯彻〈行政许可法〉全面提高广告监管工作水平》,《工商行政管理》2004 年第 16 期。

力有所下降,民间性广告行业协会面临一系列发展困境,主要原因可以归结为以下四个方面:

一是法律依据的缺失。长期以来,广告协会的法律地位在广告法规中并未明确。广告协会的法律地位是否确定、是否真正独立,关系到广告协会是否真正具有民间性、自治性、行业代表性、自律性;关系到广告协会是否能够切实履行维护行业利益,实行行业自律,开展行业服务,促进行业发展的职责。

二是政府指导的缺乏。广告行业协会要具备影响力,目前还不能完全离开政府的指导和支持。在我国广告行业协会民间化改革的进程中,出现了两种情况:广告行业协会脱钩后,政府机关对其"撒手不管";或是"换汤不换药",广告行业协会没有独立的人、财、物、事、权,并没有实质性的变革。由于缺乏政府的指导和支持,在广告行业协会立法缺失的情况下,广告行业协会组织的权威性很难在短期内确立。

三是行政思维的延续。一些地方政府部门希望行业协会仍作为其行业管理的分支机构,并通过部分转移其原有职能,使自己对行业管理的权力得到合法延伸,而忽视了行业协会的本质特征。通过在人财物上的实际掌控,使广告协会仍隶属于政府部门,导致广告行业协会的独立地位确立缓慢,无法发挥类似国外广告行业协会的作用。一些广告协会仍愿意成为"二级政府"协会,怕困难、怕矛盾,愿沿用行政权的权威去组织和管理会员,而忽视为会员服务、代表和维护会员的合法权益的协会宗旨,不懂得行业协会应该以行业优质服务及行业自律赢得行业及社会认同的道理。这些问题都直接导致广告行业协会民间化改革不彻底。

四是组织建设的滞后。广告行业协会民间化改革,除了法律依据的缺失、政府指导的缺乏、行政思维的延续等因素外,组织建设的滞后也是限制广告行业协会发展的重要因素,比如,在一些地方出现协会会长工作不到位、秘书长公开招聘的条件不符合行业要求、管理规章制度不健全,在提供服务、反映诉求方面有所发展,但在规范行为方面较少作为等现象。

三、广告行业自律组织制度困境的深层原因

广告行业民间化改革是社会管理创新的重要内容,也是政府转变职能、创

新社会管理方式的重要举措。广告行业民间化改革推动了广告行业协会组织的发展,使其成为联系政府和广告企业的重要桥梁和纽带,成为"提供服务、反映诉求、规范行为"的重要行业自律组织。受广告行业协会法律依据的缺失、政府指导的缺乏、行政思维的延续、组织建设的滞后等因素影响,我国广告行业协会的民间化改革虽然取得一定进展,但仍存在发展的制度瓶颈。

对于行政体制下的广告行业协会组织来说,一方面作为政府职能部门的延伸,承担广告监管的部分职能,体现政府意志;另一方面作为广告行业的协会组织,承担提供服务、反映诉求的职能,体现行业意志。当政府意志和行业意志一致时,广告行业协会组织的工作自然不存在任何问题。然而当行业利益与政府利益发生冲突时,行政体制下的广告行业协会组织经常会面临遭尴尬境地。"如波及全国广告行业的户外广告整顿、公私权不分的拍卖等问题,行业强烈要求广告协会出面申诉,协会会长及秘书长也尽其所能向政府有关部门争取话语权,甚至通过个人的人脉关系寻找政府领导沟通,但是,由于办会会长及秘书长都是某一政府部门的公务员,在涉及行业整体利益向其他政府部门提出行业要求与建议时,往往被其他政府部门误认是协会业务主管部门的声音,有的城管部门甚至向政府主要领导告状工商局不讲政治,使工商行政管理机关处于被动局面,也使协会的会长及秘书长处于两难的尴尬境地。"①

行政体制下的广告行业协会组织很难真正体现行业意志,经常会出现维护政府意志牺牲行业利益的情形,使得广告行业协会的组织合法性和权威性受到质疑和挑战。按照现行的规章制度,行政体制下的广告协会的领导(会长)及执行人(秘书长)由在职公务员担任,一般由工商行政管理部门委派,会员不仅缺乏协会内重大事务决定权,甚至缺乏基本话语权,会员只有鼓掌通过、被通知到会、交会费的义务。在职公务员担任协会领导职务必将造成这些公务员在协会工作上处于两难境地,这边是会员的要求,那边是政府的行政意志,从官本位出发,当然必须听从行政意志,导致协会在职公务员无法正常按照章程规定开展工作,受到行业内批评。

---

① 倪嵎:《关于确立广告协会为行业协会的独立法律地位的研究暨广告协会改革设想》,《中国广告》2009年第10期。

　　我国广告行业自律组织存在的制度困境根源在于缺乏确认和保障广告行业协会独立地位的立法,《广告法(1995年)》中没有一个条款规定广告行业协会的法律地位,甚至连广告行业协会的法定概念都没有。鉴于我国广告行业协会的现状及当前国际国内形势对行业协会发展的要求,广告行业协会必须真正体现民间性、自治性、行业代表性、自律性,《广告法(2015年修订)》首次以法律形式明确了广告行业协会的职责与任务。第七条规定:"广告行业组织依照法律、法规和章程的规定,制定行业规范,加强行业自律,促进行业发展,引导会员依法从事广告活动,推动广告行业诚信建设。"尽管广告行业协会的法律地位得以确立,但是广告行业协会的组织建设与职能发挥,还需要广告行业协会组织在实践中创新体制机制。

第三节　中国广告行业协会组织的效能建设

一、观念变革:广告行业协会组织重构的起点

1. 行业协会的组织机构设置:官办还是民办

1981年,我国成立了首个广告行业协会组织——中国对外经济贸易广告协会,它是中国对外经济贸易部领导的全国性社会经济团体,具有法人资格,对外代表中国对外经济贸易广告界参加国际广告活动。协会由全国对外经济贸易系统的专业广告公司和报刊、出版社等兼营广告的单位,以及对外经济贸易专业进出口总公司和工贸进出口公司的广告宣传部门联合组成。2003年中国政府机构调整,中国对外经济贸易广告协会隶属中国商务部。2005年9月经民政部核批,更名为中国商务广告协会。

中国广告协会创立于1983年,是国家工商行政管理总局的直属事业单位,是中国广告界的行业组织,是经国家民政部登记注册的非营利性社团组织。协会由全国范围内具备一定资质条件的广告主、广告经营者、广告发布者,与广告业有关的企、事业单位、社团法人等自愿组成。协会代表中华人民共和国参加国际广协组织。中国广告协会在国家工商行政管理总局的领导下,承担着抓自律、促发展,指导、协调、服务、监督的基本职能。

作为中国广告业目前最大的两个行业协会组织,其组建带有明显的官办色彩,中国商务广告协会隶属中国商务部,中国广告协会隶属国家工商行政管理总局。这种行政隶属关系,使得我国广告行业协会无法真正代表行业利益,其组织机构的设置和人员的任免都是由上级行政主管部门决定。行业协会与政府部门之间是上下级隶属关系,存在以下三个方面的问题:一是由于广告行业协会是在政府部门主导下成立的半官方组织,更多的代表政府主管部门的意志对行业进行管理,实际上是代行政府主管部门的某些职能,而行业协会组织真正应该代表行业主体的利益,很长一段时间实际上被忽视了;二是由于广告行业协会并没有真正体现行业主体的意志和利益,使得广告行业协会在业内缺乏足够的权威性和影响力,广告行业协会实际上成了政府主管部门的一个办事机构;三是由于广告协会的领导基本上是由上级政府主管部门提名并任命,使得广告协会的领导者没有为行业主体服务的动力和压力,领导者更多是对上级主管部门负责,而非对协会会员负责,而这本身就与行业协会的宗旨相违背。

行业协会组织应该是行业成员自发成立的民间性组织,它与政府组织具有不同功能,它代表行业利益,与政府部门、媒体部门等进行沟通,对行业内部企业市场行为进行有效规范,从而避免政府的行政规制,因而,它必须也必然是一个民间组织,而非官办机构。而现在的广告行业协会大多是事业单位,而且机构领导和工作人员都具有事业编制,"干多干少一个样,干好干坏一个样",这种根深蒂固的观念,如何能够使行业协会真正代表行业利益?

2. 行业协会的职能:管理还是服务

以中国广告协会为例,其基本职能是在国家工商行政管理总局的领导下,承担着抓自律,促发展,指导、协调、服务、监督的基本职能。广告行业协会是广告行业主体在自愿基础上成立的,是一个代表行业利益的服务性社会组织。然而,由于我国广告行业协会是在政府主导下成立的,并隶属于政府主管部门,协会的事业单位性质和人员事业编制,使得广告协会实质是一个半官方的机构。

改革开放三十多年来,中国经济体制改革不断深化、中国社会也处在转型阶段,转型期的中国经济和中国社会暴露出一些问题,如政府机构的官僚化、政企不分等现象,严重影响了政府机构形象和政府管理绩效,并已引起中国政府高层的高度重视,"服务型政府"正是这一背景下的产物。很长一段时间,由于广告行业协会的官办性质,广告协会组织办事效率低下,办事风格官僚化严重,使得这样一个本应该代表行业主体利益的协会组织处于一种实质的"缺位"状态。省市级地方广告行业协会更是如此,他们一方面接受中国广告协会的领导,另一方面接受地方工商行政管理局的领导,其人事任免都是由地方工商行政管理局决定。地方性的广告行业协会成了一个上传下达的职能部门,而对行业主体的声音和利益则较少关注。传统管理思维浓重,行业服务意识淡漠,这也是长期限制广告行业协会发展的重要因素。

3. 行业协会的权威性:外生还是内生

究竟是内生的更具权威性,还是外生的更具权威性,不能一概而论。但是,对于广告行业协会而言,内生的更具权威性,同时内生的权威性与外生的权威性有效结合,可以提高广告行业协会的行业影响力。广告行业协会是广告主、广告经营者、广告发布者在自愿的基础上组建的社会组织,它的权威应该来自内部的力量,也就说是由行业主体民主推选行业领导,在充分协商基础上建立行业协会成员必须遵守的自律规则,并依照行业协会共同纲领对行业主体行为进行有效自律监督,同时代表行业协会成员利益积极与政府主管部门、媒体部门、金融机构等进行沟通,最大限度地保障行业主体利益,为广告行业发展营造公平竞争和守法经营的市场环境,这种内生的权威性,对于行业协会主体具有普遍约束力。这种内生的权威性对于广告行业协会组织发展来说是首要的,任何外生的权威性都必须建立在内生的权威性基础上。

外生的权威性也是提升广告行业协会组织权威性的重要补充。如美国广告业主要的行业自律机构 NAD、NARB 可以要求广告主修改或停止广告刊播,尽管 NAD、NARB 无权命令广告主修改或停止其广告播出,也不能强令其执行,但如果广告主拒不执行,它们可以将广告提交美国政府的联邦贸易委员会审查。为了规避政府的行政审查,广告主通常都会执行 NAD、NARB 的决定。对于中国广告行业协会组织而言,政府主管部门的行政支持,也是行业协会权威性的重要保障。

4.行业协会与政府职能部门之间的关系:隶属还是分工

我国广告行业协会与政府职能部门之间是行政隶属关系,广告协会组织作为政府职能部门的下属机构,代行行政主管部门部分职权。广告行业协会组织成了一个权力机构,而非真正意义上的中介组织或社会组织,这显然与中介组织或社会组织的成立宗旨存在冲突。这种体制下催生的广告行业协会一方面要代表政府主管部门的意志对行业主体进行有效管理,另一方面要代表行业主体的利益为产业发展争取更大政策支持和发展空间。但在实质运作中,广告行业协会组织经常陷入重政府意志轻行业利益的困境。

广告行业协会组织与政府主管部门之间必须实现有效分工,并给予广告行业协会组织更多自我发展空间,使其能真正代表行业利益,更好地发挥行业协会组织引导广告产业健康发展的职能。政府主管部门主要负责相关广告行政法规的制定,以及对违法广告进行有效监督和管理,而广告行业协会则主要负责根据政府主管部门制定的广告行政法规,制定广告行业自律规则,并对协会成员市场行为进行有效自律监督。这种分工合作机制,一方面可以降低工商行政管理部门的管理成本,另一方面也可以充分发挥广告行业协会职能,为广告业发展创造良好市场环境。

5.行业协会组织变革:政府主导还是民间主导

广告行业协会组织变革已经成为协会发展的必然选择,然而这种制度变迁究竟应该是政府主导还是民间主导?我国广告行业协会组织变革必然是一种"自上而下式的强制性制度变迁",需要由政府主导。加入 WTO 后,政府职能会出现部分收缩,而将更多职能转移给行业协会,这是一种必然要求,这就需要政府职能部门转变管理观念,树立服务新理念,切实建设服务型政府,同时给予广告行业协会组织更大发展空间,这并不是说广告行业协会完全脱离政府主管部门领导,而是在坚持政府主管部门指导的前提下,给予行业协会机构性质、人事任免、机构运作等方面更多自主性。广告行业协会的民间化改革,正是在政府主导前提下所进行的行业协会组织机构重构和运作机制创新,以更好地发挥行业协会服务职能,推动广告业健康发展。

近年来,我国各地开展的广告行业协会民间化改革,大都是在政府主导下完成的。例如,2006 年 12 月,根据广州市有关文件精神和《广东省行业协会条例》有关规定,广州市广告协会举行第五届会员代表大会,进行改制,实行民间化和自治化,广州市广告协会正式更名为广州市广告行业协会,与原业务主管部门广州市工商局脱钩,原有任职公务员全部撤出,所有管理层由成员公司票选产生。广州市广告行业协会的主要工作有:举办年度十佳广告公司评选、广州4A年轻人广告创意大赛、影视广告评比、公益广告创作评比,举办广州国际广告展;在中国广告协会的指导下,开展"争创广告行业精神文明先进单位"活动,进行广告企业资质认定,组织参加中国广告节各项活动,报送参赛作品;承办政府部门委托的其他任务。

二、广告行业协会组织的民间化改革

中国的行业协会存在一系列深层问题,如"非政府组织的政府性"和"非营利组织的盈利性"等。主要原因在于大量行业协会并不是由市场主体来组织的,还未能真正脱掉"二级政府"的帽子,成为服务企业、自负盈亏的市场主体。一些行业协会甚至表现为"戴着市场的帽子,舞着政府的鞭子,坐着行业的轿子,拿着企业的票子,供着官员兼职的位子"。推动行业协会民间化改革已经成为转型期中国经济和社会发展的必然要求。

政府主导型广告监管制度改革,是基于中国市场的现实选择。在组织资源配置权力分配上,政府、市场和行业三者绝非平等的博弈关系。政府居于市场主导角色,行业协会组织接受政府主管部门领导。因而,这种改革不可能是发生在行业内部自下而上的"诱致性制度变迁",必然是一种自上而下的"强制性制度变迁",即由政府主导,让渡部分权力,给予行业协会组织更多自主性,充分发挥行业协会组织中介作用,通过自律形式规范市场主体行为,净化广告产业环境,为广告市场主体公平竞争创造良好环境。这也是政府行政管理体制改革的必然要求。广州市广告协会、深圳市广告协会等的成功改制,都是在政府指导下完成的。尽管改制后的广告行业协会仍然需要接受工商行政管理部门的业务指导,但是从组织机构和运作机制来看,已经基本实现民间化。

与西方发达国家不同的是,长期以来,我国广告行业协会组织是在政府主导下成立的半官方性质的社会组织,并不能真正代表广告行业主体利益。政

府主导下的广告行业协会组织改革,一方面要求政府以更加积极主动的姿态行动,为广告行业协会民间化改革创造条件;另一方面要求广告行业协会组织吸收和借鉴国外广告行业协会组织成功经验,更好地发挥自律、服务和协调功能。当前我国广告行业协会民间化改革的推进必须做好以下两个方面的工作:

一是对广告行业协会独立社团法人地位立法。广告行业协会的法律地位主要是法律对行业协会主体地位的立法规定,包括实体和程序两个层次,即法律规定广告行业协会在政府、企业之间处于什么地位,具有哪些不可非法干涉的职权,这是行业协会在社会经济生活中的实际地位,也是法律对其主体地位进行界定的起点和归宿。同时,在法律上对保证正确行使这些职权的组织机构中的权力决策机构、执行办事机构及其工作人员的选举产生、聘用、性质、办事程序进行明确界定,并保证其财产权独立,以确保广告行业协会在实际社会经济生活中的独立法律地位。

二是真正实现广告行业协会的独立运作。民间性的广告行业协会是依照国家有关法律法规自愿组成的自律性、非营利性经济类社会团体法人,是企业与政府之间的桥梁和纽带,通过协助政府实施行业管理和维护广告企业合法权益,推动广告行业和广告企业健康发展。广告行业协会的会长和秘书长不再由政府行政管理部门任命,而是由会员大会选举产生,在人、财、物、事、权上实现真正意义上的独立运作。为推动广告行业协会发展与提升广告行业协会权威性,还必须重点加强协会组织建设和制度建设,形成影响力广泛、凝聚力强、开放民主的行业协会组织。同时,行政体制下的广告协会需要在政府指导下逐步实现民间化改革,切实维护广告行业利益,强化广告行业自律。

三、广告行业协会组织服务效能的提升

广告行业协会应该是广告市场主体在自愿的基础上自发成立的社会组织,它代表行业主体利益,对协会成员市场行为进行有效自律规范,从而为广告行业发展创造公平竞争的市场环境,同时也可以避免政府的行政规制。以户外广告业为例,早期由于户外广告无序发展,行业缺乏自律规范,一些户外媒体公司获得丰厚收益。随着现代城市的发展,户外广告发展与城市环境维

护之间的矛盾开始凸显。近年来,各级政府对户外广告的专项整治活动固然部分存在政府公权力对户外媒体企业私权利的侵犯,但从城市发展和产业发展角度来看,户外广告业缺乏自律规范,也是导致政府规制的重要因素。政府专项整治对户外广告业的触动很大,许多地区的户外广告协会也在积极行动,一方面主动与政府部门沟通为户外广告业争取合法合理权益,另一方面则是强化自律职能,对协会成员市场行为进行有效规范,为户外广告业发展创造良好产业环境。实际上,这也是户外广告协会强化服务职能的表现。

以广州市广告行业协会为例,该协会于 2012 年 2 月召开二届四次理事会议,总结 2011 年工作并提出 2012 年工作设想。从 2011 年广州市广告行业协会的各项工作中可以看出,协会在切实维护广告行业利益、反映广告企业重大关切、发挥行业协会政策建议、密切联系政府与广告企业之间关系方面做了大量工作,取得一定成效。2011 年,广州市广告行业协会为协会广告企业提供服务的主要工作有 10 余项,包括学习国家和地方广告法律法规政策文件,为会员单位提供专业培训讲座,承担和积极参加大型广告活动,举办广告品牌论坛和会员单位联谊活动;反映诉求的主要工作有 3 项,规范行为方面文件没有详细介绍,从协会网站也找不到任何关于行业自律方面的文件。此外,协会还组织了一些公益活动。在制度建设方面,协会 2011 年制定并通过了 10 项协会章程。(如表 6.1 所示)从表 6.1 中可以看出,目前广州市广告行业协会的职能主要集中在提供服务和反映诉求,其中提供服务的比重最大。主要原因在于广州市广告行业协会实现民间化改革后,为提升组织吸引力和凝聚力,提高组织权威性,把工作重心放在提供服务和反映诉求,加强与政府职能部门和广告企业之间沟通上无疑是一种必需。然而,广告行业协会除提供服务和反映诉求职能之外,更重要的职能就是规范市场行为,在 2011 年主要工作中没有发现相关内容,这有多方面的原因:一是从立法层面看,没有对广告行业协会的法律地位、职权职责等方面作出规定,因而使得广告行业协会组织的自律审查权威性和约束力不够;二是从协会层面看,广告企业对广告自律审查还缺乏足够认识和理解,也是限制协会在规范行为方面有所作为的重要因素。《广告法(2015 年修订)》首次明确了广告行业组织的法律地位,为广告行业协会自律审查提供了法律依据。广告行业协会需要在不断强化提供服务和反映诉求职能的同时,探索广告行业自律审查和广告行政监管的新型合作机制。

表 6.1　广州市广告行业协会 2011 年主要工作情况①

协会职能	主 要 工 作
	积极参加"第十八届中国国际广告节"
	参加"2011 中国(广州)文化创意博览会"组织会员学习有关广告税收的法规,依法纳税
	与广州市商标协会联合举办"广州品牌论坛"
	举办第四届广州 4A 杯"广州广告精英运动会"
	协会开展三项奖励活动
	综合性广告代理公司委员会(广州 4A)为会员提供专业培训讲座。与中国艾菲推广委员会合作,承办中国艾菲实效奖(华南赛区)参赛和评审工作
	影视广告专业委员会召开了广州 TVC 第三届年会
	媒介代理专业委员会开展"清远广播电视台推介会"
	户外分会组织了会员活动,分别到惠州参加"联建 LED 器材考察活动",到深圳参加了中国广告协会户外广告分会召开的"第三届全体会员大会"暨"中国户外广告界迎新年联谊会"
	"交通广告业专委会"争取到经济补贴,为企业减轻了较大的压力
反映诉求	草拟"建设广告创意产业园区、发展创意经济"的提案,通过市人大代表提出议案
	户外分会向城管委提交了关于《广州市第三批户外广告设置规划》公示稿的意见函
	交通广告专业委员会向交委客管处有关负责人就《广州市公共汽车电车车辆营运技术管理规定》修改意见稿提出补充意见
规范行为	不详
公益活动	户外分会成员单位积极报名,200 名志愿者参与支持城管景观处组织的"城市管理志愿者工作"
	召开理事会积极动员参与"广东扶贫济困日暨广州慈善日"社会捐赠活动

---

① 《广州市广告行业协会二届四次理事会会议纪要》,http://www.gzaa.org.cn,2012 年 2 月 13 日。

四、广告行业协会组织自律职能的强化

随着我国政府行政管理体制改革的不断深化,广告行业协会有了更大的发展空间。在为行业主体提供咨询服务方面,表现尤为突出,广告行业协会组织真正能够反映和代表行业利益,这对于行业协会组织来说应该是首要的,可以说是一大进步。另外,在与政府部门沟通与协调方面,广告行业协会组织发挥积极作用,一方面向政府部门提出有关广告管理、行业发展规划的建议,反映行业意见和诉求,为行业发展争取更大利益;另一方面积极宣传贯彻国家有关广告的法律法规和方针政策,并制定广告行业自律规则,成为政府广告行政监管的有效补充。服务职能强化,是我国广告行业协会进步的一大标志。当前,我国广告行业协会组织最突出的问题就是自律功能比较弱。广州市广告行业协会被认为是广告协会民间化改革的标杆,但是从其章程和组织架构中,没有看到其对广告行业主体市场行为的规范性自律文件。

美国、英国和日本等经济发达国家的广告行业协会大都制定了严格的规章制度,对协会成员市场行为进行有效规范。例如,在美国,广告发布前需要接受行业自律机构 NAD、NARB 的广告审查,NAD、NARB 根据政府相关法律法规和行业协会自律规章对广告内容和形式进行严格审查,并作出审查通过或要求广告主修改或停止广告刊播的决定,如果广告主拒不执行 NAD、NARB 的审查决定,NAD、NARB 会将其提交联邦贸易委员会审查。严格的自律规章与强大的政府后盾,无疑使得美国行业协会组织具有很高权威性。这也为我国广告行业协会组织发展提供了重要启示:一是要从制度层面对广告行业协会组织自律审查职能进行立法,为广告行业自律审查提供法律依据;二是广告行业协会组织必须在政府法律法规基础上,结合行业实际制定科学的广告自律规章;三是政府行政部门广告监管要与广告行业协会组织自律审查有机结合,从而提高广告行业自律组织的权威性。

五、广告行业协会组织的运作机制创新

我国广告行业自律组织的民间化改革,不仅包括组织机构民间化,还包括运作机制民间化。在接受政府相关部门的指导和监督下,广告行业自律机构需要通过法定程序依法制定自律章程,制定相应的广告行业自律规则,并制定

广告自律审查细则和配套条例。借鉴西方经验,通过广告立法,在广告监管部门指导下,成立一个包括政府职能部门、广告行业协会组织、社会公益组织、广告公司、广告媒体、广告主、广告专家和法律专家、公众等在内的代表各方利益的、独立的中国广告自律审查委员会,以独立第三方机构身份,负责广告自律审查工作和广告投诉争议的裁决,如果广告主、广告公司和广告媒体不服从中国广告自律审查委员会裁决,案件可移交广告监管部门或直接向法院提起诉讼。

广告行业协会需要充分发挥其应有职能,作为广告监管的第一道屏障,负责广告自律审查工作。由此,广告行业自律机构与工商行政管理机关就会形成"分工合作、互相促进、互相监督"的新型关系。政府对广告市场主体的引导可以通过广告行业自律机构这一平台实现,对于虚假违法广告和有违社会伦理道德的广告,政府可以通过广告行业协会的自律审查、内部惩戒等方式予以自我纠正。对于恶性的虚假违法广告案件,广告监管部门通过广告行业自律组织听取意见,并对虚假违法广告进行有效的行政规制,情节严重的还可以移送司法机关进行处理。

第七章　广告社会监督机制的建立与完善

由于制度性缺陷与法律法规体系的不完善,新闻媒体、社会组织、公众和企业参与广告社会监督的积极性不高,严重影响了广告监管绩效和水平。当前,迫切需要建立和完善广告社会监督机制,提高广告监管社会协同创新水平。本章重点研究广告社会监督的类型及意义,中国广告社会监督机制及存在的问题,并提出完善我国广告社会监督机制的对策。

第一节　广告社会监督的类型及意义

一、新闻媒体舆论监督及其意义

1. 新闻媒体舆论监督的形式

我国新闻媒体有对虚假违法广告进行社会舆论监督的权利和义务,新闻媒体不仅代表着党和政府的利益,更代表着人民群众的利益,虚假违法广告损害人民群众利益,影响党和政府公信力,新闻媒体有责任和义务对其进行曝光。新闻媒体具有公信力和影响力,虚假违法广告经媒体曝光后,引起社会公众关注和警惕,从而避免上当受骗。

(1)新闻媒体对虚假违法广告主动予以调查和曝光

舆论,即多数人的共同意见。监督,中国《辞海》中的解释是"监察督促",即监督包含两层意思:一是监察,二是督促。监察的目的是发现问题,督促的目的是解决问题。所以,"新闻舆论监督"就是通过新闻媒介来揭示现实生活中存在的问题并促使其解决的一种舆论监督,就是社会各界通过广播、影视、报纸、杂志、互联网等传播媒介,发表自己的意见和看法,形成舆论,从而对国家、政党、社会团体、公职人员的公务行为以及社会上一切有悖于法律和道德的行为实行制约。虚假违法广告的新闻舆论监督,就是通过新闻媒体的广泛深入报道,形成舆论,从而对广告主、广告公司和广告媒体委托、制作和发布的虚假违法广告行为实行制约。新闻媒体的舆论监督报道,引起工商行政管理部门对当事企业的调查,会对当事企业形成巨大的舆论压力,也让消费者提高警惕意识,因而具有重要意义。

（2）新闻媒体对被工商行政管理部门查处的典型虚假违法广告予以报道

除主动调查与曝光外,新闻媒体对被工商行政管理部门查处的典型虚假违法广告予以报道也是新闻舆论监督的重要内容。工商行政管理部门查处虚假违法广告,有两方面目的:一是对当事企业进行行政处罚,责令其改正;二是告知消费者,保护消费者利益。新闻媒体对典型违法广告案件的报道,将当事企业和虚假违法广告行为公之于众,对当事企业形成有力威慑,同时也让广大消费者知晓虚假违法广告品牌,避免因购买虚假违法广告商品而造成身心健康和财产损失。例如,2005 年 4 月 8 日,《信息日报》刊登了一篇题为《SK-II 经销商因虚假宣传被罚 20 万,宝洁签字认罚》的新闻,报道了南昌市工商局对 SK-II 虚假违法广告的调查及处理决定。这则新闻随即被《新闻晨报》《深圳晚报》《青岛晚报》等全国各地多家媒体以及新闻网站和门户网站转载,迅速进入公众视野。

（3）新闻媒体与广告监管部门合作开辟虚假违法广告曝光专栏

新闻媒体加强与广告监管部门的密切配合,开辟虚假违法广告曝光专栏,提高虚假违法广告曝光度。目前,很多消费者对于虚假违法广告缺乏专业辨别能力,而工商行政管理部门处理的虚假违法广告消费者知之甚少,针对这一现状,新闻媒体充分发挥舆论监督作用,与工商行政管理部门通力配合,开辟虚假违法广告曝光专栏,具有重要意义。例如,2011 年 6 月以来,青岛市工商局在《青岛日报》开辟"虚假违法广告曝光台"专栏,及时向社会通报监测发现和立案查处的虚假违法广告案件。近年来,青岛有些媒体刊发的医药类虚假违法广告肆意夸大疗效,利用专家和患者名义进行虚假宣传,不仅严重误导消费者,损害了群众身心健康,而且影响了媒体公信力,败坏了社会风气,损害了党和政府的形象,成为社会一大公害。对此,青岛市工商局牵头建立了全市整治虚假违法广告部门联席会议制度,与11个成员单位联合制定整治实施方案,采取每月制发布全市媒体广告监测通报,每季度发布查处虚假违法广告公告,对部分严重违法广告主体从严查处、责令停止在青岛市发布广告等措施,不断加大整治打击力度。"虚假违法广告曝光台"专栏的设立,借助媒体的快速广泛传播渠道,向社会公众及时曝光各类虚假违法广告,帮助市民及时了解到广告监管部门监测发现和依法查处的各类虚假违法广告情况,防止误导,理性消费,从而彻底清除不法商家的立足和生存空间。同时,"曝光台"专栏的设立,也有助于媒体广告行业的自律,起到相互监督的作用,进一步推进虚假违法广告整治工作不断走向深入,共同创造良好城市广告环境。

2. 新闻媒体舆论监督的意义

新闻媒体舆论监督对于打击虚假违法广告、规范广告市场行为、维护消费者合法权益等具有重要意义和价值,具体体现在以下四个方面:

一是对于新闻媒体而言,加强对虚假违法广告的社会监督,是其履行社会监督职能,践行媒体社会责任、提升媒体公信力的重要举措。在中国,新闻媒体具有新闻宣传和社会监督的双重职能,具有产业性和公益性的双重属性,新闻媒体不仅是党和政府的宣传工具,某种程度上也是党和政府社会监督职能的延伸,通过发挥新闻媒体舆论监督力量,实现对社会的有效管理。同时新闻媒体具有产业属性和公益属性,随着文化体制改革的深化,新闻媒体的产业属性愈发凸显,经济效益成为衡量媒体效益的重要指标,一些媒体为了提高经济效益,淡化对虚假违法广告的自我审查,成为导致虚假违法广告流入市场的重要因素,这与新闻媒体作为"社会公器"的公益属性相背离,引起相关主管部门和社会公众的关注和重视。新闻媒体天生便具有社会舆论监督的职能,一方面,新闻媒体通过强化自律践行媒体社会责任,另一方面,通过曝光典型违法广告案件,履行社会监督职能,维护媒体形象与提升媒体公信力。

二是对于委托、制作和发布虚假违法广告的广告主、广告公司和广告媒体而言,新闻媒体舆论监督对其形成有力威慑,增加发布虚假违法广告的成本。虚假违法广告的机会收益大大高于机会成本,是导致广告市场主体存在机会主义倾向和做出"败德行为"的重要因素,因而,为了有效规制虚假违法广告,就必须提高虚假违法广告的发现概率和机会成本。虚假违法广告经新闻媒体曝光后,国内一些主流媒体以及新闻网站也给予大量报道,大大提高了虚假违法广告在消费者中的知晓度,对于这些发布虚假违法广告的企业来说,一方面面临工商行政管理部门的行政处罚,有些企业还需承担民事赔偿责任和刑事责任,另一方面则是大大降低品牌美誉度和信任度,致使消费者不再信任并购买该产品,这是企业最担心的,自然对违法企业最具威慑力。

三是对于社会公众而言,虚假违法广告经由新闻媒体曝光之后,被社会大众所广泛知晓,维护了社会公众的知晓权,保护了消费者的合法权益。在市场的交易关系中,消费者和广告主之间处于一种信息不对称状态,广告主拥有自身商品的完全信息,包括产品质量、成本、效益、安全性能等,而消费者拥有企业不完全信息,因而广告主可能做出有损消费者利益的行为,如发布虚假违法广告欺骗消费者。《消费者权益保护法》第八条规定:"消费者享有知悉其购买、使用的商品或者接受的服务的真实情况的权利。消费者有权根据商品或者服务的不同情况,要求经营者提供商品的价格、产地、生产者、用途、性能、规格、等级、主要成分、生产日期、有效期限、检验合格证明、使用方法说明书、售后服务,或者服务的内容、规格、费用等有关情况。"消费者知晓权的法律赋予与企业的法律义务履行之间存在一定差距,新闻媒体对企业生产行为、经营行为和宣传行为的舆论监督,本质上是维护消费者知晓权,保护消费者合法权益。同时,对于工商行政管理处罚的具有典型意义的虚假违法广告案件,通过新闻媒体曝光,也可以起到教育公众认知虚假违法广告的作用。

四是对于党和政府而言,发挥新闻媒体舆论监督职能是党和政府更好地实现社会管理的重要手段之一。在当今社会,广告成为消费者获取商品信息的重要途径,对消费决策起着重要作用,虚假违法广告对消费者利益造成极大损害,反映了部分企业社会责任的缺失,同时也凸显出政府相关职能部门监管缺失或缺位,影响了政府公信力。当前,社会管理创新已经被提到国家战略发展高度,2007年党的十七大报告指出:"要健全党委领导、政府负责、社会协同、公众参与的社会管理格局,健全基层社会管理体制。"新闻媒体舆论监督是"社会协同"的重要构成,对于提高社会管理创新绩效水平具有重要意义。通过新闻媒体舆论监督,可以更好地提高工商行政管理部门的广告监管绩效。

二、消费者组织与个人监督及其意义

1. 消费者监督的形式

（1）消费者组织对虚假违法广告的监督

各种类型的消费者组织是消费者为维护自身合法权益不受侵害而形成的社会团体，也是实施消费者监督和管理的主体单位，是国家行政管理的重要补充。充分发挥消费者组织作用，对于加强和改进广告监管工作具有重要意义。我国于1983年8月22日在北京成立全国用户委员会，1984年9月20日在广州成立第一家地区性消费者组织——广州消费者委员会，1985年12月成立全国性消费者组织——中国消费者协会。1993年10月31日第八届全国人民代表大会常务委员会第四次会议通过了《消费者权益保护法》，2013年10月25日第十二届全国人民代表大会常务委员会第5次会议审议通过《关于修改的决定》第2次修正，自2014年3月15日起施行［以下简称《消费者权益保护法（2013年修订）》］。《消费者权益保护法（2013年修订）》规定消费者协会和其他消费者组织是依法成立的对商品和服务进行社会监督的保护消费者合法权益的社会组织。消费者协会履行下列公益性职责：向消费者提供消费信息和咨询服务，提高消费者维护自身合法权益的能力，引导文明、健康、节约资源和保护环境的消费方式；参与制定有关消费者权益的法律、法规、规章和强制性标准；参与有关行政部门对商品和服务的监督、检查；就有关消费者合法权益的问题，向有关部门反映、查询，提出建议；受理消费者的投诉，并对投诉事项进行调查、调解；投诉事项涉及商品和服务质量问题的，可以委托具备资格的鉴定人鉴定，鉴定人应当告知鉴定意见；就损害消费者合法权益的行为，支持受损害的消费者提起诉讼或者依照本法提起诉讼；对损害消费者合法权益的行为，通过大众传播媒介予以揭露、批评。各级人民政府对消费者协会履行职责应当予以必要的经费等支持。

消费者协会应当认真履行保护消费者合法权益的职责，听取消费者的意见和建议，接受社会监督。依法成立的其他消费者组织依照法律、法规及其章程的规定，开展保护消费者合法权益的活动。

为打击充斥于各种媒体的虚假宣传、误导消费者的行为，中国消费者协会曾在全国范围开展声势浩大的"慧眼识广告"活动，揭出一批虚假广告，净化了消费信息环境,提高了消费者正确辨识虚假违法广告的能力。全国各地消协也同时联动,借以提高消费者自我保护意识,并号召社会各界和广大群众参与举报和封杀虚假广告,以便明明白白地消费。例如,广东省消费者委员会曾经在全省举办"慧眼识广告"活动,并通过媒体对严重误导、欺骗消费者的"虚假广告"予以曝光。消费者可以通过"广东消费"互联网站及有关媒体上刊登的举报表,对与"绿色消费"相关的食品、饮料、保健品、化妆品、建筑材料等方面的虚假宣传和违法广告进行投诉。根据消费者投诉、举报的一般违法情况,广东省消委会向商品经营者或广告发布者发出《劝喻改正通知书》,对经劝喻仍不改正者,或严重损害消费者合法权益的案件,移交有关部门处理;对性质特别严重、情节特别恶劣、给消费者造成重大损失的,通过新闻媒体予以曝光。

（2）消费者个人对虚假违法广告的监督

《消费者权益保护法(2013年修订)》规定国家制定有关消费者权益的法律、法规、规章和强制性标准,应当听取消费者和消费者协会等组织的意见。各级人民政府应当加强领导,组织、协调、督促有关行政部门做好保护消费者合法权益的工作,落实保护消费者合法权益的职责。各级人民政府应当加强监督,预防危害消费者人身、财产安全的行为发生,及时制止危害消费者人身、财产安全的行为。各级人民政府工商行政管理部门和其他有关行政部门应当依照法律、法规的规定,在各自的职责范围内,采取措施,保护消费者的合法权益。有关行政部门应当听取消费者和消费者协会等组织对经营者交易行为、商品和服务质量问题的意见,及时调查处理。有关行政部门在各自的职责范围内,应当定期或者不定期对经营者提供的商品和服务进行抽查检验,并及时向社会公布抽查检验结果。有关行政部门发现并认定经营者提供的商品或者服务存在缺陷,有危及人身、财产安全危险的,应当立即责令经营者采取停止销售、警示、召回、无害化处理、销毁、停止生产或服务等措施。有关国家机关应当依照法律、法规的规定,惩处经营者在提供商品和服务中侵害消费者合法权益的违法犯罪行为。人民法院应当采取措施,方便消费者提起诉讼。对符合《中华人民共和国民事诉讼法》起诉条件的消费者权益争议,必须受理,及时审理。

　　消费者或是虚假违法广告的直接受害者,或是虚假违法广告的发现者,有权向广告行政管理机关进行揭发检举,作为直接受害者有权向人民法院提起诉讼。消费者个人监督是广告行政监管的重要补充,对于及时发现和有效遏制虚假违法广告具有重要意义。消费者个人监督的途径可以是向工商行政管理部门检举,或向新闻媒体或消费者协会反映,利用新闻媒体的社会监督力量或消费者协会的组织力量来维护自身的合法权益,或是向人民法院起诉。为维护消费者合法权益,调动消费者个人社会监督的积极性,广告行政管理部门、消费者组织、司法机关必须建立有效制度,成立专门针对消费者虚假违法广告举报的处理机构,对消费者举报的虚假违法广告及时予以调查和处理,提高广告行政监管绩效。

　　2. 消费者监督的意义

　　一是对于消费者而言,消费者对虚假违法广告的监督,是消费者行使法律赋予的监督权、维护消费者的知晓权、保护消费者合法权益的重要表现。消费者监督权和知晓权的维护,一方面需要靠企业的自律与相关职能部门加大行政执法力度,另一方面则需要消费者积极参与社会监督,及时向工商行政管理部门、消费者组织、广告行业协会、新闻媒体等反映虚假违法广告事件,甚至可以直接向法院提起诉讼,真正维护消费者监督权与知晓权。作为虚假违法广告的直接受害者,受害人需要主动利用上述手段开展维权,对于其他社会公众而言,也应该积极参与到虚假违法广告的自觉监督中来,一个诚信的广告市场,对于所有消费者来说都是必要的,而每个消费者对虚假违法广告的自觉监督活动都是为维护公正、公平的广告市场秩序贡献力量,进而自己也从中受益。

　　二是对于新闻媒体舆论监督而言,消费者通过向新闻媒体反映虚假违法广告,为新闻媒体提供重要的新闻线索。新闻媒体舆论监督对于发布虚假违法广告的广告主具有极大威慑力。新闻媒体对虚假违法广告的报道,主要有三种途径:新闻媒体主动发现并调查;新闻媒体报道被工商行政管理部门处理的典型违法广告案件;针对消费者举报的虚假违法广告展开调查和报道,引起社会广泛关注。其中消费者反映虚假违法广告是一条重要途径,通过发动广大消费者力量,新闻媒体可以获得重要新闻线索,并予以深度报道,从而扩大虚假违法广告曝光度。

　　三是对于广告行业自律与广告行政监管而言,消费者监督是行业自律和行政监管的有效补充,消费者对虚假违法广告的举报和投诉,提高了广告行业自律与广告行政监管的绩效。消费者是广告的直接利益关系人,虚假违法广告直接损害消费者权益。近年来,处理消费者投诉成为广告行政监管部门、消费者协会组织和广告行业自律组织的重要职责之一。尽管消费者对虚假违法广告的举报和投诉处理的期待与相关部门对消费者投诉进行及时处理的事实之间还存在一定距离,但是,消费者投诉已经成为提高广告行政监管与行业自律效率的重要途径,需要引起相关部门的高度重视。

第二节　中国广告社会监督机制及问题

一、中国广告社会监督机制的特点

1.监督主体的民间性

　　"广告的社会监督,是指人民群众通过某些社会组织和社会团体、舆论机关、各种群众自治组织或者公民自行对广告活动各个方面进行的监督。"①广告社会监督与广告行业自律的区别在于,广告行业自律是广告行业组织通过制定行业协会共同遵守的章程,规范广告市场主体行为,是一种行业主体自我约束的行为,而广告社会监督是人民群众通过某些社会组织和社会团体、舆论机关、各种群众自治组织或者公民自行对广告活动各个方面进行的监督,是通过社会力量对广告主体的一种外部约束。广告社会监督与广告行政监管同属广告的外部约束机制,差别在于广告行政监督属于政府行为,而广告社会监督属于民间行为。

　　社会监督的主体包括消费者个人、消费者组织、其他社会团体、新闻媒体和同行业的竞争企业。(1)消费者个人与消费者组织是广告社会监督的重要力量。消费者个人是广告活动的直接利益关系人,是虚假广告的直接受害者,

---

① 陈绚:《广告道德与法律规范教程》,中国人民大学出版社2010年版,第154页。

消费者享有依法监督的权利。《消费者权益保护法(2013年修订)》第十五条规定:"消费者享有对商品和服务以及保护消费者权益工作进行监督的权利。消费者有权检举、控告侵害消费者权益的行为和国家机关及其工作人员在保护消费者权益工作中的违法失职行为,有权对保护消费者权益工作提出批评、建议。"消费者协会和其他消费者组织是依法成立的对商品和服务进行社会监督的保护消费者合法权益的社会组织,并履行其保护消费者合法权益的职能。(2)同行业的竞争企业也是广告社会监督的主体。同行业的竞争企业是广告活动的直接关系人,某企业的虚假违法广告行为对消费者的虚假欺骗及误导会损害消费者的合法权益,同时也会损害同行业竞争企业的利益。相比较消费者与企业之间的信息不对称状态,同行业企业之间的信息不对称要小得多。例如,消费者对某产品真实性能、质量和成本等方面信息缺乏了解,而竞争企业则不同。(3)新闻媒体舆论监督可与消费者个人监督和消费者组织监督形成有效配合。我国新闻传播媒体兼具舆论引导和社会监督职能,虚假违法广告通过新闻媒体曝光后,可引起政府行政部门和社会大众的广泛关注,对违法企业形成强有力的威慑。

2. 监督行为的自觉性

从自发到自觉,是广告社会监督的重要发展,也是消费者维权意识增强的重要表现。随着社会法制化建设的不断深化,消费者法制意识明显增强,法律维权意识和能力也明显提高,消费者开始懂得如何去维护自己的合法权益,甚至还出现了一些专门的"打假卫士"。

消费者协会作为保护消费者权益的社会团体,一方面肩负着广告社会监督的职责和使命,另一方面还需要调动消费者和大众主动参与广告社会监督,利用全社会力量规范市场行为。例如,针对消费者对广告不实、广告误导、广告欺诈投诉上升的情况,中国消费者协会强化社会监督职能,曾组织开展以揭露违法虚假广告、规范消费信息市场、提高消费者辨别虚假违法广告能力为内容的"慧眼识广告"活动。从部分省、市消协反馈的情况看,活动基本上取得预期效果,在广大消费者的积极参与下,一批违法虚假广告被揭露出来,在工商行政管理部门的大力支持下,一些严重损害消费者合法权益的广告违法案件受到查处,消费环境得到净化。据北京、天津、河北、山西、江苏、上海、浙江、福建、江西、广西、重庆、四川、云南、陕西、青海、宁夏、黑龙江、贵州、青岛、武汉等地消协材料统计,在为期一个月的活动中,共接到消费者举报信7240件,其中对药品广告的举报数量居首位,占17.5%,其次是保健品广告,占13.8%。对消费者的举报信件,各地消费者协会及时进行处理,在进行初步整理确认后,依情节轻重,向经营者发函劝谕改正其违法行为的有3476件,转请有关行政部门调查处理的有2360件,通过大众传播媒介予以曝光的有340件。对这次"慧眼识广告"活动,国家工商行政管理总局广告司积极支持,各地工商局广告监管部门大力配合,查处了一批广告违法案件,共罚没款532万元,为消费者挽回经济损失638万元。

3. 监督方式的多元性

广告社会监督方式不是单一的,而是呈现多元性特点。消费者个人监督、消费者组织监督、同行业竞争企业监督、新闻媒体舆论监督等密切配合,共同提高了社会监督绩效。

以2000年哈药六厂投放的"巩俐阿姨"电视广告为例——"巩俐阿姨,您寄给我们希望小学的盖中盖口服液,现在同学们都在喝……"。用稚嫩的童声旁白道出的这则看似温馨的广告,在7月5日引出中国青基会发给哈药六厂的一纸律师函,引起各界关注。中国青基会认为,该厂冒用希望工程良好声誉制作播放虚假广告以牟取商业利益的行为是对中国青基会合法权益的严重侵害,使一向良好的希望工程公益形象遭到贬损,要求哈药六厂必须就此事作出合理解释并采取相应补救措施,以挽回对中国青基会及希望工程造成的不良影响。鉴于"巩俐阿姨"广告对希望工程造成的严重伤害,中国青基会决定,立即向国家行政执法部门投诉广告主和广告经营者,要求其立即停播该侵权、虚假的商业广告;对该广告行为依法予以处罚。哈药六厂向中国青基会回复律师函,称巩俐确实在1999年12月27日向哈尔滨市依兰县迎兰乡海润希望小学捐赠20箱盖中盖口服液。为调查哈药六厂向希望小学赠送口服液的真实情况,希望工程全国监察委员会和中国青基会联合派出特别调查组赶赴依兰县迎兰乡希望小学。尽管海润广告公司以巩俐名义将口服液赠送给迎兰乡希望小学一事已被调查证实,但这种行为不属于捐赠,而是一种广告策划行为。"巩俐阿姨"广告事件发生后,国内各大媒体相继进行了报道,引起社会大众的广泛关注和讨论,在强大的社会舆论压力之下,哈药六厂停播了"巩俐阿姨"广告。

4. 社会监督的权威性

相比较广告行政监管,广告社会监督没有强制执行力,但是广告社会监督具有无形权威性。企业营销传播活动必须获得消费者认可,否则就是无效营销传播。如果消费者对广告传播产生逆反情绪,对于企业品牌塑造与价值提升都是不利的,因而,企业必须非常重视广告社会监督的力量。

例如,2003 年年底,两则丰田公司汽车广告引起不小的波澜。其一为刊登在《汽车之友》第 12 期杂志上的"丰田霸道"广告:一辆霸道汽车停在两只石狮子之前,一只石狮子抬起右爪做敬礼状,另一只石狮子向下俯首,背景为高楼大厦,配图广告语为"霸道,你不得不尊敬";其二为"丰田陆地巡洋舰"广告:该汽车在雪山高原上以钢索拖拉一辆绿色大卡车,拍摄地址在可可西里。两则广告在《汽车之友》杂志刊出后,引起读者极大质疑,并在网上引发热烈讨论。有读者认为,石狮在一定意义上是我国民族传统文化的产物,蕴含着极其重要的象征意义,丰田公司选择这样的画面为其做广告,极不严肃。对于拖拽卡车的"丰田陆地巡洋舰"广告,有读者则认为,广告图中的卡车系"国产东风汽车,绿色的东风卡车与我国的军车非常相像"。在强烈的抗议声中,丰田汽车公司、广告的设计者盛世长城广告公司以及《汽车之友》杂志社不得不公开向公众致歉。

《汽车之友》杂志首先第一时间向读者致歉,发布在《汽车之友》杂志网站的致歉信,声明"《汽车之友》2003 年第 12 期杂志上刊登一则合资企业四川丰田的产品霸道越野车广告,由于我们政治水平不高,未能查出广告画面中出现的一些容易使人产生联想的有伤民族情感的图片,广告刊出后,许多读者纷纷来信来电话质询。我们已认识到问题的严重性,在此,我们诚恳地向多年来关心和支持《汽车之友》的广大读者表示歉意"。设计此广告的盛世长城国际广告公司亦对外发表声明,向读者致歉,表示"一些读者对陆地巡洋舰和霸道平面广告的理解与广告创意的初衷有所差异,我们对这两则广告在读者中引起的不安情绪高度重视,并深感歉意。我们广告的本意只在汽车的宣传和销售,没有任何其他的意图"。同时,还表示"对出现问题的两则广告已停止投放。

由于 12 月的杂志均已印刷完成并发布,这两则广告将在 1 月份被替换"。面对丰田公司汽车"问题广告",丰田方面随后也发表声明致歉。声明称"这两则广告均属纯粹的商品广告,毫无他意。目前,我公司正在和相关部门接洽,停止这两则广告的投放,一汽丰田汽车销售有限公司将一如既往地努力为中国消费者提供最满意的商品和服务。希望能继续得到消费者的支持"。

二、中国广告社会监督机制的问题

1. 社会监督主体及权利缺乏明确界定

广告社会监督主体是消费者个人、消费者组织、同行业竞争企业、新闻媒体等,但是在我国现行法律法规中,对广告社会监督主体缺乏明确界定。例如,在《广告法(1995 年)》中,找不到广告社会监督的表述。由于《广告法(1995 年)》缺乏对广告社会监督主体的明确界定,使得广告社会监督主体的权利也无从界定,这是长期以来我国广告法律法规的一个重大制度缺失。广告社会监督与广告行政监管和广告行业自律是我国广告管理体系的重要构成,是广告行政监管和广告行业自律的有效补充,对于规范我国广告市场主体行为具有重要价值。"广告社会监督主体界定不明—广告社会监督主体权利不清—广告社会监督主体的自觉监督意识不强—广告社会监督机制缺失",这就形成了一个恶性循环。广告社会监督主体不明和权利不清,导致广告社会监督主体自觉监督意识不强,使得我国广告监管体系中,广告社会监督从某种程度上是缺位的。

2. 消费者监督积极性不高

消费者作为虚假违法广告的直接受害者,对虚假违法广告的社会监督积极性本应比较高,但是由于诸多因素限制,消费者广告社会监督的积极性相对较低。

(1)消费者不知晓广告社会监督权。广告社会监督权是消费者的基本权利,但是在《广告法(1995 年)》中没有明确提出广告社会监督权利的概念,在一定程度上影响了消费者对广告社会监督权的认知。虚假违法广告损害消费者合法权益,消费者理应具有监督权。然而,由于法律普及教育和法律宣传不到位,消费者普遍没有意识到自己拥有对广告社会的监督权,自然影响了消费者参与度。

（2）消费者不知晓广告社会监督权的行使方式。一项"你认为消费者维权哪种途径最便捷"的调查显示,首先回答"请消协调解"的最多(34.8%),其次是"找大众媒介"(27.4%),最后为"与经营者协商"(20.5%),选择"向行政部门申诉"或"向法院起诉"或"找仲裁机构仲裁"的都不超过8%。① 由此可见,消费者在遇到虚假违法广告损害自己利益时,不知道该向谁申诉,也不知道如何申诉更有效,这必然影响消费者参与监督的积极性。

（3）消费者对广告内容是否违法缺乏科学辨别。普通大众不是广告领域的专家,他们也没有经过系统广告法律法规的培训,因而,经常很难断定广告是否违反广告法律法规。

（4）消费者对违法广告的诉讼机制不利于消费者诉讼。我国现行的《民事诉讼法》的举证原则是"谁主张,谁举证",消费者往往由于很难提供举证材料导致败诉,对于消费者而言,漫长的诉讼过程、昂贵的诉讼费用以及高比例的诉讼失败率,使得消费者即使明知自己合法权益受到违法广告侵害,也不愿向法院提起诉讼。

3. 同行企业监督机制亟待完善

同行业竞争企业也是广告社会监督的重要力量,由于企业和企业之间对彼此信息相对比较了解,因而某一企业发布虚假违法广告必然会影响同行业其他企业的正当利益,因而必然会遭到同行业企业反对,这一方面可以通过行业协会组织自律予以纠正和规范,另一方面同行业的竞争企业也可以通过多种途径开展社会监督,维护企业权益。目前,同行业竞争企业的广告社会监督,主要是在当自身利益受到直接损害的情况下,才会想到利用司法途径来维护权益,还没有成为一种制度。这有多方面的原因:一是由于我国广告法律法规对广告社会监督的主体及权利缺乏明确界定,导致企业不清楚自己的广告社会监督权,并且对广告社会监督权的行使方式缺乏了解;二是我国的同行业协会大都没有建立本行业的广告发布标准,也不利于同行业协会的广告自律和广告社会监督。在一些广告业发达国家,除广告业的行业协会外,其他各行

---

① 中国消费者协会信息网,http://www.cca.org.cn,2006年3月6日。

业协会也会制定本行业广告应当遵守的规则。以日本为例,日本制药团体联合会制定有《医药品有关广告自律纲要》,日本卫生材料工业会制定有《卫生用棉类(包括棉纸)广告自律纲要》,日本全国银行协会联合会制定有《广告等之合理化措施》,日本照相机工业协会制定有《照相机广告宣传共同遵守事项》等。

4. 新闻媒体舆论监督力度不够

《消费者权益保护法(2013 年修订)》明确提出:"大众传播媒介应当做好维护消费者合法权益的宣传,对损害消费者合法权益的行为进行舆论监督。"这也从制度层面确立了大众传媒社会舆论监督职能。然而,从实际操作层面来看,我国新闻媒体舆论监督力度明显不够。主要原因在于以下四个方面:

(1)媒体的经济利益驱使。随着我国传媒体制改革的不断深化,公益性传媒和经营性传媒两分开,对于经营性传媒而言,经济效益成为其考虑的首要因素,广告是这些经营性传媒的重要经济来源,对于广告投放企业,媒体只宣传报道这些企业的正面新闻,而对其负面新闻不予报道或是在并不显著的位置报道,媒体与企业的这种基于经济利益所达成的制度合谋,影响了媒体对违法广告监督的积极性。

(2)媒体监督权利与责任的失衡。《消费者权益保护法(2013 年修订)》只是规定了媒体的舆论监督权,却缺乏规范其如何行使监督权的具体司法解释。此外,对于媒体放弃广告的社会监督权或者利用这种权利谋求私利等情况,缺乏相应监督机制。

(3)新闻媒介舆论监督力度不够与消费者个人、消费者组织、同行业竞争企业监督机制不健全有着密切联系。由于我国消费者个人、消费者组织、同行业竞争企业监督机制不完善,许多违法广告没有能够反映到新闻媒体,也使得许多严重的违法广告无法得到及时的舆论监督。

(4)新闻媒体对违法广告信息的取舍性。媒体经营者和编辑记者会根据新闻价值的重要程度,决定对哪些违法广告信息予以新闻报道,许多常规性的违法广告事件可能由于没有新闻价值而被媒体忽略,而这些常规性的违法广告事件,因其发生的经常性对社会的危害尤为重大。

5. 社会监督与行业自律、行政监管协作机制不完善

广告社会监督机制不健全,与我国广告行业自律组织发展状况以及广告

行政监管水平有着很大关联。广告社会监督本身具有民间性特点,它不是一种强制性的行政监督手段,而是更多依靠与广告行业自律组织和政府广告行政监管部门的合作。对消费者个人、消费者组织、同行业竞争企业、新闻媒体发现并反映的违法广告,广告行业自律组织及广告监管部门必须建立及时的受理、处理及反馈机制,进而维护广告社会监督的权威性,调动社会大众参与广告社会监督的积极性。然而,由于我国目前广告协会的组织运作机制不健全以及广告行政监管机制不完善等因素,使得我国广告社会监督的积极性和影响力大大降低。

以广告行业协会为例,我国两个全国性的广告行业协会组织中国商务广告协会和中国广告协会,目前还没有建立起专门的消费者和企业投诉处理机构,广州市广告行业协会成立的六个专业分会也没有相应的投诉处理机构。由于《广告法(1995年)》没有明确规定广告行业协会的组织职责,尤其是广告自律审查职责,导致消费者无法向广告行业协会组织投诉,即使向广告行业协会组织投诉,也得不到及时处理,然而广告自律审查理应成为广告行业协会组织的重要职能之一。

以政府广告行政监管部门为例,消费者或企业投诉处理机制不透明,是当前工商行政管理部门存在的最突出问题。对于消费者或企业投诉没有建立及时的处理机制,处理的结果也不能及时通过各种途径向投诉者和社会大众予以通报,这必然会影响广告社会监督的积极性,也影响政府部门的形象。同时,工商行政管理部门经常以罚代刑,对违法广告企业给予行政罚款,对受损失的举报者给予经济赔偿,使得更多本应交由司法机关的违法广告案件无法进入程序,一方面使违法者逍遥法外,另一方面使众多合法权益受到损害的消费者无法得到真正保护。

第三节　中国广告社会监督机制的完善

一、明确广告社会监督的主体及权利

在广告社会监督体系中,监督主体居于体系的中心。只有明确社会监督

的主体,才能赋予主体社会监督权和规范其监督程序。由于消费者是广告信息的接收者和使用者,他们对广告有最密切接触和最直接反应,确立消费者个人和消费者协会为广告社会监督主体可以最大限度节省社会资源,提高广告监督效率。《广告法(2015年修订)》第五十四条规定:"消费者协会和其他消费者组织对违反本法规定,发布虚假广告侵害消费者合法权益,以及其他损害社会公共利益的行为,依法进行社会监督。"首次明确了消费者协会和其他消费者组织对违法广告的社会监督权。同业竞争企业也应是广告社会监督主体,竞争企业是指同处于一个行业中作为竞争对手而存在的企业。由于竞争企业熟知行业和产品的专业知识,所以其监督效果甚至好过消费者监督。广告社会监督的第三个主体是新闻媒介,由于新闻媒介的自身特点和功能,能够对消费者和竞争企业广告社会监督起辅助和补充作用,在整个广告管理体系中也离不开媒介的参与。

　　广告社会监督权应当包含监督主体的举报权、监督执行权和知情权等。举报权是指监督主体有对违法广告进行举报的权利,可以选择向广告行政监管部门和广告行业协会举报,还可以选择向新闻媒体举报,行政管理部门、广告行业协会、新闻媒体应该为监督主体的举报提供便利条件,维护举报人的合法权益。监督执行权是指监督主体拥有对政府、行业协会或媒介的监督行为本身进行监督的权利,如果发现政府、行业协会、新闻媒体在行使监督权利过程中出现不作为或其他违法行为,可以提出申诉,从而保证社会监督本身的公正和效率。知情权指监督主体有权知晓政府、行业协会、新闻媒体对被举报广告的处理过程和处理结果,政府、行业协会、新闻媒体对处理过程和处理结果应当及时公开。

二、新闻媒体舆论监督的制度化

　　新闻媒体舆论监督是广告社会监督的重要构成,借助新闻媒体的公信力和影响力,可以大大提高违法广告曝光度,对违法企业形成有力威慑,同时对消费者也是深刻的广告素养教育,切实保护消费者合法权益。要提高新闻媒体舆论监督自觉性和可操作性,必须从制度层面保障新闻媒体对虚假违法广告的社会监督权。

第一,必须对新闻媒体舆论监督权利进行立法。《广告法(2015年修订)》虽然规定了消费者协会和其他消费者组织对虚假广告的社会监督权,但是没有提及消费者个人、同业竞争企业、新闻媒体的虚假广告社会监督权,使得我国新闻媒体舆论监督缺乏法律依据。笔者认为,相关的法律法规还需要完善新闻媒体对违法广告的社会监督权。

第二,新闻媒体开设消费者和企业投诉专线,指派专人处理投诉。新闻媒体需要从程序设计上为消费者和企业投诉开辟通道,对一些具有新闻价值和典型意义的虚假违法广告案件,指派专人展开新闻调查并予以曝光,而对于其他一些不适合媒体报道的违法广告案件,应向工商行政管理部门反映和移交,由工商行政管理部门处理。这一制度设计就需要工商行政管理部门重视建立和完善消费者投诉处理机制,对于新闻媒体反映和移交的虚假违法广告案件展开行政调查,并及时向媒体和消费者反馈调查处理结果,这是提高政府服务效能、建设人民满意的服务型政府的需要。

第三,与工商行政管理部门展开合作,开辟违法广告曝光台。在我国部分城市开展的媒体违法广告曝光台的举措,是媒体行使舆论监督权利、加强与工商行政管理部门合作的重要创新性合作方式。媒体开辟违法广告曝光台,是媒体社会责任意识的体现,可以提升媒体公众形象,对于广告行政监管部门的执法也是很好的宣传,同时对违法企业起到震慑作用,从而大大降低违法广告发生概率。

第四,对具有重大新闻价值的典型违法广告案件予以深度报道。在现代社会,广告已经成为人们生活的必需,影响着消费者的消费决策。一些典型性的虚假违法广告案件,消费者比较关心,具有较强的新闻价值,新闻媒体可以对此类广告案件予以深度报道,教育消费者正确认知和评价广告,避免上当受骗。

第五,新闻媒体需要密切与工商行政管理部门、消费者协会、广告行业协会的联系,及时发现新闻线索。新闻媒体对社会事件的报道,通常与事件的时效性、新闻性等因素相关,时效性和新闻性越强,新闻媒体报道的几率越大。一方面,工商行政管理部门、消费者协会和广告行业协会组织需要密切与新闻媒体之间的关系,向新闻媒体提供一些具有新闻价值的典型违法广告素材,引导新闻媒体关注和报道;另一方面,新闻媒体也需要密切与上述组织的关系,及时发现新闻线索,承担媒体舆论监督职责。

第六,建立企业广告信用评价机制,对于一些经常发布虚假违法广告被工商行政机关处罚的企业,媒体应拒绝其发布广告,或重点加强广告审查。随着新闻媒体产业化进程的深入,媒体产业属性日益张大,出现部分媒体弱化公益属性倾向,不利于社会发展和媒体公正的舆论监督权利的行使。媒体需要建立企业广告信用评价机制,主动净化自身媒体广告环境,在行使新闻媒体舆论监督权的同时,主动接受其他新闻媒体和社会公众的监督。

三、建立广告社会监督员机制

建立广告社会监督员机制,是完善我国广告社会监督机制、提高我国广告社会监督绩效的重要途径。

广告社会监督员机制是政府广告行政监管的重要补充,有助于改进和提高政府广告行政监管绩效。以北京市为例,为加强对药品、医疗器械广告的管理,发挥广告宣传对人民群众合理用药的引导作用,保证人民群众使用安全有效的药品、医疗器械,北京市药品监督管理局举行仪式,启动北京市药品、医疗器械广告监测网络。新建立的北京市药品、医疗器械广告社会监测网络,受北京市药品监督管理局直接领导,27 名广告监督员主要由该局聘请的特约监督员组成,兼顾药品、医疗器械产品专业性强的特点,还聘请了部分广告经营发布单位及药品、医疗器械经营生产单位资深人士。广告监督员按计划对各主要媒体发布的药品、医疗器械广告进行监测,反馈监测信息。对违法、违规发布的药品、医疗器械广告,由市药监局核实后进行统计,定期向社会公布。市药监局还组织广告监督员进行《广告法》《药品管理法》等法律法规及相关知识的培训。

建立媒介的广告社会监督员机制,也是杜绝违法广告发布、推动传媒健康发展的重要举措。以珠海广播电视台为例,为了更好地接受社会监督,加强与社会公众沟通,珠海广播电视台聘请 10 名特邀社会广告监督员并为其颁发聘用证书,广告监督员聘期为两年,来自市委、市人大、市政府、市政协和市纪委机关,以及药监、工商等单位,遵循单位推荐、个人自愿原则,义务兼职。其主要职责是定期进行系统审核、评定以及修正。珠海广播电视台设立特邀社会广告监督员制度,旨在进一步拓宽监督渠道,完善和扩大社会监督网络,更好地接受社会监督,促进广播电视事业发展。

在条件成熟的地区,可以探索成立包括政界人士、工商界人士、普通消费者在内的代表多方利益的广告社会监督委员会,充分利用社会大众的力量,及时发现并纠正违法广告行为,保护消费者合法权益,为广告业发展创造良好市场环境。

四、健全广告公益诉讼制度

1. 广告公益诉讼制度的界定

公益诉讼是与私益诉讼相对的概念,它是指特定的国家机关和相关的团体和个人,根据法律的授权,对侵犯国家利益、社会公共利益或不特定的他人利益的行为,向法院起诉,由法院依法追究相对人法律责任的诉讼活动。也就是说,公益诉讼是法院在当事人及其他参与人的参加下,按照法定程序,依法对于个人或组织提起的违法侵害国家利益、社会公共利益的诉讼进行审理并判决,以处理违法行为的活动。[①] 按照提起诉讼的主体来划分,公益诉讼包括检察机关提起的公益诉讼、其他社会团体和个人提起的公益诉讼,前者称为民事公诉或行政公诉,后者称为一般公益诉讼。公益诉讼的诉讼目的是维护国家利益和社会秩序。公民、法人或其他组织经法律授权,可依法行使诉讼权利,并保证人民法院查明事实、分清是非、正确适用法律、及时审理违法案件、确认权利义务关系,制裁违法行为,以保护国家和社会公共利益。公益诉讼当事人中的原告既可以是直接受到违法行为侵害的社会组织和个人,也可以是没有直接受到违法行为侵害的社会组织和个人。

所谓广告公益诉讼,是指工商行政管理机关与消费者协会、个人等根据法律的授权,对侵犯国家利益、社会公共利益或不特定的他人利益的违法广告行为,向法院起诉,由法院依法追究广告主、广告经营者、广告发布者和广告代言人法律责任的诉讼活动。广告公益诉讼的主要目的是维护国家利益、社会公

---

① 张艳蕊:《民事公益诉讼制度研究:兼论民事诉讼机能的扩大》,北京大学出版社 2007年版。

共利益或不特定的他人利益,广告公益诉讼当事人中的原告既可以是直接受到违法广告行为侵害的社会组织和个人,也可以是没有直接受到违法广告行为侵害的社会组织和个人。

2. 广告公益诉讼的参加人

(1)广告公益诉讼的原告

一是消费者。广告公益诉讼的主体可以是受到违法广告行为侵害的消费者,也可以是没有直接受到违法广告行为侵害的社会公众。以 SK-II 违法广告事件为例,SK-II 产品广告宣传册宣称"连续使用 28 天,细纹及皱纹明显减少 47%,肌肤年轻 12 年"。这是宝洁公司生产的 SK-II 紧肤抗皱精华乳曾经使用的广告。在这则广告的吸引下,一位江西消费者在南昌太平洋百货购买了一支 SK-II 紧肤抗皱精华乳。但一个月过去后,该消费者发现非但无效,反而在使用过程中出现皮肤瘙痒和部分灼痛的情况,为此就虚假广告等问题委托律师状告 SK-II。本案中的消费者是受到违法广告行为侵害的对象,她一方面是维护自身的合法权益,另一方面也是维护其他同样使用该款产品的消费者的合法权益。

二是消费者协会。消费者协会可以成为广告公益诉讼的主体。我国的《消费者权益保护法(2013 年修订)》规定消费者组织"就损害消费者合法权益的行为,支持受损害的消费者提起诉讼或者依照本法提起诉讼"。《民事诉讼法(2012 年修订)》也规定:"机关、社会团体、企业事业单位对损害国家、集体或者个人民事权益的行为,可以支持受损害的单位或者个人向人民法院起诉。"

(2)广告公益诉讼的被告

一是广告主。是指为推销商品或者提供服务,自行或者委托他人设计、制作、发布广告的法人、其他经济组织或者个人。广告主是违法广告的直接受益者,尽管广告是由广告代理公司制作,由广告媒体发布,但是广告内容最终由广告主审核确定,因而,广告主需要承担违法广告主要责任。

二是广告经营者。是指受委托提供广告设计、制作、代理服务的法人、其他经济组织或者个人。广告经营者必须严格审查广告内容和形式,在"明知或应知"广告虚假的情况下,承担违法广告连带责任。

三是广告发布者。是指为广告主或者广告主委托的广告经营者发布广告的法人或者其他经济组织。广告发布者必须严格审查广告内容和形式,在"明知或应知"广告虚假的情况下,承担违法广告连带责任。

四是广告代言人。是指广告主以外的,在广告中以自己的名义或者形象对商品、服务作推荐、证明的自然人、法人或者其他组织。《广告法(2015 年修订)》规定,广告代言人需要承担法律责任的情况有:在医疗、药品、医疗器械广告中作推荐、证明的;在保健食品广告中作推荐、证明的;为其未使用过的商品或者未接受过的服务作推荐、证明的;明知或者应知广告虚假仍在广告中对商品、服务作推荐、证明的;利用不满十周岁的未成年人作为广告代言人;对在虚假广告中作推荐、证明受到行政处罚未满三年的自然人、法人或者其他组织,利用其作为广告代言人。

(3)广告公益诉讼的代理人

广告公益诉讼的当事人可以委托一至二人作为诉讼代理人。律师、当事人的近亲属、有关的社会团体或者所在单位推荐的人、经人民法院许可的其他公民,都可以被委托为诉讼代理人。代理诉讼的律师和其他诉讼代理人有权调查搜集证据。

3. 广告公益诉讼的司法程序

(1)广告公益诉讼的起诉

广告公益诉讼中应该缓交或免交诉讼费用。"在广告诉讼中,普通民事诉讼的诉讼费用机制显然行不通,会使得许多原本想借助司法程序获得保护的公众望而却步。"①笔者主张,一是需要修订广告公益诉讼费用的收取规定。只要符合广告公益诉讼的条件,法院就应在立案时免收原告的诉讼费用,以彰显社会公义。广告公益诉讼的原告胜诉时,被告支付全部诉讼费用,其中法院免收的原告费用也应按照标准计算后,由法院向被告一并收取。原告应支出的律师费由被告代为支付;公益诉讼的原告败诉的,自行承担律师费,但不承担被告的诉讼费用。二是设立广告公益诉讼基金,推动广告公益诉讼制度发展。为了从资金上支持广告公益诉讼原告方提起诉讼,应由政府设立统一管

---

① 药恩情:《广告规制法律制度研究》,中国广播电视出版社 2009 年版,第 155 页。

理、专款专用的广告公益诉讼基金。广告公益诉讼基金由政府财政拨款、私人捐款和广告公益诉讼罚没款等构成。基金除弥补因侵害公共利益所造成的受害人损失外,应给予提起广告公益诉讼的原告方以适当补偿。

（2）广告公益诉讼的举证

举证责任应区别诉讼主体而定。在民事诉讼中,作为提出诉讼主张的民事诉讼主体,应当为自己的主张提供证据证明,但在广告公益诉讼中,举证责任应根据广告法和民事程序法中有关举证责任的原则及广告公益诉讼的特殊性,采用举证责任倒置原则来解决广告公益诉讼的举证责任问题。在广告公益诉讼中,"原告只需承担自身、社会等公共利益受到损害等方面的举证责任,而被告必须证明自己发布的广告符合国家规范,没有违法、违规性,如果被告不能充分证明这一点,就需要承担败诉的后果。也就是说,在此类公益诉讼中,不是原告证明虚假广告违规,而是广告主一方证明自己没有过错。"[1]

（3）广告公益诉讼的裁决

作为广告公益诉讼的发起方,通常是受到违法广告行为侵害的消费者,他们希望通过公益诉讼,维护自身正当权益,同时也使得发布违法广告的广告主、广告经营者、广告发布者和广告荐证者受到应有的司法制裁。因而,广告公益诉讼的裁决,要让发布虚假违法广告的责任人接受法律上的惩罚,也要让其承担相应赔偿责任,以保护消费者合法权益。

五、社会监督与自律和监管的协同创新机制

广告社会监督是广告行政监管和广告行业自律的有效补充,它通过充分调动全社会力量参与广告监督,大大提高了广告行政监管水平和广告行业自律审查的效率。我国广告行政管理部门和广告行业自律组织目前还没有建立及时有效的虚假违法广告投诉处理机制,影响了广告社会监督的积极性,也不利于我国广告监管制度体系的科学建构。广告行政监管部门、广告行业自律组织亟须完善新闻媒体、消费者组织、个人和企业对违法广告的投诉处理机

---

[1]　李缨:《公益诉讼应对虚假广告的理论探析》,《西南民族大学学报（人文社会科学版）》,2008 年第 8 期,第 233 页。

制,通过多种渠道,如成立专门的办事机构,开辟网上投诉受理业务,及时有效地处理投诉,公平、公正、公开地开展执法。通过完善广告社会监督与广告行政监管和广告行业自律协作机制,加强对虚假违法广告和有违社会伦理道德广告的监管,为我国广告业健康发展创造更为良好的市场环境。

第八章　广告素养教育的理念与实践探索

　　广告监管制度的完善与广告监管绩效的提升,离不开广告从业人员和公众良好的广告素养。广告素养教育的核心就是要让广告从业人员和公众科学认知、理性评价和正确利用广告,提高对虚假违法广告的防范意识和甄别能力,以及消费者和企业利用法律手段维护合法权益的能力。广告素养教育对于增强全民广告社会监督意识、提高广告监管绩效具有重要意义。本章重点研究广告素养教育的内涵及其意义、广告素养教育的对象及其问题、广告素养教育的困境及其对策。

第一节　广告素养教育的内涵及其意义

一、广告素养教育的内涵

1. 从媒介素养到广告素养

　　随着媒介数量的激增,媒介对公民的影响日益增大,媒介素养成为公民素养的重要构成。社会的发展归根结底是人的全面发展,媒介素养的终极目标就是服务于人的全面发展。

　　1933 年,英国文学批评家 F·R.列维斯和他的学生丹尼斯·汤普生在他们合著的文学批评著作《文化与环境:批判意识的培养》中建议将媒介素养教育引入学校课堂.该部著作被学术界广泛认为是媒介素养教育的起点。美国媒介素养运动于 20 世纪 60 年代才开始起步。1989 年,美国成立了"媒介素养研究中心",成为全美媒介素养研究的领头羊。该中心在 1992 年对媒介素养的概念作出定义:媒介素养就是指人们对于媒介信息的选择、理解、质疑、评估的能力,以及制作和生产媒介信息的能力。"国际上许多国家如英国、加拿大、澳大利亚、新西兰等,早已把媒介教育纳入正规教育体系中,例如,新西兰的学生在五年级课程中就已加入媒介素养的培训,日本文部科学省于 2001 年在中小学与高中设立的'综合教育'科目中纳入了媒体素养;我国的台湾和香港地区也持续关心媒体教育的需求:台湾在 2002 年公布官方的《媒体素养教育政策白皮书》,香港在 1997 年教育改革时也开始推动媒体教育,2005 年推行的英语新课程及 2007 年推行的中文新课程,亦纳入了媒体素养。"①公众媒体素养的提高意味着对媒介活动和媒介所传播信息的鉴别、鉴赏能力提高,意味着公众的信息吸纳能力和使用能力提高,也意味着公众对媒介的专业与职业道德水平要求不断提高。

广告素养是媒介素养中非常重要的一部分,相应地,广告素养教育也成为媒介素养教育实践中非常重要的领域。在西方发达国家以及亚洲一些国家和地区,中小学已经开设了各种媒介素养教育课程,每个年级都有相应的广告素养内容。它们用案例说话,让未成年学生了解广告中的种种问题,启发他们去调研、去批判性地思考和创造性的体验。在课堂上,学生可以学习到有关儿童广告的法规,如不能用知名的儿童明星或卡通明星促销,不能暗示用了广告里的商品就比其他孩子幸福。他们也会有目的地去了解烟草公司是怎样借助广告制造一种幻象,使吸烟变成时髦、有型或有趣。教师会让学生扮演不同的角色:烟厂老板、广告人、染病的吸烟者,广告人的扮演者甚至要决定"他们的"烟草广告会在哪家杂志上登出来、登多少次。或者,以骆驼牌香烟作案例分析,来辩论官方对烟草广告的管制政策。"你相信这只骆驼吗?"当一群五年级的加拿大小学生抱着他们收集来的一堆骆驼牌及其他烟草广告、一些《香水也无法掩盖它的味道》《它使你迟钝》等资料聚集一堂,讨论并回答教师这样的提问,广告素养就已经在他们心中积淀、浸透。②

---

① 谭泓:《媒介素养教育——培养公众对传媒信息的选择能力》,《学习时报》2007 年 10 月 29 日。
② 南平:《广告素养教育:凝聚公众的监管力量》,《中国广告》2006 年第 12 期,第 93 页。

2. 广告素养教育的内涵

广告依附于媒介介质而存在,广告素养是媒介素养的一部分,广告素养教育也是媒介素养教育的应有内容。关于广告素养的概念,国内外学者定义不一,总的来看有广义和狭义之分。

狭义的广告素养主要指的是公众广告素养,代表性的学术观点有:张金海、周丽玲认为,"广告素养涵盖了一系列的能力。特别是对广告说服技巧的辨识、对广告的社会文化意涵的解读,以及在新的媒体环境下建构和使用广告的能力,更是广告素养研究者和教育者关注的重点。广告素养是一种综合能力与技能,它不仅包含了广告知识水平,还包含了互动意义上的行为能力"[1]。杨海军认为,"广告素养是指人们对广告认知、解读、评判和利用的能力,它是人类认识和改造环境的基本能力之一。广告素养包含两个层次,第一个层次是从人类作为普通受众的角度来讲,人们对广告的认知和解读能力;第二个层次是从人类作为广告传播者的角度来讲,人们对广告的利用能力和维权能力。其中第一个层次是基础,第二个层次是广告素养最为重要的组成部分"[2]。刘灵认为,"广告素养,可以被描述为公众对各种媒介发布的广告信息的解读和批判能力以及使用媒介广告信息为个人生活、社会发展所用的能力。所谓广告素养教育,也即指导公众正确理解、建设性地享用广告资源的教育,通过这种教育,培养公众具有健康的媒介广告批评能力,使其能够充分利用媒介广告资源完善自我,参与社会发展"[3]。周志平认为,"广告素养是公民基本素养的重要组成部分,指大众解读广告、思辨广告、欣赏广告,进而利用广告提高生活质量、完善自我、重建社会广告文化品位的能力,是所有人都必须具备的基本生存素质和社会经验"[4]。广义上的广告素养则是包括了一般公众和广告从业人员的广告素养。代表性的学术观点有:Young 在学术界对媒介素养的一般定义框架之下,将广告素养界定为"分析、评价和生产各种形式及各种媒介

---

[1] 张金海、周丽玲:《广告素养的概念框架与影响因素》,《新闻传播研究》2009 年第 4 期,第 60 页。

[2] 杨海军主编:《现代广告学》,河南大学出版社 2007 年版,第 375 页。

[3] 刘灵:《公众广告素养:从批判接收到公共监督——当前公众广告素养教育中需要重视的几个问题》,《现代传播》2009 年第 2 期,第 143 页。

[4] 周志平:《广告素养教育探析》,《新闻爱好者》2009 年第 9 期(下半月),第 72 页。

上的说服性信息的能力"①。

本书所涉广告素养是指广义上的广告素养,即一般公众和广告从业人员的广告素养。由于我国广告业起步较晚,加上广告从业人员的广告专业水平较低和法律意识比较淡漠,导致广告专业代理能力弱,广告市场竞争无序化,虚假违法广告屡禁不止,因而广告从业人员的广告素养亟待提升。同时,由于公众媒介素养和广告素养的普遍缺乏,公众无法科学辨别广告真假,也为虚假违法广告的生存提供了土壤。同时,公众对虚假违法广告的认知也可能片面放大,导致对所有广告的口诛笔伐和不信任,弱化了广告传播效果,所以,也亟须提升公众广告素养。综合国内外学者对于广告素养的定义,笔者认为,广告素养就是指广告从业人员和一般公众科学认知、理性评价、正确利用广告的能力。广告素养是广告素养教育的目的和内容,广告素养教育是提升广告素养的重要途径和手段,理性认知、科学评价和正确利用广告是当前我国广告素养教育的重心。

广告素养教育在中国还是一个比较新鲜的词汇,尽管学术界已经讨论多年,但是受到多种因素制约,广告素养教育还停留在学术研究层面,离实际操作还有一段距离。"在我国大陆,尚未形成有规模的广告素养教育运动,这主要体现在广告素养既未作为一个独立项目纳入官方系统,也无专司此职的公民行动组织。媒介素养和广告素养运动所推广的话语和概念,对于中国的新闻与传播界、官方和公众来说,都是一种全新的语言。"②广告素养是媒介化社会中公众和广告从业人员的一种基本素质,广告素养教育理应被纳入媒介素养教育和公民素养教育的范畴并加以大力推行。

二、广告素养教育的意义

当前,广告传播活动的外部性问题日益凸显。开展广告素养教育,提升广告从业人员和公众的专业素养与法律道德素养,可以有效规避广告负外部性。

---

① Young,B.Does food advertising influence children's food choices? A critical review of some of the recent literature.*International Journal of Advertising*,2003(22),pp.441–459.

② 张金海、周丽玲:《广告素养的概念框架与影响因素》,《新闻传播研究》2009年第4期,第59页。

广告素养教育的意义主要体现在以下五个方面：

1. 提升公众辨别虚假广告和误导性广告的能力，自觉抵制有悖伦理道德的低俗广告，积极参与广告社会监督，净化广告市场环境

"理性地识别、批判地接受广告信息是公众广告素养教育的基础，可以说既是出发点也是目的。"①媒介素养教育在中国起步较晚，广告素养教育更是一个全新词汇，公众缺乏对广告的科学认知，很大程度上归因于我国广告素养教育的缺失。公众广告素养教育旨在培养公众五个方面的能力和素质：(1)提升公众识别虚假广告、误导性广告的能力。虚假广告、误导性广告直接损害公众利益，提高虚假广告和误导性广告识别防范能力，是公众广告素养教育的首要任务。(2)提升公众评价虚假低俗广告的能力。在社会化媒体环境下，公众通过一些公共和个人的社交媒体网站、网络论坛、企业或品牌贴吧等网络空间，发表对虚假违法低俗广告的评价意见，从而形成批评性的广告舆论，对广告主形成极大威慑。(3)提升公众参与广告社会监督的能力。除了识别和评价的能力以外，积极参与广告社会监督，对虚假广告、误导性广告和低俗广告向工商部门和消协举报，提升广告监管的绩效。长期以来，我国广告监管效率低下的重要原因之一，就是公众参与广告社会监督的积极性不高，同时也缺乏相关的制度建设。(4)提升公众维护自身合法权益的能力。当被虚假广告、误导性广告欺骗或误导使自身合法权益受到损害时，消费者知道如何利用有效的手段，及时维护自身的权益。(5)提升公众获取甄别广告信息的能力。广告本质是一种信息传播，广告的信息获取和甄别的能力，直接影响消费者消费决策的科学性，信息获取和甄别的能力越强，消费决策的不确定性和购买的风险就越小。

2. 增强广告主的法律意识和社会责任意识，通过合法经营和科学的广告营销，维护企业声誉，提升品牌形象和市场竞争力

改革开放三十多年来，中国企业不断创新营销传播理念和手段，提升市场竞争力，但也存在认知误区。市场、媒介和受众碎片化促使广告主必须合理分

---

① 刘灵：《公众广告素养：从批判接收到公共监督——当前公众广告素养教育中需要重视的几个问题》，《现代传播》2009年第2期，第143页。

配营销预算,避免"毕其功于一役"式的广告行为。广告可以迅速提升品牌知名度,但同时也将该品牌置于聚光灯下,存在质量问题的品牌和发布虚假广告、误导性广告的企业,被媒体曝光之后其品牌美誉度、信任度和忠诚度会急剧下降。广告主广告素养教育旨在培养广告主两个方面的意识和能力:(1)提升广告主的法律意识和社会责任意识。通过强化广告主法律知识和企业伦理、社会责任意识的教育,提高广告主诚信广告营销的意识,营造公平竞争的市场环境,降低虚假广告、误导性广告对公众利益的损害。(2)提升广告主科学的广告营销意识和能力。科学评价广告在企业营销中的地位及作用,合理分配广告与营销预算,科学开展广告营销活动,对于提升品牌形象和广告效果具有重要意义。

3. 提高广告公司从业人员的专业素养和法律素养、伦理素养,增强广告行业自律意识,维护企业信誉,提升广告公信力

广告公司负责为广告主进行广告营销策划,同时也为广告媒体销售版面或时段,这种双重代理角色决定了广告公司在广告市场中居于核心地位。广告公司从业人员的广告素养教育,既包括广告专业技能教育,也包括广告法律法规和广告伦理教育。广告公司广告素养教育旨在培养广告公司四个方面的意识和能力:(1)提升广告公司从业人员的专业素养。专业素养的教育可以通过学校教育、社会职业培训等方式实现。(2)提升广告公司从业人员的法律素养。广告公司从业人员需要熟悉广告及相关法律法规,自觉遵守广告及相关法律法规,自觉维护行业声誉和企业声誉。(3)提升广告公司人员的职业伦理素养。通过职业伦理素养教育,广告公司从业人员自觉遵守职业伦理规范,自觉抵制低俗、媚俗、恶俗广告。(4)提升广告公司科学的广告经营意识和能力。广告公司守法经营、诚信经营,自觉抵制虚假低俗广告,维护行业声誉和企业声誉,提升广告公信力和传播效果。广告公司专业人员需要从三个方面重新审视广告传播活动:一是从新媒体环境下企业营销传播整体战略角度审视广告。当前整合营销传播代理已经成为必然趋势,广告公司必然要实现战略转型,二是从广告结构功能角度审视广告。诱导性广告过度张大,对于广告传播产生了极大负面影响,造成公众对广告的不信任,必须实现广告告知功能回归,三是从广告公信力维护与提升角度审视广告。这就要求广告公

司从业人员守法经营、诚信经营,坚决抵制虚假广告、误导性广告,维护整个行业声誉。

4. 加强广告媒体从业人员广告素养教育,提升其社会责任意识和法律意识,履行其"社会公器"职责,当好广告"把关人"

媒体发布虚假广告和误导性广告不仅损害消费者利益,而且影响媒体公信力和广告公信力,最终损害媒体自身利益。近年来,虚假广告和误导性广告屡禁不止,一是由于我匡广告法律法规体系不完善和少数广告主唯利是图,二是媒体广告自律缺失所致。加强广告媒体从业人员广告素养教育,提升其社会责任意识和法律意识,可以减少和规避虚假广告、误导性广告现象的发生。广告媒体广告素养教育旨在培养广告媒体从业人员两个方面的意识和能力:(1)提升广告媒本从业人员的法律意识和社会责任意识。我国实行"双轨制"广告审查制度,即一般商品的审查主要采取广告媒体和广告公司自我审查的方式,而对于医药、医疗器械等特殊商品广告实行先由相关政府主管部门审查,然后由广告媒体和广告公司自我审查,广告媒体具有广告审查的责任和义务,同时需要承担广告审查失责的连带责任。(2)提升广告媒体从业人员科学的广告经营意识和能力。发布虚假广告、误导性广告和低俗广告虽然能够带来短期的经济收益,但是却会影响媒体的权威形象,损害媒体公信力,不利于媒体的长远发展。

5. 繁荣发展我国文化创意产业,通过提升公众和从业人员的广告素养,为广告产业创造良好的舆论环境和公平的市场环境

广告产业是国家文化产业战略的重要构成,占文化产业增加值的比重近1/4,广告产业规模扩大与广告企业竞争力提升,有助于推动文化产业成为国民经济的支柱性产业。目前公众对于广告存在一些偏见,广告从业人员对于广告传播活动还存在一些认识误区,这些都不利于广告产业的可持续发展。广告产业发展需要有良好的社会舆论氛围,虚假广告、误导性广告和低俗广告泛滥引发媒体和公众的批评,进而反感和不信任广告,由此造成社会的广告信任度下降,广告传播效果下降,进而影响整个广告产业的健康发展。广告素养教育可以促进广告业的规范健康发展,为广告业发展营造良好的广告舆论环境。

第二节　广告素养教育的对象及其内容

一、公众的广告素养教育

1. 公众的广告观念与行为偏见

长期以来,公众对广告存在一些认知上的偏见,这些偏见的形成有多方面的原因,有些是因为受众对广告传播运作机制缺乏认知,有些则是广告传播本身的问题。公众的广告观念与行为,对广告传播效果和广告舆论环境会产生直接影响。目前,公众对广告的偏见主要集中在以下几个方面:

一是认为广告增加商品成本,企业为了提高营业额和利润率,或是会降低产品的质量,或是会提高商品价格。媒体的广告费用十分高昂,对于一些高收视率、高收听率和高阅读率的媒体,广告刊播价格更是不菲,企业投放高昂广告费用,无疑也是商品成本的一部分,这些成本会转嫁到消费者身上,使得消费者需要支付更多费用才能购买到商品,广告一方面造成资源大量浪费,另一方面也增加了消费者消费成本。典型的案例就是央视天价"标王"秦池酒厂的沉浮。1995 年 11 月 8 日,山东秦池酒厂以 6666 万元取得央视第二届标王,1996 年 11 月 8 日,山东秦池酒厂又以 3.2 亿元天价卫冕"标王"成功。秦池酒厂高投入的广告传播迅速提升了品牌知名度,然而,高昂广告费用远远超过企业经济承受能力,为提高企业营业额和利润率,秦池酒厂采取贴牌生产方式来降低生产成本,然而,1997 年年初,一则关于"秦池白酒是用川酒勾兑"的系列新闻报道,对秦池酒厂造成致命打击,也导致一代标王陨落。

二是认为媒体广告太多了,对受众的阅读和视听造成影响。受众消费媒体的主要目的通常是获取新闻和社会信息,或是娱乐消遣,很少人是因为广告去消费媒体。然而,现在媒体中大量充斥广告,受众认为电视广告时段太长,报纸广告版面太多等,对受众正常阅读和视听造成不良影响,媒体应该压缩广告版面或时段。另外,受众消费媒体通常都已支付一定费用。例如,一份报纸一般 1—2 元,一本杂志 5—20 元不等,有线电视一般一年 300 元左右,既然消费者已经支付费用,为何还需要消费广告? 在数字电视迅速普及的今天,关于媒体刊播广告合理性的质疑之声不绝于耳。

三是认为广告提高了新企业的进入壁垒，造成市场垄断，阻碍产品创新。现代市场竞争异常激烈，广告是企业营销传播的重要工具，也是企业提升市场竞争能力、保持市场竞争优势的重要法宝。企业通过高昂广告投入确立和维持在市场上的领导者地位，但是，对于一些新企业来说，它们往往是市场创新和产品创新的主要推动力，然而，作为市场后进入者，要挑战市场领导者地位，必须要投入更多广告和营销费用，这对于一些新兴企业而言往往无力承担，从而加大了新企业进入该领域市场的难度，进而形成市场垄断，阻碍产品创新。

四是广告制造消费幻象，增加公众对广告虚拟世界与现实世界的认知差距。社会学家和文化学家经常对广告提出批评，认为广告诱使人们去购买自己并不需要的商品，造成社会的浪费，这种在公众中也普遍存在。广告所营造的虚拟世界，如豪华住宅、奢侈品牌、身份和地位象征等，进一步加剧了广告虚拟世界与现实世界之间心理认知差距，造成一种心理认知不和谐，广告所倡导的高消费生活理念，会加剧社会不稳定因素，导致不健康生活方式和价值观念盛行。

五是认为广告对西方文化的传播，造成中国主流文化消解，不利于民族文化发展。自1979年中国广告市场重开以来，跨国广告公司便借助国际品牌进入中国市场，这些跨国广告公司带来了全新经营理念和创意表现方式，也带来西方的生活方式、消费哲学和价值观念，对中国民众产生了重大影响，尤其是国际广告所传播的西方文化，与中国传统东方文化产生巨大冲击，从广告传播角度来看，广告就是要讲求原创性、关联性和冲击力，由于文化差异所造成的文化距离，对年轻一代消费者特别具有吸引力和诱惑力，从而导致对西方文明盲目追随和崇拜，消解了中国主流文化价值观念，造成青年人文化身份认同危机，不利于中华文化发展。例如，西方文明中崇尚的个人英雄主义，与中国传统文化崇尚的集体主义和团队观念的冲突；西方文明中崇尚的超前消费，与中国传统文化崇尚的节俭消费的冲突等。

六是认为广告业技术含量低，进入门槛低，广告可信度低，广告人的社会地位比较低。公众对广告业的整体评价较低，比如，一些公众对整个广告行业缺乏了解，认为广告行业进入门槛低，什么人都可以做，广告就是"王婆卖瓜，自卖自夸",广告不可信,广告对国民经济贡献率低,广告人并不是一个体面的职业等。这些对广告、广告业和广告人的认知一方面反映出公众对这个行业缺乏了解和认知,另一方面说明广告行业的专业代理能力和行业声誉亟待重塑和提升。

2. 引导公众正确认知与理性评价广告

上述关于广告的认知和评价,一定程度上反映出公众对广告的态度和认识,这些观念不失偏颇,如果公众不能够正确认知和理性评价广告,将会对广告产业的可持续发展造成不利影响。公众广告素养教育的目的旨在教育公众正确认知、理性评价和科学使用广告。我们必须从广告传播创制机制与营销传播战略层面重新审视广告。

(1)广告提高了品牌知名度,企业的流水线生产作业大大减少了商品单位成本,进而降低了商品价格。广告也可以降低消费者搜寻商品信息成本,是消费信息的重要指引

广告作为企业的营销传播费用,计入企业经营成本,表面上看是增加商品成本。然而,广告通过大众媒体传播,提高品牌知名度,扩大品牌消费人群,品牌需求增加促使企业进行规模化的流水线生产作业,大规模商品生产大大降低了单位成本,使得商品价格不但没有上升反而下降。消费者可以花费比小规模生产作业的产品更低的价格购买大规模生产作业的产品,无疑提高了消费者福利。同时,广告作为一种重要的信息传播工具,是消费信息的重要指引,使得消费者不用货比三家就能购买到高性价比商品,从而降低消费者搜寻信息成本和支付的产品费用。

(2)广告是媒体重要的经济来源,媒体将受众的注意力出售给广告主,广告主为受众的媒体消费支付费用,可以让受众免费消费媒体节目,降低公众的媒介消费成本

媒体的二次售卖模式是媒体首先将内容产品出售给受众,然后将受众出售给广告主。因而媒体首先要通过有吸引力的内容产品来争取更多的目标受众,从而提高对广告主的吸引力,媒体需要通过刊播广告来获取收益。公众对媒体广告的抱怨增多,主要原因还是对媒体的创制机制缺乏了解,广告是媒体重要的经济来源,公众之所以能够看到免费的电视,听到免费的广播,购买到

廉价的报纸和杂志,很重要的原因就是广告主为受众支付了费用,因而受众在消费媒体时遇到广告就是再正常不过的事了。如果没有广告或者媒体广告经营不善,将影响到传媒的正常运营,进而直接影响到传媒内容生产。那么单一减少媒体广告的做法不但不能如受众预期的那样增加好的媒体节目内容,反而会使媒体在低成本上竞争,导致节目质量下降。

(3)广告是新企业进入市场的重要营销传播工具,随着新媒体技术的发展,新企业利用新媒体广告等创新型的营销传播方式,在并不需要支付高昂广告费用的情况下迅速进入市场,促进了市场竞争,有利于打破市场垄断,激发企业的创新动力

广告是促进竞争还是导致垄断,一直是经济学界和广告学界争论的焦点之一。在传统媒体环境下,一些企业通过高昂广告投入和营销投入,塑造企业品牌领导者地位,也提高新企业进入的广告壁垒。如果新企业想要挑战市场领导者地位,必须投入与市场领导者同样多或是更多广告费用,这对一些新企业而言是无法承受的。尤其是在传统媒体资源稀缺的情况下,新企业更是很难拿到这些优质媒体资源市场的高广告壁垒限制了新企业进入该市场,进而确立和维持原市场领导者的垄断地位,从某种程度上来说会导致垄断。新媒体技术发展打破了企业垄断地位,降低了广告壁垒。一些新企业往往通过创新性地运用新媒体广告和营销手段,迅速提升品牌知名度,促进了市场竞争,从而激发了市场上老牌企业和新企业的创新动力。新媒体广告的投入费用低于传统媒体广告,然而传播效果却并不亚于传统媒体广告。

(4)广告刺激社会消费,强力拉动中国经济增长,中国由投资、出口拉动型向投资、出口、消费协同拉动型经济发展方式的转变,亟须广告等营销传播行业的参与

马克思主义政治经济学认为,社会生产总过程中生产、分配、交换、消费四个环节之间存在着相互联系、相互制约的辩证关系。其中直接生产过程是再生产过程的起点,起着决定作用。生产对分配、交换和消费起着决定作用表现为:生产决定着分配、交换和消费的对象;生产决定分配、交换和消费的水平与结构;生产决定分配、交换和消费的具体形式;生产的社会性质决定着分配、交换和消费的社会性质。分配、交换和消费对生产的反作用具体表现在:适合生

产力发展的分配方式,能够调动生产者积极性,促进生产发展,反之则起阻碍作用;交换的发展能促进生产发展,反之则阻碍生产发展;消费使生产出来的产品最终得到实现,消费为生产发展创造出动力,反之则阻碍生产力的发展。

党的十七大报告指出,加快经济发展方式转变,推动产业结构优化升级,是关系国民经济全局紧迫而重大的战略任务,要坚持走中国特色新兴工业化道路,坚持扩大国内需求特别是消费需求的方针,促进经济增长由主要依靠投资、出口拉动向依靠消费、投资、出口协调拉动转变。"消费"已经成为中国经济发展的新关键词。广告作为一种重要营销传播手段,在塑造品牌、刺激消费方面起到重要作用。广告对人们消费观念的培育和改变,无疑会刺激消费增长。因而,必须从国家经济发展方式转型战略高度认识广告产业的价值。

(5)广告激发全民建功立业的梦想,是实现中国经济腾飞的重要引擎

改革开放三十多年来的经济快速增长,与改革开放基本国策密切相关。在传统计划经济时代,农村地区基本上是沿袭自给自足的小农经济模式,城市里所有商品实行配给制,商品市场萎缩,广告业更是凋敝。1978年党的十一届三中全会以来,开始实行由计划经济向市场经济转型,跨国企业大量涌入,加剧了国内市场竞争,广告成为企业塑造品牌、赢得消费者的有力营销传播工具,广告与国民经济具有高度关联性,国民经济发展为广告业提供了重要资金来源,广告业繁荣发展也反过来通过塑造品牌、刺激消费强力拉动中国经济增长。中国经济三十多年高速发展与广告业的贡献密不可分,广告业成为拉动中国经济发展的重要引擎。同时,中国经济快速发展与全民参与息息相关,广告所传播的商业文化与理想生活方式、消费观念和价值理念等,开阔了中国消费者的视界,激发了全民建功立业的梦想。

(6)商业广告和公益广告中传递的传统文化价值和道德观念,对公众产生了潜移默化的影响

广告文化是大众文化的重要构成,在商品经济社会,广告成为人们生活的组成部分,"这个世界由空气、水和广告组成"这句话形象地描述了当今时代广告对人们社会生活的影响。实际上,无论是商业广告还是公益广告,都承载着文化,这种文化包含人类文明中优秀的文化价值和道德理念,如中华文化讲求的"仁、义、礼、智、信"等,是中国价值体系中的核心要素,广告对中国传统

文化的传播会对公众产生潜移默化的影响,对于中华文明传承与文化心理建
构具有重要意义。此外,广告中所传播的西方价值观念尽管与中国文化存在
一些冲突,但对于中国文化的发展也大有益处,中华文化讲求兼收并蓄,对于
西方文化中精髓部分予以吸收,对于西方文化中糟粕部分予以批判,从而可以
提升中华文化的层次和境界。

(7)广告是高智力服务型行业,世界经济强国必然也是广告强国,广告人
用他们超凡的聪明才智服务国家经济建设和文化建设

国内对广告、广告人、广告行业还存在一些偏见,这种社会偏见影响了广
告、广告人、广告行业的形象,不利于广告业的发展。必须要从国家战略发展
高度认识广告产业价值,发达国家的广告产业发展比较成熟,拥有一批世界著
名广告集团,如美国的宏盟集团、IPG 集团,英国的 WPP 集团,法国的阳狮集
团、哈瓦斯集团,日本的电通集团、博报堂集团、旭通集团,韩国的第一企划、伊
诺盛等,这些世界顶级广告集团为本国跨国企业在全球市场的拓展立下了汗
马功劳。社会对广告业认同度很高,前美国总统罗斯福的名言"不当总统,就
做广告人"可以说是对广告业和广告人的最高评价。广告是高智力服务行
业,从事广告与营销传播业的一批人大都有着非凡智慧,如在策划能力、创意
能力或是设计制作能力等方面胜人一筹。广告业最大的进入壁垒除学历和技
术等之外,更重要的是智力壁垒,广告人用他们超凡的聪明才智服务国家经济
建设和文化建设。如果广告业对国家经济建设和文化发展的重要贡献得不到
正名,必将影响中国广告业的可持续发展,也会影响文化产业振兴战略和产业
国际竞争力提升战略。

(8)广告本身是一种营销传播工具,广告无所谓好坏,关键看使用广告的
人。公众必须理性认知、科学评价和正确利用广告,提高对虚假违法广告的防
范意识和甄别能力,增强虚假违法广告的维权意识和维权能力

公众对于广告的偏见,往往是由于对广告作为营销传播的工具属性缺乏
理性认知。广告本身只是一种营销传播工具,是企业宣传商品信息、塑造品牌
形象、提升品牌竞争力的有力武器,广告是现代企业不可或缺的营销工具。企
业可以利用广告传播真实的商品信息,也可以利用广告传播虚假的商品信息,
企业的广告行为受到企业的投机心理、法律法规的约束、社会伦理的规范等因

素的影响,企业的投机心理越大,广告法律法规的漏洞越大,广告行业自律约束越小,企业发布虚假违法广告的几率就会越大。对于一些社会信誉好的企业,公众对其发布的广告信任度更高。消费者在购买商品或消费服务之前,必须要对企业信誉和广告发布历史进行仔细搜寻和甄别,作出理性判断。在新媒体环境下,消费者利用网络搜索引擎等工具,可以便捷地搜索到该企业或品牌的相关信息,根据该企业或品牌有无违法纪录、有无发布违法广告被消费者投诉或被工商行政管理部门处罚、消费者对该企业或品牌评价等,消费者可以作出更加科学的消费决策。同时,消费者还需要增强虚假违法广告的维权意识和维权能力,主动学习《消费者权益保护法》《广告法》《广告管理条例》《广告管理条例施行细则》等法律法规,一方面可以维护自身合法权益,另一方面可以将虚假违法广告的企业通过媒体曝光于公众面前,有力遏制企业的违法广告行为。

二、广告主的广告素养教育

1. 广告主的广告观念与行为偏见

一是在广告策略上部分企业仍然存在以广告为万能的单一型广告行为、缺乏长远目标的短期型广告行为、缺乏整体规划的散乱性广告行为、缺乏明确阶段性策略的"毕其功于一役"式广告行为、基于对广告代理疑虑的自我执行型广告行为等倾向。广告主的广告观念直接决定其广告行为,当前广告主在广告投放上存在一些错误偏见,如认为广告是万能的,拒绝其他营销传播手段组合;追求广告短期效应而不惜伤害企业整体形象和品牌形象;各个市场分散的广告活动缺乏整体规划;要求广告从一开始就担负起整体广告运动全部责任;怀疑广告代理科学性甚至视广告代理为多余等,上述广告观念与行为在一些企业管理层中都或多或少地存在着,不利于科学的广告决策。

二是广告主对新媒体广告缺乏认知。一些企业不顾自身生产能力和经济实力,盲目投放大众媒体广告,然而,高昂投放费用却并未换来高额利润回报,导致广告主对广告影响力评价下降,进而减少广告预算,对广告业发展不利。新媒体快速崛起对于广告业是一片新蓝海,新媒体正在迅速吸引传统媒体受众,原有补充型媒体正在向主流化媒体转型,新媒体广告针对性更强,投放费用相比较传统媒体低,对于一些中小型企业而言,增大新媒体广告投放费用是发展的必然趋势。

三是一些广告主邀请多家广告公司比稿,窃取其策划创意的成果,省时省力省心。比稿已经成为广告主选择广告代理公司的重要手段,比稿本身是个好事,多家广告公司同台竞技,各家使出自己看家本领,策划创意更优者得之。可以说,比稿是广告主选择最佳策划创意方案的重要途径,也会促使广告公司提升专业代理水平,广告主对参与比稿的广告公司大都有一定经济补偿,可以说是一个双赢举措。然而,现在一些广告主存在投机取巧心理,或是提前内定广告代理公司,让其他广告公司参与比稿,吸收他人策划创意方案;或是选择广告代理公司参与比稿,将他人策划创意方案据为己有。由于我国目前关于广告策划创意知识产权保护的立法缺失,使得广告主有机会钻法律空子,逃避法律责任追究,严重扰乱了正常广告市场秩序,不利于广告主与广告公司的关系构建。

四是广告主越过广告代理公司,直接与媒体交易,可以节省广告代理费。广告主选择广告公司或媒介代理公司代理其媒体投放业务,必须支付一定代理费,而选择直接与媒体接触,则可以节省这部分交易费用。而且由于媒体交易不透明、媒体关系折扣等不规范行为,使得广告主甚至可以以更低折扣获得媒体版面或时段,广告主自然就不愿意与广告公司或媒体代理公司合作,选择直接与媒体交易。这样也会导致一种错误倾向:广告主以价格为导向,而非以科学媒介决策为导向。对于一些区域性市场,广告主可以直接与媒体交易,但是对于全国性市场的媒体投放,广告主与媒体直接交易的费用更高,风险更大。表面上看,广告主节省了媒体刊播费用,实际上从投资回报率来看,广告主实质是亏损了。

五是经常变换广告代理商,可以压低广告代理费。广告主与广告公司合作关系不稳定,有广告公司方面原因,也有广告主方面原因。一些广告主与广告公司合作一段时间之后,通常选择更换一家广告公司,这有其深层原因。广告公司为企业进行品牌诊断并开展广告运动,帮助其塑造品牌,提高企业声誉,然而,合作到一定阶段,广告主认为广告战略已经明确,广告策划创意方案、媒体计划也已成型,选择一家代理费更低的广告公司对于广告主来说更划算。然而,这种表面上的精打细算并不利于广告主的长远发展。一方面,广告公司通常遵循"业务不冲突原则",即不会同时代理同一行业的两个品牌,广告主更换广告代理公司,则会导致掌握该广告主详细信息的广告公司去争取同行业其他客户,可能对该广告主造成威胁;另一方面,新广告公司与广告主之间磨合也需要时间和成本,如果广告主选择的这家广告公司缺乏专业代理能力,无法有效执行广告主的广告战略,势必影响广告传播效果。

六是广告主认为虚假违法广告的风险概率小,违法成本低,效益回报高。广告市场中充斥一些虚假违法广告,与广告市场监管体系不完善有密切关系,也与广告主的认知有关。广告主认为虚假违法广告违法成本低,被查处的风险概率小,却能够获得高额收益,因此,一些存在投机心理的广告主有恃无恐地发布虚假违法广告。当不法广告获取暴利而得不到有效监管时,合法广告经营企业利益就会受损,他们或是保持沉默,或是向工商行政管理机关或行业协会举报,或是效仿发布虚假违法广告。保持沉默和效仿发布虚假违法广告则会加剧虚假违法广告的传播。

2. 引导广告主正确认知和理性评价广告及广告代理

(1)科学的广告投放必须要有长远目标、整体规划和明确的阶段性策略

企业的任何广告行为,不仅应该服从企业市场营销的需要,同时必须符合企业整体发展战略规定性。广告不仅要直接服务于企业市场营销,也要服务于企业整体发展长远目标,实现二者高度统一。企业追求广告短期效应甚至不惜损伤企业整体形象和品牌形象,不利于企业长远发展。企业必须要从长远发展目标出发,规范自身广告行为,使企业广告不仅能实现促成产品销售的即时效应,同时也能产生树立良好企业形象和品牌形象的长远积累效应。企业广告营销常常分别发生于一个个局部、分散的市场,企业依据一个个局部、分散市场的特点,制定具体广告目标,实施具体广告策略,这是必需的。但从企业整体广告运作来看,对各个分散市场的广告活动必须有整体的规定,从广告目标到广告策略,从广告诉求到广告表现。此外,无论着眼于企业长远发展的广告战略,抑或着眼于企业近期营销的具体广告运动,无不表现出明显的阶段性。阶段性策略的实施,实为任何广告运动所必需。在总的广告目标指导下,依据广告运动发展的不同阶段,制定具体阶段性广告计划、目标和策略。

（2）广告行业是一个高智力服务行业，广告主必须尊重广告人的智慧和知识产权，并为此支付相应报酬

广告行业是一个高智力服务行业，广告公司为广告主提供有形的产品，如广告作品、广告策划创意方案、广告媒体计划等，也提供无形的服务，即凝结在广告作品、广告策划创意方案和广告媒体计划中的智慧。有形产品的知识产权比较好保护，而无形服务的知识产权保护相对比较困难。在广告代理业中，恰恰是这种无形服务产生的价值不可估量。广告主必须充分尊重广告人的智慧和知识产权，这不仅仅是出于道德伦理的要求，更是对自身形象的有力维护，广告主对广告人知识产权的尊重，以及给予一定补偿，实际上也会为广告主在广告市场中赢得声誉，让很多优秀广告公司因其良好口碑愿意与其长期合作。此外，从广告立法与行业自律层面上讲，必须加大对广告策划创意知识产权保护力度。

（3）广告业是一个专业化程度很高的行业，由专业的媒体代理公司和广告公司进行科学的媒体选择与组合投放，对于广告主更有利

广告代理业的专业化发展，推动了整个广告产业的发展。作为提供智力服务的广告公司，专业代理能力越强，在广告市场中越有竞争力。为了在广告市场中赢得一席之地，广告公司也在适应市场需求的不断变化提升自身竞争优势，媒介代理业的专业化发展就是一个典型例子。传统广告公司利润来源主要有两大部分，即策划创意制作费用和媒介代理费用，为了适应媒体多元化发展的现实与企业整合营销传播代理需求的变化，很多广告公司将媒介代理业务剥离，成立专门的媒介购买公司，以集中采买的方式获取更低的媒介折扣，帮助广告主进行科学的媒介选择与组合投放，媒介购买公司往往能够比广告主拿到更低媒介折扣。而且对于全国性媒体投放而言，媒介代理公司或广告公司进行媒介选择、购买与组合投放更具优势。

（4）广告主与广告公司稳定的合作关系，对于双方都有利

2009 年中国广告业生态调查报告显示，受访广告主与广告公司合作平均时间为 2.74 年，通过 7 年数据对比发现，受访广告主与广告公司间的合作多为短期，合作一年的占 33%，合作 2—3 年以上的占 30%，合作 5 年以上的仅占 5%。有 63.7% 的广告主选择同多家广告公司合作，选择与同一家广告公

司合作的比例跌落至 13.7%。① 合作时间较短、合作关系不稳定是目前广告公司与广告主合作的主要问题。尽管广告公司和广告主合作关系的终结有诸多因素,有广告公司原因,如广告公司的并购、广告公司人员跳槽带走客户等,也有广告主原因,如广告主不能及时付款、广告主发生人事变动、广告主缺乏明确的投放目标和规划等,其中广告主短视心理和行为是重要的因素之一,为一时之利更换广告公司以此压低广告代理费。这与欧美国家广告公司与广告主长期合作的状况形成鲜明对比。例如,麦肯与可口可乐、雀巢的合作时间超过 40 年、甚至是 60 年,与欧莱雅的合作也已经三十多年,最长久的是与国外某些石油品牌的合作历史可以追溯到一百多年前,旁氏、多芬与奥美的合作时间也长达 50 年。稳定的合作关系,对于广告主和广告公司同样重要。

(5)广告只是营销传播工具的一种,在现阶段,以广告为主导,整合其他营销传播工具,实现整合营销传播是一种必需

中国经济自 1997 年以来由短缺进入富裕,买方市场开始形成,中国企业迫于环境改变,必须转变经营理念,即从传统的卖方市场条件下以生产者、产品或销售为中心,逐步走向以消费者、营销为中心,实现结构调整与制度创新,企业开始日益重视包括广告在内的营销手段运用。此外,随着市场的分化,媒体和受众日益碎片化,任何单一营销传播手段都无法成功执行营销,因而要求企业营销传播手段整合运用。"客户开始与不同的媒体代理公司、市场调查公司、体育行销代理公司、娱乐行销代理公司以及数字营销传播公司等不同形态的代理公司合作。传统广告公司也开始按照这些细分的职能,重组其架构,或者开设独立的公司运营相关业务。职能细分的结果,就是资源分化,再没有一家广告公司掌握全局,包括广告的整体预算。客户唯有自己也参与一部分广告计划的制订,以便控制局面。"②以广告为主导,整合其他营销传播工具,实现整合营销传播已经成为广告主的战略需要。广告主一方面需要重视营销传播手段整合运用,另一方面需要重视新媒体广告与营销的创新性使用。

---

① 陈永、丁俊杰、黄升民等:《2009 年度中国广告业生态调查报告——广告主市场营销及媒介投放态势发布》,《现代广告》2010 年第 1 期,第 28 页。
② 陈一枬:《3.0 时代:如何看广告公司的核心竞争力》,《广告人》2008 年第 2 期,第 64 页。

（6）虚假违法广告对企业形象和品牌声誉的伤害很大，在新媒体环境下，这种影响一直会持续，诚信的广告行为对于广告主品牌声誉维护具有重要意义

在传统媒体环境下，消费者获取商品信息的渠道比较单一，企业发布虚假违法广告即便是被工商行政管理部门查处，其影响范围只是在一个相对小的范围内，而且影响持续时间不长。然而，在新媒体环境下，消费者获取信息的途径更加多元，利用网络搜索引擎等，消费者可以便捷地获取企业或品牌相关信息，尤其是企业或品牌声誉、有无违法记录、消费者购买商品后评价如何等，这些信息都会影响消费者的购买决策。广告主发布虚假违法广告，一旦被消费者在网上披露，或是被工商行政管理部门查处，或是被新闻媒体曝光，这些信息都会在网上留存，消费者可以检索到该信息，从而对企业和品牌产生持续性负面影响。诚信广告行为，不仅对广告主品牌声誉维护具有重要意义，同时也是确保广告主之间公平竞争的前提。作为负责任的"企业公民"，广告主一方面要约束自己的广告行为，避免发布虚假违法广告；另一方面要对同行业企业发布的虚假违法广告及时向工商行政管理部或行业协会举报，切实维护行业及自身利益。

三、广告公司的广告素养教育

1. 广告公司的广告观念与行为偏见

一是认为广告是一种不对称信息传播行为，利用广告维持广告主与消费者之间的信息不对称对广告主和广告公司有利。广告本质上是一种信息传播行为，但并非完全信息传播，而是一种非完全信息传播。在传统媒体环境下，消费者获取信息的渠道比较单一，广告对于形成消费者品牌认知起着主导作用，广告主利用与消费者之间的信息不对称，不断炒作一些概念，甚至提供虚假信息，获取暴利。消费者由于缺乏专业知识和广告素养，对于广告主和广告公司的侵权行为往往无所适从。然而，在新媒体环境下，广告公司和广告主试图把持信息特权已经不可能，市场权力正在下移，消费者开始掌握更多有关企业和品牌的信息，广告公司和广告主的广告传播理念必须做出改变。

二是认为广告就是要制造品牌的附加价值,诱导性广告比信息性广告对消费者更有吸引力。自20世纪60年代美国的"创意革命"以来,广告便开始逐渐偏离信息性告知方向,朝着诱导性广告方向发展。诱导性广告对于品牌形象塑造产生了重要影响,并成功塑造了许多顶级世界品牌,成为国内广告公司和广告主普遍认同的广告形式。这种诱导性广告曾经对消费者产生过重要影响,然而,随着消费者获取信息渠道的多元化以及消费者理性消费趋势的发展,诱导性广告开始受到消费者广泛质疑,公众开始怀疑广告的可信度,这不利于广告发展与广告传播效果的提升。不同形式的广告发挥着不同功能,当诱导性广告不断张大和信息性广告不断萎缩时,广告的结构变化必然影响广告公信力。

三是广告公司以较低的广告代理费用赢得广告主,广告代理服务的质量自然要大打折扣。广告公司与广告主之间处于一种信息不对称状态,作为委托方的企业,通过比稿方式选择广告代理公司,是一种消除信息不对称的手段,同时,广告主也可能会压低广告代理费用。然而,当确定委托代理关系之后,广告主则会面临"道德风险",广告公司可能以最优团队参与项目比稿,甚至以低于成本的代理费用赢得客户,但是当广告公司赢得客户后,则会将业务交给公司其他团队来负责。这种情况对于广告主来说是不愿意看到的,但是对于广告公司来说可能觉得是理所当然的。

四是随着企业整合营销传播代理需求的增加,广告公司亟须延展其经营业务,为广告主提供包括广告、促销、公关、网络营销、事件营销、体育营销、娱乐营销等在内的整合营销传播代理,许多所谓的"整合营销传播公司"因此诞生。一些广告公司挂着整合营销传播公司的招牌,以此招揽客户,但是实际上公司并不具备整合营销传播代理的实力,这种非专业化、泛专业化基础上的整合营销传播转型,不利于广告产业竞争力的提升。尽管这种整合营销传播公司的招牌也确实为广告公司招揽了大批客户,但由于专业代理能力缺乏,招致广告主普遍质疑。整合营销传播战略转型是广告公司发展的必然要求,但同时广告公司也必须探索实现整合营销传播代理转型的有效路径,为客户真正提供专业的整合营销传播代理服务,这是广告公司提升核心竞争力的关键。

五是认为广告公司并非产品方面的专家,无法对企业提供的产品信息进行专业鉴定,因而也无需承担虚假违法广告的连带责任。广告公司与广告主之间实质也处于一种信息不对称状态,广告主掌握着自身商品的完全信息,包括产品质量、价格、成本等,而广告公司则掌握着商品的非完全信息,对于广告主提供的商品宣传信息,广告公司往往并不能进行专业鉴别,因而广告公司认为自己无须承担虚假违法广告的连带责任。在现行广告法律法规中,规定"广告经营者、广告发布者明知或者应知广告虚假仍设计、制作、发布的,应当依法承担连带责任"。"明知或应知"的规定相对比较模糊,法律上有时很难鉴定。广告公司只要查验了广告法中要求广告主提供的相关证明文件,就可以推卸自己的责任。虚假违法广告的产生主要有两种情况:一种情况是广告主提供了虚假的信息,广告公司信以为真进行策划创意;另一种情况则是广告主提供了真实的信息,广告公司进行夸大宣传或虚假宣传。对于第一种情况,将视"明知或应知"的情况承担连带责任,对于后一种情况,广告公司则需要承担连带责任。

六是为了制造噱头,广告公司不惜铤而走险,发布虚假违法广告或有违社会伦理道德的广告。广告公司有时面临广告主的销售业绩压力,可能会铤而走险,制造一些噱头,发布虚假违法广告或有违社会伦理道德的广告。虚假违法广告会损害整个广告行业的声誉,广告公司不能仅仅视虚假违法广告行为为单一广告行为,而必须从维护整个广告行业声誉高度严格自律。

2. 引导广告公司正确认知和理性评价广告及广告代理

(1)广告传播"受众与消费者主位"的观念重建,真正实现广告与消费者的平等沟通

广告传播领域"受众与消费者主位"的观念重建,就是主张广告应回归其初始商品信息的告知功能。这一主张于消费者来说无疑是极为有利的,由此将改变消费者因信息不对称所处的弱者地位,受众与消费者权益也将得到应有的尊重和保护。但是,企业为何要放弃市场的主导权,向消费者传递完全商品信息呢?主要是因为信息时代传播环境已经发生深刻变革。"在过去,你掌控的信息越多,你的权力越大;网络未来中,你转让出去的信息和权力越多,你所拥有的也越多。这和与期望相反的现象,我们可以称之为'180度效应',即事情的本质与它的表面现象完全相反。""180度效应在网络未来中的最终

表现是,顾客而不是企业自身成为了企业的主导。"①网络和数字传播技术改变了整个信息环境,消费者可以通过网络搜寻到关于商品的接近完全信息,而不需要支付过高成本,也不太受其理解能力限制。网络对市场信息不对称的消解导致市场权力下移,企业只有顺应这一变化,强化商业广告信息告知功能,才能真正实现与消费者的深度沟通。

(2)诚信是广告主与广告公司合作的基石,也是广告市场健康运行的保证

市场经济本质上是一种信用经济,诚信是市场经济运行的基石,也是广告主与广告公司合作的基石。广告公司与广告主之间诚信合作,对双方都有利。在两者合作关系中,双方的诚信很重要,广告主必须充分尊重广告公司知识产权和广告人智慧,并支付相应报酬,保证广告公司有合理利润,不是代理价格越低越好;广告公司则要高度重视其代理声誉,用最优团队为广告主提供最佳代理服务,从而赢得广告主信任,确保长期稳定合作关系。专业化代理服务始终是广告公司与广告主之间合作的重要前提。

(3)专业化基础上的整合营销传播转型提升广告公司价值,专业就是竞争力

并不是所有的广告公司都需要转型为整合营销传播公司,广告公司必须结合自身拥有的资源以及公司的战略定位来确定是否需要转型。对于一些中小型广告公司,可以作为大型营销传播集团的下线公司,通过专业的广告代理服务保持其竞争优势,美国有很多小型的广告公司非常具有竞争力,在广告行业享有很高声誉;而对于一些有志于拓展全国甚至全球市场的大型广告公司而言,则可以通过成立分公司、建立战略联盟、并购关联公司等方式在专业化基础上发展为整合营销传播集团。

(4)制作虚假违法广告和有违社会伦理道德的广告对于广告公司声誉同样有影响

虚假违法广告和有违社会伦理道德的广告会损害整个广告行业形象,广

---

① [美]查克·马丁:《数字化经济》,孟祥成译,中国建材工业出版社,科文(香港)出版有限公司1999年版,第12—13页。

告公信力下降与广告传播效果减弱，与虚假违法广告和有违社会伦理道德广告的存在密切相关。政府、媒体和公众对广告的负面评价增多，对于广告行业可持续发展极为不利。因而，作为广告业的一员，广告公司有责任维护广告业整体声誉，重塑广告、广告人和广告业整体形象。近年来，国家工商行政管理总局每季度都会发布违法广告公告，对违法广告的企业和发布媒体进行通报，起到一定监管和震慑效果。目前，还应将制作违法广告的广告公司纳入公告范畴，并且建立广告公司信誉档案，加强重点监管，以促进广告公司加强自律，提高合法广告经营的自觉性。

四、广告媒体的广告素养教育

1. 广告媒体的广告观念与行为偏见

一是认为媒体是广告市场的主导力量，媒体可以选择直接与企业进行交易，并且给予更低折扣。在广告主、广告公司和广告媒体的三方博弈中，很长一段时间由于传统媒体数量有限，尤其是一些优势媒体资源更是稀缺，广告媒体处于广告市场博弈的主导地位，利用其优势媒体资源吸引广告客户。然而，在广告媒体与广告公司、广告主的合作机制上，媒体广告部门经常认为自己是广告市场的主导力量，拒绝执行广告代理制，直接与广告主进行媒体交易，而且给予广告主的媒体折扣甚至有时会低于给予广告公司或媒介代理公司的媒体折扣。这一方面助长了广告主与媒体之间直接交易行为，另一方面削弱了广告公司或媒体代理公司在广告主心目中的地位和价值，导致广告主对广告公司或媒介代理公司代理能力的质疑。广告主认为，既然广告主与媒体交易能够拿到更低折扣，为何还要支付代理费由广告公司或媒介代理公司代理其广告媒体投放业务呢？事实上，广告主与媒体之间直接交易，从长远来看对于媒体广告经营会产生负面影响，广告公司或媒体代理公司的广告客户越来越少，与广告主进行直接交易的广告客户越来越多，势必增加广告媒体管理成本和虚假违法广告的风险。

二是媒体购买实行以量定价，媒体广告部为了完成广告经营指标，可以压低媒体广告价格。随着媒体数量的急剧增加，尤其是新媒体的迅猛发展，对传统媒体广告经营产生重大冲击，各大媒体为提高经营效益，要求媒体广告经营部门完成一定数额的经营指标,而且基本上每年的广告经营指标都有上升,这给媒体广告经营部门造成极大压力。为完成广告经营指标,媒体广告部门通常会选择与一些大型媒介代理公司合作,给予这些媒体代理公司优惠折扣。这种方式可以快速完成经营指标,但是会对媒体发展与媒体广告编排产生不利影响。一方面媒介购买公司以量定价,一味压低媒体价格,媒体利润微薄,导致媒体无力投入更多费用提高内容品质,影响媒体可持续发展;另一方面媒体将广告经营主导权让渡给媒介代理公司,对媒体广告编排缺乏话语权,也会反过来影响媒体品牌发展。

三是广告媒体通过虚报报刊发行量、收视率/收听率、点击率等媒体数据,可以继续维持广告市场的主导权,主导媒体广告定价。报刊发行量、电视收视率、广播收听率、网络点击率等,是衡量媒体影响力的重要指标,也是广告媒体选择与组合的重要依据。长期以来,我国缺乏相应的评价数据,媒体利用自己的特权隐瞒发行量等数据,由于没有权威的调查机构对媒体发行量、电视收视率、广播收听率、网络点击率进行调查统计与核实,媒体数据成了一个巨大的"黑箱",媒体认为不公开媒体数据可以确保在广告市场上的主导权,主导媒体广告定价。这只能是媒体的一厢情愿,电视收视率、广播收听和网络点击率的数据垄断正在被打破,一些专业的调查公司如 AC 尼尔森公司、央视—索福瑞公司等都在进行相关数据的调查统计,并将数据出售给广告公司或媒体代理公司,供其作决策参考。目前唯有报刊发行量的数据还没有公开,表面上看,报刊不公开发行量数据可以主导广告定价,避免媒体之间过度竞争,但实质上不利于媒体的公平竞争与科学发展,建立报刊发行量审核制度已经成为广告业界的普遍呼声。

四是媒体的经营指标逐年上升,加大了媒体广告部门的压力,可以通过扩大媒体广告版面或时段来提高媒体收益。媒体广告部门提高广告经营收益通常有两种做法:一是扩大媒体广告版面或时段,增加广告收入;二是提高媒体广告价格,增加广告收入。目前,全球经济持续低迷,对中国经济也产生较大影响,企业更加重视媒体广告的性价比和投资回报率,除了中央电视台、湖南卫视、江苏卫视、浙江卫视等少数重量级电视媒体外,提高媒体广告价格只会让广告主将广告投向其他媒体,如户外媒体、网络媒体等,提高媒体广告价格并非易事。那么，媒体只有通过扩大广告版面或时段提升媒体收益，但是媒体广告版面或时段增多，会影响受众对媒体的评价。受众的评价会直接影响媒体受众的数量多少，负面评价越多，媒体受众数量就会越少，媒体广告价值就会下降，广告客户数量和广告主愿意支付的广告刊播价格就会减少，最终影响广告经营效益。

五是媒体的主管部门是国家新闻出版广电总局，与国家工商行政管理总局是平级机构，一些媒体认为即使发布虚假违法广告或有违社会伦理道德广告需要承担连带责任，也很容易逃过法律法规的追究。《广告法（1995 年）》规定："广告经营者、广告发布者明知或者应知广告虚假仍设计、制作、发布的，应当依法承担连带责任。"《广告审查员管理办法（1996 年）》规定，广告经营者、广告发布者应当依照本办法的规定，配备广告审查员，并建立相应的管理制度。广告经营者、广告发布者设计、制作、代理、发布的广告，应当经过本单位广告审查员书面同意。广告媒体有广告审查的权利和义务，在"明知或应知"广告违法或违反社会伦理规范的情况下刊播广告，广告媒体还必须承担连带责任，但事实上广告媒体真正被追究的比较少。一方面是由于"明知或应知"的模糊规定本身很难认定责任，另一方面媒体机构的特殊性及其主管部门与国家工商行政管理总局属于平行机构，媒体责任追究通常会由工商部门转交相关主管部门，由于存在部门利益，媒体往往可以逃过责任追究。媒体违法广告责任追究机制不健全，不利于广告监管，也不利于媒体自身发展。随着立法的逐步完善，以及国家新闻出版广电总局媒体违法广告追究机制的建立与完善，媒体发布违法广告的风险加大。此外，媒体发布虚假违法广告，姑且不论法律责任追究问题，就媒体公信力和广告影响力而言，也会产生重大负面效应，不利于媒体自身发展。

2. 引导广告媒体正确认知和理性评价广告及广告代理

（1）规范的广告交易行为对于媒体发展与广告经营效益提升具有重要价值，严格实行广告代理制对于媒体同样重要

广告代理和被代理是一种市场交易行为。"代理的本质是什么？甲方或乙方进行相互间交易，因为种种原因，其中一方或双方认为直接进行交易的（时间、金钱或其他）成本比委托第三方进行交易的成本高，因此需要第三方

来进行甲乙双方的交易的代理,委托方付给第三方代理的酬金就是代理费,广告业的代理也不例外。"①广告代理制的实质是一种市场运作机制,而不是一种行政管理体制。它的最大意义在于促进专业化分工和广告产业独立发展,保证广告市场高效率的运作。实行广告代理制,对媒介也是有利的。媒介单位通过广告代理公司承揽广告业务,不必直接面对极度分散的广告主,从而极大地减轻了媒介招揽广告业务、应付众多广告业务员的工作烦劳;也不必再承担广告设计、制作任务,减轻了媒介单位的人力、物力负担;媒介刊播广告的费用,由广告公司负责向媒介支付,媒介不必再对广告主逐个进行信用调查,不必承担广告主违约的经济损失,减少了信用风险。总之,在广告代理制中,广告代理公司负责向媒介招揽广告业务,有计划地向媒介输送创作成型的广告,既减轻了媒介从事广告业务的工作任务和工作成本,又保证了媒介广告业务的正常开展,使其能集中精力更好地履行更为重大的社会责任。从广告业发展来看,也有利于广告公司和媒介发挥各自优势,互相配合,协调发展。由此可见,广告媒介严格执行广告代理制,规范广告交易行为,有利于媒体发展与广告经营效益提升。

(2)以量定价的媒体购买行为,压低媒体收益,使得媒体无力承担高额的节目制作成本,反过来会影响广告传播效果和媒体广告经营效益

以量定价的媒体购买行为,是广告公司或媒介代理公司为了提高与广告媒体博弈实力所采取的重要举措。通过大批量的媒介购买,可以提高与广告媒体议价的能力,获得更多优质媒介资源。广告公司或媒介代理公司通过占有优质媒体资源,提升在广告市场上的竞争优势,进而吸引更多广告客户。然而,从媒介发展和广告经营角度来看,媒介批量购买也是一把双刃剑,媒介购买公司集中采买,节省了媒介的人力、物力和时间成本,使得广告媒介只需要面对少数几家媒介购买公司就能完成交易,确保了广告经营指标的实现,对媒体广告经营者来说是省时省力省心。但是,这种集中采买行为也会导致一些负面效应,媒介购买公司会不断压低媒体折扣,大大压缩媒体利润,进而使得媒体无力投入更多资金用于节目开发、制作和提升,影响媒体节目质量和广告

---

① 马蒂:《媒介广告公司无可非议》,《国际广告》2000 年第 5 期,第 4—7 页。

价值,最终影响广告传播效果和媒体广告经营收益。一些媒体由于过度倚重媒介购买公司,如果媒介购买公司减少媒介购买量或转向购买其他媒体资源,将会加大广告媒体经营风险。另外,媒介购买公司对于媒体整体发展并不担负责任和义务,广告媒体将广告资源全部交由媒介购买公司运营,对媒体长远发展会产生不利后果。因而,媒体广告经营人员必须高度警惕媒介购买公司的风险,加强对媒体广告资源的合理开发和综合使用,提升媒体广告价值和促进媒体可持续发展。

(3)报刊发行量审核制度的建立,是传媒广告市场规范运作的重要保证,同时也有利于形成公平、公开、公正的传媒竞争环境

建立报刊发行量审核制度,是传媒发展的内在需要,也是广告市场规范运作的迫切要求。长期以来,报刊媒介对发行量讳莫如深,原因主要有以下方面:一是不公开报刊发行量,可以维持广告市场的主导权,进而主导广告定价,获取高额的广告收益;二是担心报刊发行量公开会影响报刊的广告经营效益,加剧报刊市场竞争。长期处于体制内的媒体,由于缺乏市场竞争的勇气和经验,希望能够长期占据广告市场主导权,选择不公开报刊发行量。然而,从传媒竞争和传媒发展角度来看,报刊发行量的公开透明,有利于传媒市场的良性竞争;从广告市场规范化运作角度来看,报刊发行量的公开透明,可以为广告公司或媒介代理公司进行科学媒介决策提供重要依据,也使得传媒广告交易的价格更趋合理。国家新闻出版广电总局、中国广播电影电视报刊协会等政府和行业协会组织,需要从传媒产业公平竞争和广告市场规范化运作高度,建立报刊发行量审核制度。报刊发行量审核制度的建立,将会带来传媒广告经营的重大变革。

(4)广告版面或时段与媒体内容之间的合理比重与布局格外重要,受众是消费媒体内容而非广告

在媒介内部,编辑部与广告部围绕广告版面与新闻版面的博弈一直存在。编辑部重点考虑媒体内容如何吸引受众,如何提高媒体传播力和影响力,而广告部则重点考虑媒体广告客户构成、媒体广告经营收益、媒体广告传播力和影响力。两者出发点不同,自然对于广告的态度也存在差异。传媒广告部有广告经营方面的指标压力,一味提高价格并非良策,扩大广告版面或时段成了各

大媒体的首选,然而在媒体版面有限的前提下,广告版面或时段增多,就意味着新闻版面或时段减少,这一方面会招致编辑部的极力反对,另一方面也会导致受众对媒体的负面评价,认为媒体过度商业化,对媒体发展产生不利影响。即使能够增加报刊版面,如报刊扩版等,广告数量增多也会对读者阅读体验造成影响。因而,传媒广告部门寻求广告版面或时段与媒体内容之间的合理布局显得尤为重要。编辑部和广告部都需要站在传媒发展与传媒广告经营效益提升的高度,来审视媒体广告的现状与未来。

(5)媒体是广告发布前的最后一道关卡,媒体严格审核可以避免虚假违法广告或有违社会伦理道德的广告流入市场,是媒体社会责任的体现,也会维护和提升媒体的公众形象

按照我国现行广告法律法规,对于一些特殊行业的商品,如医药、医疗器械、农药、兽药广告等,需要相关行政主管部门进行广告审查,并取得广告审查证明文件,才允许发布广告,而对于大多数一般商品而言,则由广告媒体和广告公司自我审查,不需要相关行政主管部门审查。因而,媒体作为广告发布前的最后一道关卡,其作为虚假违法广告"把关人"的角色不容忽视,媒体加强对虚假违法广告自我审查,一方面是媒体社会责任的体现,媒体本身也是"企业公民",有责任约束其广告行为;另一方面也会维护和提升媒体公众形象,消费者往往是因为相信媒体进而相信媒体上发布的广告,虚假违法广告严重损害消费者权益,也会导致公众对媒体社会责任的质疑,影响媒体公信力和广告公信力,不利于媒体发展与媒体广告经营。

2012年2月9日,国家工商行政管理总局、中央宣传部、国务院新闻办公室、公安部、监察部、国务院纠风办、工业和信息化部、卫生部、国家广播电影电视总局、新闻出版总署、国家食品药品监督管理局、国家中医药管理局联合下发《大众传播媒介广告发布审查规定》,明确指出大众传播媒介应当履行法定的广告审查义务,在广告发布前查验相关广告证明文件、核实广告内容,确保广告真实、合法,符合社会主义精神文明建设要求。大众传播媒介应当明确广告审查责任。广告审查员负责广告审查具体工作,广告经营管理部门负责人负责广告复审,分管领导负责广告审核。大众传播媒介应当配备广告审查员。同时指出,大众传播媒介的行政主管部门应当对不执行广告发布审查规定,导

致严重虚假违法广告屡禁不止、广告违法率居高不下,造成恶劣社会影响及后果的大众传播媒介,予以警示告诫、通报批评等处理,依照有关规定追究主管领导和相关责任人的责任。由此可见,完善媒体广告发布自我审查制度,是传媒发展与传媒广告经营发展的现实需要,也是媒体执行《大众传播媒介广告发布审查规定》的必然要求。

第三节　广告素养教育的困境及其对策

一、广告素养教育的困境

1. 广告素养教育还没有作为一个独立项目纳入官方系统

当前我国广告素养教育还仅止于研究层面,还没有作为一个独立项目纳入官方系统,广告素养教育的实施更是远没有提上议事日程。广告对社会的重大影响与社会对广告的重视程度形成巨大反差,无论是官方组织还是社会组织和消费者个人,都没有充分意识到广告素养教育的重要性与紧迫性。广告的负外部性效应,一方面需要政府部门加强广告监管和完善广告法律法规体系,另一方面则需要在全行业和全社会开展广告素养教育,提高广告从业人员的广告素养和自律意识,增强公众的广告素养和广告维权能力。西方发达国家高度重视广告素养教育,日本、英国、韩国等国家已把广告素养教育列入国民综合素质教育的范畴。在美国、英国、澳大利亚、加拿大、法国、芬兰等传播业发达国家,广告素养教育与媒介素养教育均被纳入正规的教育课程,甚至成为一种终身教育。中国台湾地区在大、中、小学开设各种媒介素养教育课程,并融入广告素养教育的内容,通过案例教学、角色扮演、法规讲解、讨论辩驳、监督参与等多种方式开展广告素养教育。

广告素养教育的实施有三个途径:一是通过传统的学校教育;二是通过媒体的宣传教育;三是通过行业协会的行业推广。从世界范围来看,学校教育的广告素养教育课程模式主要有三种:一是独立列为一门课程,作为学生的必修内容;二是渗透到其他课程,作为某一正规课程的一部分内容;三是作为选修课,通过"课外讲座"的形式实现。中国大陆地区的广告素养教育一直是现行教育体制中的真空领域。消费者只能通过日常生活中随意性地阅读广告作品,并以消费体验为主要的验证途径,这种广告素养习得方式代价高、效率低、碎片化。作为一项社会系统工程,广告素养教育应坚持多方合作原则,促进学校教育、社会工作者、广告从业人员、政府相关职能部门、学生家长等相关人员和组织高度合作,并整合多边关系,以受教育者为中心、以媒体为主导开展相关教育实践活动。目前,政府教育管理部门和各级教育机构对于广告素养教育的重要性缺乏认识,影响了广告素养教育的实施。

2. 区域经济发展的不平衡性限制了广告素养教育在全国的推广

广告素养教育作为国民素质教育的重要组成部分,对于提升国民整体素质,提高对虚假广告和误导性广告的防范意识、鉴别能力以及维权能力具有重要意义。广告素养教育的推广实施,需要投入一定的人力、物力和财力,由于当前广告素养教育没有作为一个独立项目纳入官方体系,政府教育主管部门对广告素养教育的实施基本没有资金投入,各级教育机构由于没有广告素养教育的相关激励约束机制,对于广告素养教育也缺乏投入热情。到目前为止,广告素养教育还仅仅局限在学术研究层面,离全国范围实施推广还有相当长一段距离。

尽管如此,在一些经济发达地区,如北京、上海等个别城市,已经开始进行媒介与广告素养教育的探索,并有意识地培养青少年正确的消费观与维权意识。例如,中国传媒大学广播电视研究中心媒介素养研究所和复旦大学媒介素质研究中心的成立并开展媒介素养的研究和实践推广,对于国内媒介素养教育和广告素养教育具有里程碑意义,但是总体来看推广范围相对较小,在全国的影响还有待提升。广告素养教育是一项系统工程,需要投入一定资金、技术和人力,在国内一些经济欠发达地区,政府教育主管部门和各级教育机构根本无力和无心投入资金开展广告素养教育,进而限制了广告素养教育在全国范围的推广。由于缺乏资金投入,师资严重匮乏自然也成为我国开展广告素养教育的一大瓶颈,师资水平是决定广告素养教育成功与否的关键因素。没有资金、技术和人力的投入,没有高水平的师资队伍,广告素养教育也难以实施。

3. 媒体产业化属性张大削弱了媒体开展广告素养教育的动力

传媒业兼具产业属性和社会公益属性。中国传媒体制的变革经历了三个阶段,1979 年提出的"事业单位,企业化管理"是中国传媒体制变革的起点,自此传媒的产业属性开始彰显,传媒不仅是事业单位,作为党和政府的喉舌,也具有产业属性,需要强化经营管理意识,实现传媒资产的保值增值。第二个阶段是以 1996 年《广州日报》报业集团的成立为标志,随后大批报业集团和广电集团纷纷成立,成立传媒集团之后,必须实现内部资源的整合和媒介市场的扩张,这就要求传媒集团的经营管理层必须树立产业经营意识,实现传媒集团社会效益和经济效益的双丰收。第三个阶段是在 2003 年文化体制改革的背景之下,提出将公共事业型传媒和产业经营型传媒"两分开",明确产业经营型传媒必须强化经营意识,在市场化运作中提升其竞争能力。随着中国传媒产业体制改革的深化,传媒产业属性不断张大,广告成为传媒重要经济来源。一些媒体一味追求利润最大化,追求眼球经济,置职业道德与社会责任于不顾。对于与媒体有业务往来的企业,即使发现企业存在质量问题以及发布虚假广告和误导性广告,却视而不见,不做披露报道,也不立即停止广告刊播,损害了媒体公信力和广告公信力。传媒产业化属性不断张大,使得传媒工作者无暇顾及对公众进行广告素养教育的责任。重经济利益,轻社会责任,已经成为商业化媒体不可回避的重大伦理问题。

4. 广告行业协会组织对广告素养教育的实施与推广参与不够

中国广告协会是目前国内最大的广告行业协会组织,它是由广告公司、广告媒体、广告主、广告调查机构、广告设备器材供应机构等经营单位、地方性广告组织、广告教学研究机构及个人自愿结成的行业性、全国性、非营利性社会组织。该协会章程中涉及广告素养教育的内容主要包括:学习、宣传、贯彻《中华人民共和国广告法》和有关广告管理法规、规章。积极参与广告行业的相关法律、法规和产业政策的研究、制定。开展国内国外培训、学术论坛、经验交流等活动,加强广告理论研究,努力提高从业人员的业务能力、法律素质、道德品质。组织制定行规、行约,推动企业依法、诚信经营、公平竞争。由此可见,中国广告协会的职能,一方面是开展广告专业主义教育,提高广告从业人员的专业技能,另一方面是针对广告主、广告公司和广告媒体等开展广告素养教育,旨在提高广告从业人员的法律素质和道德素质。

但是总体来看,广告行业协会组织参与广告素养教育的程度并不高。主要存在以下问题:一是广告素养教育的层次比较低,仅仅停留在提高专业技能和学习现有广告法律法规和广告伦理规范的层次,缺少从科学认知广告、理性评价广告、正确使用广告角度开展的更深层的广告素养教育;二是广告素养教育的对象比较窄,仅限于广告从业人员,缺少对公众的广告素养教育。广告行业协会作为广告从业人员的自律性组织,旨在规范广告市场环境,为广告业发展营造良好外部经济环境、社会环境和舆论环境,公众广告素养教育理应成为广告行业协会组织广告素养教育的对象。

5. 缺乏大量专司广告素养教育研究和实施的社会中介组织

广告素养教育的推广与实施,需要全社会的广泛参与和支持。广告素养教育的推广需要有专司广告素养教育研究和实施的社会中介组织参与。西方发达国家从事媒介素养教育和广告素养教育的社会中介组织比较发达。例如,美国有旧金山的"媒介素养教育方略"、洛杉矶的"媒介素养教育中心"、麦迪逊的"全国电子传媒协会"等传媒教育组织,它们定期研讨传媒教育的问题;智利有"教育普及中心""文化、艺术表达与研究中心"等组织;日本在20世纪70年代中期就成立了"儿童与公民电视论坛"等民间组织,以筹办会议、组织专题研究等形式大力倡导传媒教育。这些媒介素养教育组织也大都兼具广告素养教育的职责。

国内代表性的媒介素养教育研究机构主要有2004年成立的中国传媒大学广播电视研究中心媒介素养研究所,2006年成立的复旦大学媒介素质研究中心,2007年成立的中国广播电视协会媒介素养研究基地以及东北师范大学媒介素养课程研究中心等。媒介素养教育的研究与实践正在逐步展开,与之相比,我国广告素养教育严重滞后,目前国内还没有一家高校、研究机构或其他社会组织成立广告素养教育研究中心,相关研究也很滞后,不利于广告素养教育的推广和实施。"受众(消费者的)的长期弱势与社会中间组织的缺位,导致我国相应社会运动的缺乏。20世纪六七十年代的美国曾经爆发大规模的消费者运动,后来演变为一场轰轰烈烈的社会运动。"①这些活动有力地提升了美国公民的广告素养,净化了广告环境,促进了美国广告业的健康发展。

---

① 刘琼:《广告素养教育的三重困境》,《青年记者》2008年第5期,第38页。

二、广告素养教育的对策

1.政府和教育机构将广告素养教育纳入学校课程体系

政府教育主管部门和各级教育机构没有把广告素养教育作为一个独立项目纳入官方体系，是直接导致广告素养教育缺失的重要因素之一。这种现象的出现主要有两方面原因：一是政府教育主管部门和各级教育机构对广告素养教育的重要性缺乏认知；二是没有相关组织建议和推动政府教育主管部门和各级教育机构将广告素养教育提上议事日程。在广告社会影响日益加深的时代，广告素养教育的重要性日渐凸显。我国的广告素养教育可以与媒介素养教育相结合，将媒介素养教育和广告素养教育作为学生素质教育的重要内容。当前，在广告素养教育的推广中，需要尽快将其纳入正规教育体系。政府教育主管部门应将广告素养教育和媒介素养教育写入教育发展的规划纲要和政策文件中，将其作为学生素质教育拓展的重要构成，并建立相应的评估体系，促进各级教育机构广告素养教育的实施。

国外的媒介素养教育和广告素养教育较为重视在未成年人中的推广，为了使人们从小就拥有一定的媒体素养和广告素养，成长为拥有"媒体智慧""广告智慧"的人，提出教育界应以系统化的课程或训练，培养青少年的媒介批判和广告批判意识，使其能够辨别和抵御大众传媒和广告的不良影响。当前，在全国中小学开设包括广告素养在内的媒介素养基础教育势在必行，一些中小学虽然已经开设了媒体课程，但主要侧重于多媒体网络技术的应用，较为忽视关于各类现代媒体信息的接受、鉴别能力的培养，课程中涉及广告的内容特别少甚至基本没有。这些都不利于未成年人科学认知广告、理性评价广告和正确使用广告。"媒体素养教育"和"广告素养教育"纳入正规教育体系之中，对于青少年学生的健康成长将起到积极促进作用。学校广告素养教学是广告素养教育的重要途径，必须加大实施广告素养教育的力度，提升广告素养课程的教学水平。同时，由于不同地区、同一地区的不同区域之间的教育水平存在巨大差异，所以应根据本地实际情况采取不同的做法。在教育发展水平相对较高且有条件的地区和学校，可率先开设媒介素养教育和广告素养教育的必修课程；而教育发展水平相对较低的地区和学校，可将媒介素养教育和广告素养教育的内容渗透于其他课程中，或是通过课外讲座的形式实施。但都必须在课程目标上提出可操作的、较具体的评价体系,以保证课堂课程实施的有效性。同时,针对当前我国广告素养教育师资队伍缺乏和教学水平不高的问题,可以借鉴加拿大的师资培训体系,通过岗前学习和在职进修两种途径提升师资水平。或是利用高校优势资源,将培训项目交由各大学的广告系,由其对教师进行长期培训;或是利用各种学习班、学术研讨会等形式对教师进行短期培训。通过长短期学习和各种学术交流会、研讨班,使岗前和在职教师的广告素养得到全面提升。

2. 充分发挥新闻媒体在广告素养教育中的主导作用

在商业化发展的今天,媒介的社会公益属性不但不能丢失,反而应该强化。在广告素养教育还未作为一个独立项目纳入官方体系之前,新闻媒体在广告素养教育中扮演着主导角色。新闻媒体依靠其信息的公信力和对公众的影响力,通过对公众进行广告素养教育,使公众科学认知、理性评价和正确使用广告,一方面避免消费者受虚假广告和误导性广告伤害,另一方面让公众理性地评价广告的作用。可见,大众传媒是广告信息的传播载体,对受众的广告素养教育承担着不可推卸的社会责任,各级各类报纸、期刊、广播、电视等媒体理应参与到对公民和学生的广告素养教育中,自觉履行其职责。媒体的主动参与是提高全体公民广告素养的有效途径,媒介可利用多种形式提升公众广告素养。广告素养的提升既是媒体建构广告素养教育体系的过程,也是以此来规范媒介广告发布行为、提升自身广告经营素质的过程。媒体对公众的广告素养教育有以下两种途径:

一是通过对虚假广告和误导性广告的深度披露教育公众识别广告。公众对虚假广告、误导性广告深恶痛绝,但是由于缺乏广告素养和专业知识,往往无法有效识别虚假广告和误导性广告。而新闻媒体对典型的虚假广告和误导性广告的深度报道,有助于公众识别广告中的一些欺骗信息,从而提高公众的广告素养。

二是媒体开辟专门性的栏目普及广告素养知识。媒体可以针对不同的受众群体,开设一些寓教于乐的广告知识性栏目、专栏,如在法制类栏目中可以增加一些虚假广告和误导性广告的生动案例讲解,或是开办一些类似经典广告展播这样的广告知识性栏目,报纸副刊和杂志也可以开设一些广告鉴赏和针对虚假广告、误导性广告和有违社会伦理道德广告的评论专栏等,这些节目或专栏会对公众产生潜移默化的影响,对于全面提升公众的广告素养具有重要意义。① 此外,媒体还可以建立专门的广告素养教育网站和虚拟互动社区,利用公共信息平台,向公众普及和推广广告知识。广告素养教育是开放的、终身的、连续的教育。在时间上,广告素养教育不是停留在青少年时期,而是伴随人的一生,贯穿人生的各个阶段。在空间上,广告素养教育将超越传统的学校教育,演变为更广泛的社会化和网络化教育。媒介针对公众的广告素养教育,是学校广告素养教育的重要补充,也是面向公众广告素养教育的重要内容。

3. 广告行业协会组织积极地参与广告素养教育行动

广告行业协会组织在加强广告自律、创新社会管理方面发挥着重要的作用。党的十四届三中全会通过的《中共中央关于社会主义市场经济体制若干问题的决定》指出,必须"完善行政执法、行业自律、舆论监督、群众参与相结合的市场监管体系"。党的十八大报告强调:"加快形成党委领导、政府负责、社会协同、公众参与、法治保障的社会管理体制。"广告行业协会组织作为行业自律机构和社会协同组织,在广告市场监管和广告素养教育行动中具有不可忽视的作用。

长期以来,我国广告行业协会组织缺乏广告素养教育的意识与理念,在广告素养教育的深度和层次上与西方发达国家还存在较大差距。广告行业协会代表着行业利益,应当为广告行业发展营造良好经济环境、政策环境、社会环境和舆论环境,广告素养教育既针对广告从业人员,同时也针对一般公众,广告行业协会针对公众和广告从业人员的广告素养教育,可以帮助他们科学认知、理性评价和正确使用广告,提高了广告传播效果以及广告从业人员的守法意识,同时也增强了公众正确认识和理性评价广告的能力,为广告业发展创造了良好舆论环境,有利于广告产业的可持续发展。广告行业协会组织要积极行动,可以率先在全国成立中国广告协会广告素养教育研究中心,积极开展广告素养教育的推广与具体实施,一方面从事广告素养教育的学术研究,另一方

---

① 周志平:《广告素养教育探析》,《新闻爱好者》2009年第9期,第73页。

面积极与各级教育机构合作推广广告素养教育,在行业内部开展广告素养教育培训、讲座或论坛等。同时,中国广告协会也有责任和义务积极向政府教育主管部门建言献策,推动广告素养教育尽快纳入学校正规教育体系,成为学生素质教育拓展的重要内容。中国广告协会也可以与国内一些有影响的媒体合作,开展针对公众的广告素养教育,提高广告素养教育的影响范围。

4. 成立专司广告素养教育研究与实施的社会行动组织

广告素养教育既是一个研究领域,又是一项社会运动,必须具备广泛的群众基础,因而需要成立各级广告素养教育组织和机构,在研究与实践领域同时展开活动。除了中国广告协会可以率先成立广告素养教育推广中心外,高等院校和科研机构也应成为广告素养研究的阵地,依靠高校和相关科研机构开展相关的调查、研究和实践,逐步解决课程、教材、教学方法等一系列问题,改变我国广告素养教育的现状,推动广告素养教育在全国范围稳步发展。此外,一些社会公益组织也可以参与到广告素养教育的行列中来。

广告素养教育研究和实践机构,通过广泛开展一系列广告素养教育活动,提高公众参与的积极性。例如,中国台湾地区一家公司斥资上亿台币,频频发布一则所谓"返老还童"的美容瘦身广告,画面上 14 岁的国中女童星穿着低胸礼服,摄像镜头则游走在她正在发育的身体各部位,任由受众肆意窥视。对此,来自台湾大学和社会上的一些团体在网络和报纸上发出抗议,最终迫使广告主同意停播、撤回。又如,美国一年一度的"坏广告"(Bad Ad)征文竞赛,也是广告监督的一件利器。它欢迎"全世界"所有 6—12 年级的学生参加,参赛者除了要作文解析一个自己心目中的"坏广告",还要给这个"坏广告"的广告主和发布者写封信,阐明选它为"坏广告"的理由。当一个商业广告入选为"坏广告",尽管并非联邦贸易委员会(FTC)等官方监管机构所评,仍然会引发连锁的强震,震慑那些不负责任的广告主、广告经营者和发布者。①

5. 创新广告素养教育的方法与提高广告素养教育效果

目前,国际上广告素养教育显现出新的发展趋势:一是广告素养教育的教育范围不断扩大。原先的广告素养教育仅局限于关注大众传播领域,随着新

① 南平:《广告素养教育:凝聚公众的监管力量》,《中国广告》2006 年第 12 期,第 94 页。

媒体的出现,广告素养教育的视野扩展到各种广告媒介中;二是广告素养教育的学术视野,也由一种技能教育转变成为综合素质教育;三是世界上许多国家和地区逐渐加入到广告素养教育的行列中来。①

广告素养教育包括学校广告素养教育和社会广告素养教育两个阶段,针对学生,学校教育是广告素养教育的重要途径,同时强调和课外教育相结合。针对成人,需要构建广告素养教育的社会化系统。对于学校的广告素养教育,一是需要提供优良的广告素养学习资源。开展广告素养教育必须提供适合全国或地方的教材和视听材料,出版专门的书籍、杂志或制作特定的节目来满足公众对广告素养教育的需要。二是创新课堂教育的方式方法,如情景互动式教学法、案例教学法等。首先,通过对优秀广告作品的赏析和对负面作品的批判,制造一种"间离效果",使学生回归理性认知。其次,通过对优秀广告作品的赏析及负面广告作品的批判性解读,揭示广告或美好或拙劣的创意背后的权力操纵实质,培养学生辩证的认知模式。最后,通过鉴赏大量广告作品,培养学生成为具有批判意识和审美情趣的独立主体。② 对于广告从业人员的广告素养教育,可以通过组织行业内部的培训、讲座或研讨会等形式,提升广告从业人员广告素养意识和能力。对于一般公众而言,新闻媒体要发挥广告素养教育主导作用,广告行业协会积极参与公众广告素养教育,一些社会中介组织通过组织一系列活动广泛动员,调动公众参与积极性,进而提升公民广告素养。

---

① 张歆、郑笑眉:《广告素养教育模式浅探》,《新闻爱好者》2010 年第 2 期,第 143 页。
② 田欣欣:《媒介融合背景下广告素养教育的兴起》,《新闻界》2009 年第 6 期,第 168 页。

第九章　基于产业发展的广告监管与自律

　　广告监管与自律旨在规范广告市场行为,促进广告业健康发展。广告监管与自律必须服务于广告产业发展的需要,要有助于提升中国广告产业的国际竞争力。本章重点研究中国广告产业发展阶段与广告监管之间的关系,以及广告产业国际竞争力提升与广告监管之间的关系,深入解析中国广告产业发展面临的深层问题,并提出广告监管与自律的具体对策。

第一节　广告产业发展与广告市场监管

一、中国广告产业发展阶段与广告市场监管

1. 仍然处于起飞期的中国广告产业

中国广告产业一直以高于其他行业的速度发展,但是综观全球广告产业发展状况,我国广告产业仍然处于一个相对较低的发展阶段。目前,国际上通常是按照广告经营总额占国内生产总值(GDP)比重大小来判断广告产业发展程度,广告产业发展大致可以分为以下四个阶段:

起步期——广告经营额占 GDP 的比重在 0.5%以下;

起飞期——广告经营额占 GDP 的比重在 0.5%—1%;

成长期——广告经营额占 GDP 的比重在 1%—2%;

成熟期——广告经营额占 GDP 的比重在 2%以上。

根据 1981—2014 年中国广告产业发展状况统计数据,1979—1995 年,是我国广告产业的起步阶段;1996 年中国广告经营总额占 GDP 的比重首次突

破 0.5%,中国广告产业步入起飞期,直至 2014 年我国广告经营总额占 GDP 的比重一直徘徊在 0.51%—0.88%。(如表 9.1 所示)由此可见,自 1979 年中国广告市场重开以来,中国的广告业大致经历了两个阶段,即从 1979—1995 年的中国广告业起步阶段和从 1996 年至今中国广告业的起飞阶段。

表 9.1 1981—2014 年中国广告产业发展状况①

年 度	经营单位(户)	从业人员	营业额(万元)	营业额增长幅度(%)	占 GDP 比重(%)	人均营业额(万元)
1981	1160	16160	11800	686.7	0.02	0.73
1982	1623	13000	15000	27.1	0.03	0.83
1983	2340	34853	23407	56.1	0.04	0.67
1984	4077	47259	36528	56.1	0.05	0.78
1985	6052	63819	60523	65.7	0.07	0.95
1986	6944	81130	84478	39.6	0.08	1.04
1987	8225	92279	111200	31.6	0.09	1.21
1988	10677	112139	149294	34.3	0.10	1.33
1989	11142	128203	199900	33.9	0.12	1.60
1990	11123	131970	250173	25.2	0.13	1.90
1991	11769	134506	350893	40.3	0.16	2.61
1992	16683	185428	678475	93.4	0.25	3.66
1993	31770	311967	1340874	97.6	0.38	4.30
1994	43046	410094	2002623	49.4	0.41	4.88
1995	48082	477371	2732690	36.5	0.45	5.72
1996	52871	512087	3666372	34.2	0.51	7.16
1997	57024	545788	4619638	26.0	0.58	8.46
1998	61730	578876	5378327	16.4	0.63	9.30
1999	64882	587474	6220506	15.7	0.69	10.59
2000	70747	641116	7126632	14.6	0.71	11.12
2001	78339	709076	7948876	11.5	0.72	11.21

① 根据《中国广告二十年统计资料汇编》和《现代广告》杂志历年发布的中国广告业统计数据报告整理。

年　度	经营单位（户）	从业人员	营业额（万元）	营业额增长幅度（%）	占 GDP 比重（%）	人均营业额（万元）
2002	89552	756414	9031464	13.6	0.75	11.94
2003	101786	871366	10786800	19.4	0.79	12.38
2004	113508	913832	12646000	17.2	0.79	13.84
2005	125394	940415	14163000	12.0	0.76	15.06
2006	143129	1040099	15730018	11.1	0.72	15.12
2007	172615	1112528	17409626	10.7	0.65	15.65
2008	185765	1266393	18995614	9.1	0.60	14.99
2009	204982	1333100	20410322	7.5	0.59	15.31
2010	243445	1480525	23405076	14.7	0.57	15.81
2011	296507	1673444	31255529	33.5	0.65	18.68
2012	377778	2177840	46982791	50.3	0.88	21.57
2013	445365	2622053	50197500	6.8	0.85	19.14
2014	543690	2717939	56056000	11.7	0.88	20.62

2. 中国广告产业发展的阶段性特征

（1）起步阶段（1979—1995 年）

1979 年以前，全国经营广告单位不超过 10 家，报刊、广播、电视基本上不经营广告业务。1979 年以后，我国开始在全国范围内逐步恢复广告业务。这一阶段，中国广告市场总体特征可以概括为"低起点，高增长"。说起点低是因为中国广告业进入门槛很低，经营广告业务单位资质要求非常低。而"高增长"则是说广告经营单位、广告从业人员以及广告经营总额增长速度非常快。处于起步阶段的广告产业具有以下特点：

一是广告产业的粗放式增长与依附性生存。起飞期的广告产业尽管在经营单位、从业人员以及经营总额上增长速度非常快，依靠的却是一种粗放式增长方式。所谓粗放式增长，是指依靠增加生产要素量的投入来扩大生产规模，实现产业增长。这种方式消耗较大，成本较高，生产水平难以提高，经济效益较低。1994 年是央视广告招标第一年，企业之所以如此热衷于广告夺标，正是因为看中了粗放式广告投放给企业带来的快速经济效益。秦池、孔府家酒等都曾以高昂招标额为自己砸出一片天空,却最终难逃市场的检验。这种数量多、内涵少、创意缺,设计制作粗糙、成本低的粗放式投放,投放越多,对变化快的市场则浪费越大。这一阶段,广告产业增长的粗放式经营格局,使整个产业呈现出经营单位数量快速膨胀、质量参差不齐的局面,也带来资源浪费和内耗,具体表现为:广告公司不断压价、打折,行业间恶性竞争,甚至出现"零代理""负代理"。此外,这一阶段广告业还没有形成独立的产业,行业生存表现出极大依附性。具体表现在:这一时期缺乏全面服务型广告代理公司,而专业型广告代理公司专业化服务水平也很低;对媒体产业过分依赖;受媒体发展和国家政策影响很大。

二是广告市场呈现"螺旋式上升"发展特征。从 1981 年到 1995 年,全国广告经营单位由最初的 1160 家增至 48082 家,广告从业人员由 16160 人增至 477371 人,广告经营额由 11800 万元增至 2732690 万元。在此期间,我国广告经营额占 GDP 的比重由 1981 年的 0.02% 上升至 1995 年的 0.45%。然而,增长并不是直线式的也经历过几次"波动"。以 1983 年为例,较之上一年,虽然广告经营总额持续增长,但人均广告营业额却出现下滑,由 0.83 万元降至 0.67 万元。另外,在 1981—1995 年,尽管广告营业额在 GDP 中所占比列呈不断上升态势,但 1987 年、1989 年、1991 年三个年份增幅却明显低于上一年。从增幅上看,这一时期中国广告市场经历了 1985—1986 年,1992—1993 年"两个高潮",1990—1991 年"一个低潮",起步阶段的中国广告市场明显表现出"螺旋式上升发展"的特征。

三是广告代理公司从单一走向多元竞争格局。以 1990 年为临界点,这一阶段中国广告公司在经营结构上表现出从单一到多元的特征,即由国有、集体企业为主到国有、个体私营、中外合资、联营企业共同发展。1979—1990 年,每年广告公司数量平均以 43% 左右的速度增长。在最高年份增长速度达到 134.4%。在这个阶段建立的广告公司主要属于全民所有制和集体所有制性质,其中全民所有制广告公司占绝大比例。1991 年以来,广告公司迅猛发展。其中 1992—1994 年,个体私营广告公司经历飞跃式发展,1994 年个体私营广告公司数量是 1992 年的 6.2 倍。1992 年邓小平南巡讲话后三四年间,奥美、麦肯、智威汤逊、盛世长城、BBDO、精信等先后在中国注册合资广告公司。从

1994 年开始,我国广告行业中出现除全民所有制、集体所有制、个体私营经营单位、外商投资经营单位之外的"股份制企业经营单位""联营企业经营单位"。这一时期,计划体制下国有、集体广告经营格局被全面打破,与市场要求相符的新经营机制进入我国广告业。

四是广告产业政策与广告市场发展呈正相关。这一阶段,国家宏观经济与产业政策和广告市场发展表现出很大相关性,可以说广告政策带动了广告市场发展。1978 年年底,党的十一届三中全会确定的改革开放政策使全党工作重心转移到经济建设上来。广告业作为市场经济的先锋,在"经济建设为中心"政策指引下重获新生。1979 年 1 月 28 日,上海电视台首先发布电视广告,带动了广告业在全国各地的恢复。1992 年邓小平南巡讲话和党的十四大明确建立"社会主义市场经济体制"目标后,国家改变对广告业进行"总量控制"的政策,允许各种经济类型的广告企业参与广告市场经营,进行公开、合法、公平竞争。1993 年 7 月,国家工商行政管理局发布《关于在部分城市进行广告代理制和广告发布前审查试点工作的意见》,决定从 1993 年下半年起在部分城市开展广告代理制试点。1992 年,北京、上海、广东三地广告业发展加速凸显,三地广告营业额总和占全国广告总营业额比重猛增 10 个百分点,超过全国广告经营额半数以上。1992—1994 年,全国广告营业额逐年分别比上一年度增长 93.4%、97.6% 与 49.4%,其中 1993 年被广告界称作"中国广告年",成为中国广告业恢复发展以来增速最高的一年。

（2）起飞阶段（1996 年至今）

如果把中国广告业的起步期看作一个各项指标急速增长的"原始膨胀期"的话,那么 1996 年以来,中国广告市场开始步入一个稳步增长的"理性发展期",广告营业额增长速度开始放缓。告别前期浮躁,中国广告业开始变得合理而有序。起飞阶段的广告产业具有以下特点:

一是广告产业从依附性走向独立化和专业化。这一阶段,中国广告业开始逐渐摆脱早期的依附性地位,进而形成独立产业,并开始朝专业化方向迅猛发展。很多广告企业进行市场细分为自己定位,成效显著。20 世纪 90 年代后期,一批颇具实力的大型广告企业脱颖而出。纵观这一阶段广告业发生的变化,在创意制作、营销咨询、公关服务、品牌推广等方面的专业化公司相继诞生,打造专业化的观念已经深入人心。在服务方式上,一些公司开始尝试为客户提供个性化贴身服务。而随着更多 4A 高层和资深人士走出跨国广告公司,派生出更多新生力量,他们在更加细分的专业领域形成一股不可忽视的力量。2005 年以后,随着跨国广告公司与本土广告公司结成战略联盟,户外广告公司区域结盟,本土广告公司之间业务合作越加频繁,广告公司整合成了新的热点,广告产业由粗放化的外延式增长向集约化的内涵式扩张格局已初具雏形。

二是本土广告公司与国际广告公司竞争加剧。跨国广告集团在 20 世纪 60 年代就开始了全球化扩张。1979 年中国广告市场重开,跨国广告集团也如影随形,立即开始在中国市场抢滩。截至 2006 年 5 月,全球五大广告集团在华合资公司有 38 家,其中 WPP 集团 19 家,奥姆尼康集团 5 家,IPG 集团 6 家,阳狮集团 5 家,电通集团 3 家。可以说,跨国广告集团于中国加入世贸组织前后,已基本完成在华强力扩张的战略准备,并且已经具备了相当厚实的扩张基础。随着 2005 年年底中国广告市场完全对外资开放,国际广告公司开始了在中国市场新一轮产业扩张,本土广告公司面临巨大生存威胁。大量本土广告公司选择股份化,如上海广告有限公司、广东省广告股份有限公司;集团化,如广东旭日公司;转型发展,如专攻调查、网络、房地产、IT 等。

三是管理功能日渐突出,政府角色悄然转型。随着广告市场的逐步开放,行业领域存在的外部性问题也慢慢暴露出来,比如,广告由于自身的工具性限制以及广告诱导功能不断张大导致广告公信力整体下降,虚假违法广告大行其道,进而导致广告传播力减弱,企业广告成本急剧上升,引发了广告产业发展危机。进入起飞期后,政府加大了对广告行业的管理力度。同时,受加入 WTO 影响,我国广告市场全面开放,外资全面进入,靠行业自身原始积累慢慢发展抵御强敌的做法已经行不通。国家政府部门产业制定者角色正在发生变化,由约束转变为指导,如引导民族强势资本进入,鼓励通过融资、兼并等手段创建广告传媒集团;从一部分领域退出,交由市场判断,如加大广告行业组织作用等。①

---

① 张金海、廖秉宜等:《中国广告产业发展与创新研究》,《中国媒体发展研究报告》2007 年卷,第 478—483 页。

3. 广告产业所处阶段亟须规范市场行为

处于起飞期的中国广告市场面临诸多问题,突出表现为以下三个方面:

(1)广告公司之间的不规范市场竞争。广告公司数量众多,专业代理能力参差不齐,广告从业人员专业素质、法律意识和道德规范意识不强,"零代理""负代理"等不规范价格竞争行为大量存在,广告公司之间为争夺客户,不惜压低代理价格,然而,在获取广告客户后,则降低服务品质,导致广告客户与广告代理公司关系紧张,不利于广告业健康发展。

(2)国际广告公司对中国广告市场主导趋势日渐明显。国际广告公司加速在中国市场的扩张,通过并购、联合等资本运作方式将中国本土优秀广告公司、营销传播公司、新媒体代理公司收入囊中,进一步加剧了广告市场的垄断。中国广告市场集中化趋势主要是由国际广告公司所引起的,这种不合理的二元市场结构,对于中国本土广告公司的发展产生了不利影响。此外,欧美媒介购买公司加速在中国市场发展,对广告业和传媒发展产生深远影响。

(3)媒介发行量数据不透明导致媒体不规范市场交易。例如,媒体主导广告定价,并对不同广告公司和广告主实行歧视性定价,不利于广告市场良性健康发展,也不利于广告公司科学媒介广告策略的制定。

以上这些问题亟须政府和行业协会组织加强对广告市场的监管和自律,规范广告市场主体行为,维护公平的广告经营秩序,为本土广告公司发展创造良好市场竞争环境,提升整个广告产业的规模,推进中国广告产业尽快由起飞期向成长期迈进。

二、广告产业国际竞争力提升与广告市场监管

1. 中国广告产业国际竞争力现状及其提升战略分析

经济学与管理学中对产业国际竞争力进行了深入研究,并构建了产业国际竞争力评价模型,如波特的"钻石模型"、邓宁的"国际化钻石模型"、鲁格曼和克鲁兹的"双钻石模型"、乔东逊的"九因素模型"、金碚提出的工业品国际竞争力分析框架、芮明杰的"新钻石模型"等。英国学者邓宁意识到经济全球化、国际资本活动和跨国公司的行为将会对各国经济的发展产生越来越重要的影响,会直接或间接地牵涉波特的"钻石模型"中各个关键要素之间的互

动。因此,邓宁认为跨国公司应当作为第三个外生变量加入到波特的"钻石模型"中。对于广告产业国际竞争力的评价,笔者参考邓宁的"国际化钻石模型",并结合广告产业自身的特点,构建了广告产业国际竞争力分析模型。(如图 9.1 所示)

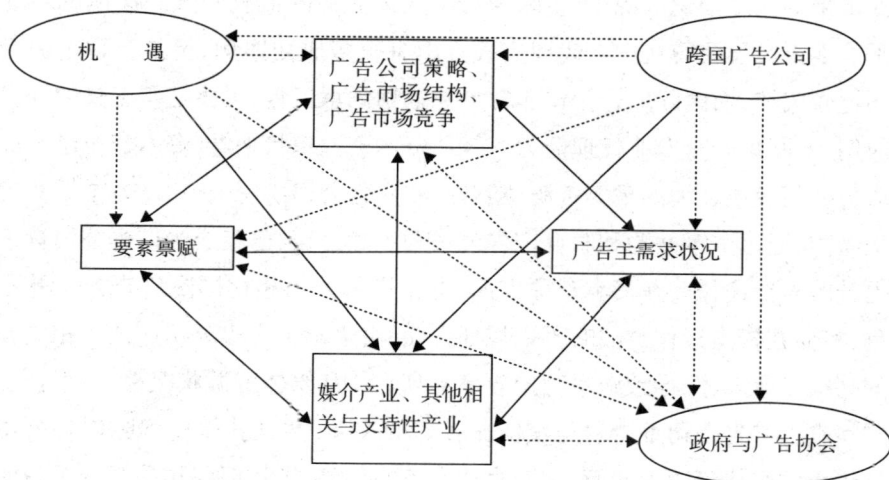

图 9.1　广告产业国际竞争力评价模型

依据图 9.1 的广告产业国际竞争力评价模型,可以分析中国广告产业国际竞争力的优势与不足。

(1)要素禀赋

中国广告产业的要素禀赋主要包括人力资源、知识资源、资本资源、媒体资源和客户资源。①从人力资源状况来看,广告公司经过三十多年市场的洗礼,在策划创意、设计制作、媒体计划与购买等方面都有很大提升,也涌现出一批优秀广告专业人才,国内目前已有 478 所高等院校开办了广告学专业,每年为广告业界培养和输送大批专门人才,同时每年组织的广告专业技术人员职业水平考试,对于提升广告从业人员专业素质与增强法律和道德意识和能力具有重要意义。广告公司的人才可以分为经营管理人才、市场策划人才、广告创意人才、广告设计制作人才、媒介策划人才、专业技术人才等。目前,本土广告公司在人力资源方面与国际广告公司还存在一定差距,尤其缺乏高级经营管理人才,一些资深的广告专业人才流向国际广告公司,也进一步加大了本土广告公司和国际广告公司的差距,本土广告公司必须建立留住人才、吸引人才的机制,提升市场竞争力。②从知识资源状况来看,广告公司在长期发展过程中形成的独特服务理念、服务模式和策划创意工具和成功案例等,是广告公司积淀下来的深厚知识资源,不会因为某个人离职而降低整个服务团队的专业水平。本土广告公司在广告代理实践方面有很多成功案例,但是在理论提升上还比较欠缺,而国际广告公司非常重视策划创意工具、媒体分析工具的开发与应用,不断提升其专业代理能力。③从资本资源现状来看,资本资源已经成为广告公司发展壮大的重要资源,随着一些广告公司纷纷上市,广告市场竞争更加激烈,通过资本并购和联合广告公司和关联公司,已经成为广告公司竞争力提升的重要途径。在资本资源方面,本土广告公司相比国际广告公司并不逊色,然而在资本运作与战略投资规划方面,由于本土广告公司还缺乏相关领域的高级专业人才,导致资本利用效率不高。④从媒体资源状况来看,很长一段时间本土广告公司维持着与媒体比较好的关系,并且获得比国际广告公司更具优势的媒体资源。然而,随着媒体竞争的加剧,导致以前靠关系资源开展合作的模式崩溃,媒介购买公司成为媒介资源市场上角逐的主力,国际媒介购买公司凭借其雄厚资金实力和众多客户资源,在媒体资源上更具竞争优势。发展媒介购买公司,构建与媒介新型战略伙伴关系,已经成为本土广告公司发展的战略需要。此外,新媒体的迅猛发展,正在深刻改变着媒体竞争的格局,广告程序化购买成为主流,DSP 公司的价值逐渐被广告主认可,本土广告公司需要积极提升在数字营销传播代理和广告程序化购买方向的实力。⑤从客户资源状况来看,一方面跨国企业与国际广告公司之间结成了密切的合作关系,本土广告公司要想与国际广告公司争夺跨国客户难度很大;另一方面国际广告公司加大了对本土客户资源的开发力度,并将许多国内各行业领导企业和品牌收入囊中,严重威胁着本土广告公司的生存与发展。综观中国广告产业的资源禀赋状况,可以发现,中国本土广告公司在人力资源、知识资源、资本资源、媒介资源和客户资源等方面具有一定优势,然而这种优势正在被消解,不利于中国广告产业国际竞争力的提升。⑥从本土广告公司自身角度来看,亟须提高公司在资源禀赋方面的竞争优势。⑦从政府和广告协会广告监管与自律角度来看,必须要为广告产业发展提供政策支持,引导本土广告公司规范市场竞争行为,同时对国际广告公司资本并购行为进行有效监管。

（2）广告公司策略、广告市场结构与广告市场竞争

全球广告产业经历了三次重大转型,即由单纯的媒介代理向综合性广告代理转变,由综合性广告代理向整合营销传播代理转变,由传统媒体代理向数字营销传播代理转变。中国广告公司适应全球广告业发展趋势实现战略转型,已经成为市场竞争与产业发展的迫切需要。是以广告公司为主导整合其他营销传播公司和关联公司,组建整合营销传播集团,还是广告公司被其他营销传播公司和关联公司整合,成为整合营销传播集团的一个分支机构,已经成为广告产业界面临的重大现实课题。从中国广告产业发展现状来看,一些资本雄厚的广告公司,尤其是上市广告公司,都在积极寻求合适的并购和战略联盟对象,以期提升公司整合营销传播代理实力,而一些实力相对弱小的中小型广告公司则在专门领域形成自己的竞争优势。本土广告公司发展必须置于国际广告公司竞争背景下考察,2005 年 12 月 10 日中国广告市场完全开放之后,国际广告公司加大在中国市场的扩张,积极并购国内有实力的广告公司、营销传播公司,尤其是数字营销公司,迅速提升整合营销传播实力,同时积极向二、三线市场拓展业务,积极开发本土优质客户,积极发展媒介购买公司,国际广告公司的这些策略,无疑影响到本土广告公司的发展,削弱了本土广告公司的竞争力,必须引起广告界及政府部门和行业协会的高度重视。

中国目前从广告经营总额上来看,已经成为全球第二大广告市场,但是主要原因还是中国市场非常大,中国广告公司数量庞大。从广告产业市场结构角度来看,中国广告产业目前仍处于原子型和低集中寡占型之间,广告公司户均营业额和平均利润率非常低。这类市场的结构特点是广告公司数目极多,表现为无集中或低集中现象。根据贝恩对产业垄断和竞争类型的划分,CR_4 在 30% 以下、CR_8 在 40% 以下为原子型市场结构,CR_4 在 30% — 35%、CR_8 在 40% —45% 为低集中度寡占型市场结构。① 同时,广告产业也呈现集中化发展态势。1994 — 2012 年,1996 年市场集中度最低,CR_4 和 CR_8 值分别为

---

① 王俊豪主编:《现代产业经济学》,浙江人民出版社 2005 年版,第 67 页。

12.67%和 20.11%,2008 年集中度最高,CR$_4$ 和 CR$_8$ 值分别为 25.43% 和 42.95%,比 1994 年分别增加 11.51 和 27.87 个百分点,说明少数大型广告企业市场势力越来越强。广告产业市场集中度提高,主要是一些外商投资广告企业(包括中外合资广告公司、中外合作广告公司和外商独资广告公司)业务迅速扩张引起的。市场集中度就是大公司营业额与全国广告公司营业额的比例,集中度提高说明大广告公司业务扩张速度高于广告公司业务平均增长速度。① 当前,以本土广告公司为主导提升广告产业市场集中度,是提高中国广告产业国际竞争力的必然要求。

从广告市场竞争角度来看,中国广告市场同质化竞争严重,价格竞争激烈。在中国市场,广告公司在广告策划、创意、制作、媒体代理等领域,服务差别化不是很明显,这些领域广告公司的进入壁垒往往很低,市场上大多数中小型广告公司主要集中在广告运作的专业领域,而在营销传播的专门领域和整合营销传播领域,产品差别化程度比较高,相对而言进入壁垒要高。目前我国广告公司存在低水平进入和中等水平进入过多,而高水平进入不足的问题。广告公司在中低端市场竞争过于激烈,业务主要集中在广告策划、广告创意、广告设计制作、广告媒介代理等广告运作领域,在市场调研、营销咨询、客户关系管理、整合营销传播代理等方面显得能力不足。同质化竞争的直接后果,就是导致价格成为广告公司竞争的主要工具,品牌差异比较小。广告主对广告公司专业代理能力认同度低,价格成为它们选择代理商的重要因素,从而也加剧了广告公司之间的恶性价格竞争,恶化了广告业生态环境,对中国广告产业发展极为不利。

因而,提升中国广告产业国际竞争力,必须实现广告公司战略转型,以本土广告公司为主导提高广告产业的市场集中度,鼓励广告公司开展差异化竞争和品牌竞争。

(3)跨国广告公司

在经济全球化背景下,跨国广告公司对广告产业竞争力产生了重大影

---

① 参见李天宏、郝峰:《从集中度看中国广告公司的竞争状况》,《现代广告》1998 年第 4 期,第 13 页。

响。这主要包括两种情况：一是中国的跨国广告公司在全球的市场竞争力；二是其他国家的跨国广告公司在中国的市场竞争力及其对中国广告产业的影响。

首先来看第一种情况，中国目前真正从事跨国经营的广告公司很少，这极大影响了中国广告产业国际竞争力的提升。随着中国经济快速发展和中国企业加速在全球市场拓展业务，亟须中国广告公司为其提供营销传播代理服务，本土广告公司国际化发展已经成为中国广告产业界的一个重大课题。中国广告公司的国际化主要有以下途径：一是本土广告公司积极开拓全球市场业务，在全球各地开办分公司或组建合资公司，或并购当地优秀的广告公司和营销传播公司；二是与中国大型企业建立战略联盟合作拓展全球市场，国内大型企业业务发展到哪里，广告公司业务就拓展到哪里；三是国内大型企业并购本土优秀广告公司或成立一家 In-house 广告公司，在代理本企业业务的同时，积极开发新客户，发展成为全球性广告公司，或是直接收购一家有实力的国际广告公司；四是广告公司与经营国际业务的新媒体合作，如百度、阿里巴巴、腾讯等，拓展全球市场业务。

再来看国际广告公司在中国的发展状况，国际广告公司近年来通过并购本土优势广告公司、营销传播公司，尤其是加大对数字营销公司的并购力度，发展为大型整合营销传播集团，在提升这些国际广告公司竞争优势的同时，也进一步削弱了本土广告公司和营销传播公司的竞争力。受地域文化差异壁垒和关系资源壁垒限制，国际广告公司通过发展媒介购买公司和市场调研公司，提高了对广告市场的控制强度，这是国际广告公司的"一体两翼战略"，即国际广告公司在向二、三线城市拓展的同时，将媒介购买公司和市场调研公司引入该市场，通过以量定价获取优质媒体资源，通过深度市场研究洞悉地区文化传统、价值观念和消费心理，降低市场进入壁垒。近年来，国际广告公司通过并购、合资和自建等方式，积极发展数字营销传播公司，提升广告程序化购买的专业能力，这对于未来中国广告产业的发展也会产生重大影响。

（4）广告主需求状况

在全球广告产业增速普遍下降的情况下，中国广告产业 2014 年保持了

11.67%的高速增长,有力说明了中国市场企业的广告需求呈现上升态势。广告仍然是国际国内企业拓展中国市场、提升品牌价值的重要营销传播工具。因而,也就不难理解为什么很多国家把广告集团亚太区总部设在中国,而且展开在中国市场的新一轮扩张。相比较全球经济来说,中国经济强劲增长为广告产业发展提供了重要经济来源,这也是中国广告产业国际竞争力优势之一。

从企业对广告公司代理需求角度来看,现代企业对广告公司的要求已经从单一广告代理需求向综合性广告代理甚至是整合营销传播代理需求转变,从传统媒体代理需求向数字营销传播代理需求转变。只有适应广告主对广告公司的需求变化,才能赢得广告客户,否则,就可能会沦为市场补缺者。相比较国际广告公司而言,本土广告公司的整合营销传播转型还处于起步阶段,整合营销传播代理能力还有待进一步提升。同时,在全球经济不景气的背景下,广告主对广告投资回报率重视程度提高,广告传播效果成为衡量广告公司代理能力的重要指标,因而对广告公司专业代理能力也提出更高要求。建立广告效果评估的制度化体系,成为提升广告公司竞争力的必然要求。

对于不同规模实力的企业来说,代理需求状况也呈现差异。一般而言,大企业希望广告公司提供一站式服务,中小企业希望广告公司提供专业化的专门代理。本土有实力的广告公司通过并购、联合等资本运作方式迅速发展成为专业的整合营销传播集团,为广告主提供一站式代理服务,提高了本土广告公司与国际广告公司在争夺本土优质客户资源方面的实力。中小广告公司则在专业领域形成不可替代的竞争优势,事实上,在美国,也有一些规模不大的广告公司在行业内享有很高声誉。

此外,政府成为了新的广告主。政府传播发展最明显的表现是政府形象广告和旅游广告的大量投放,以"好客山东"为例,山东旅游局从2006年开始在中央电视台投放旅游广告,从500万元起步,到2011年超过1.8亿元,使得山东旅游规模在五年时间内从1000亿元增长到3000亿元。广告业参与和推动政府传播,有助于提升广告形象和广告产业影响力。

(5)媒介产业、其他相关与支持性产业

广告产业竞争与媒介产业的发展状况有着密切关联。随着中国传媒转企改制的深入推进,中国传媒产业化进程加快,传媒市场竞争异常激烈。除传统媒体之间的竞争外,传统媒体与新媒体之间的竞争也格外抢眼。传统媒体数字化生存与转型成为传媒发展的战略选择。国家工商行政管理总局公布的数据显示,2014 年,全国经营广告业务的电视台数量增加了 30.53%,达到了 3121 家,营业人员达到了 58424 人,增长了 17.78%,营业额为 1278.50 亿元,增长了 16.11%。这些数字表明,电视媒体在创新突破与互联网结合上找到了新的路径。除电视之外,广播电台、报社、期刊社的广告营业额出现了下降,分别是 132.84 亿元(-5.91%)、501.67 亿元(-0.60%)、81.62 亿元(-6.41%)。另据中国广告协会互动网络分会统计的数据,2014 年互联网广告营业额为 969.09 亿元,增长了 51.70%,相比 2013 年 45.85% 的增长(638.8 亿元)又进一步。[①] 近年来,传统媒体受到互联网媒体的冲击较大,除电视之外,其他传统媒体广告营业额均呈现持续下降态势,传统媒体之间、传统媒体与互联网媒体之间围绕受众、广告主之间的竞争愈发激烈。这也促使传统媒体和互联网媒体积极主动地推销媒体,并与广告公司开展深度合作。

事实上,新媒体快速发展改变了传媒竞争格局,也改变了广告公司竞争格局。数字营销传播公司成为广告市场中一支新生力量,获得快速发展。近年来,中国广告界虽然意识到新媒体广告的重要性以及发展新媒体广告公司的紧迫性,但是却未取得实质性进展,极大地限制了中国广告产业国际竞争力的提升。相比较传统广告代理而言,本土广告公司与国际广告公司存在一定差距,但是对于新媒体广告而言,本土广告公司与国际广告公司之间事实上是站在同一起跑线上,本土广告公司可以通过提升在数字营销代理方面的优势来实现对国际广告公司的超越,进而吸引国际和本土广告客户。国际广告公司近年来在成立数字营销公司,并购国内优秀的数字营销公司方面特别活跃,已经有许多优秀的数字营销传播公司被国际广告公司收入囊中,这进一步拉大了与本土广告公司之间的差距,也削弱了本土广告公司和营销传播代

---

① 张军、薛妍妍:《2014 年中国广告业统计数据分析报告:2014 年中国广告经营额达到 5600 亿》,《现代广告》2015 年第 7 期,第 23—24 页。

理公司的竞争力。

此外,相关和支持性产业的快速发展,拉动了中国广告产业的强力增长。2014 年,广告投放额最大的十个行业分别是食品、汽车、化妆品及卫生用品、房地产、药品、家用电器及电子产品、酒类、信息传播、金融服务、服装服饰。广告公司一方面要提高在一些重点行业领域的代理实力,另一方面可以积极开发一些新兴成长行业,进一步提升广告产业整体规模和广告企业竞争能力。

(6)政府与广告协会

中国广告产业国际竞争力提升,一方面需要产业界自身的努力,另一方面也需要国家产业政策的扶持和引导。对于中国广告产业而言,政府长期处于一种事实的缺位状态,政府主管部门更多从管理广告市场角度制定广告法律和行政法规,以期减少广告负外部性问题,而较少从广告产业发展角度出台激励性广告产业政策。1993 年 7 月,国家计委和国家工商行政管理局共同制定下发《关于加快广告业发展的规划纲要》。2008 年 5 月,国家发展和改革委员会、国家工商行政管理总局联合发布《关于促进广告业发展的指导意见》。两份文件的出台相隔 15 年,而这 15 年正是中国广告产业发展最迅猛的时期,产业规模空前扩大,产业竞争异常激烈,产业发展问题也尤为突出,制度供给不足是导致中国广告产业长期高度分散与高度弱小状况的重要因素之一。

随着管理型政府向服务型政府的转变,广告产业激励性制度供给亟须提上议事日程,广告产业发展也被纳入国家文化产业振兴战略。2008 年以来,政府开始高度重视广告产业,相继出台了一系列支持包括广告产业在内的文化产业发展的政策文件,对于提升中国广告产业规模与广告企业竞争力意义重大。2009 年 7 月,国务院常务会议审议并通过《文化产业振兴规划》,指出要以文化创意、影视制作、出版发行、印刷复制、广告、演艺娱乐、文化会展、数字内容和动漫等产业为重点,加大扶持力度,完善产业政策体系,实现跨越式发展;2010 年 3 月,中央宣传部、中国人民银行、财政部、文化部、广电总局、新闻出版总署、银监会、证监会、保监会联合发布《关于金融支持文化产业振兴和发展繁荣的指导意见》;2011 年 3 月,国家发展和改革委员会发布了《产业结构调整指导目录(2011年本)》,作为体现广告行业核心竞争力的"广告创意、广告策划、广告设计、广告制作"进入了指导目录中的鼓励类,这是广告业第一次享受国家鼓励类政策,为广告业发展提供了强有力的政策支持依据和空间;2012年,国家工商行政管理总局相继出台了《国家广告产业园区认定与管理暂行办法》《关于推进广告战略实施的意见》《广告产业发展"十二五"规划》等重要文件,为广告产业发展提供了政策支持;2012年7月,财政部办公厅、国家工商总局办公厅印发《关于开展2012年现代服务业试点支持广告业发展有关问题的通知》,正式开展2012年中央财政支持广告业发展试点工作。国家广告产业园区的建设与规划,将极大提升中国广告产业集群竞争力。广告产业政策的相继出台对于中国广告公司发展与中国广告产业国际竞争力提升是一个利好消息,中国广告产业界必须积极谋划,利用政策优势迅速提升广告企业国际国内市场竞争力,尽快涌现一批具有国际竞争力。活跃在世界广告舞台上的国际广告公司。

在很长一段时间内,中国广告协会在"提供服务,规范行为,反映诉求"等方面的职能发挥不够。随着广告行业协会民间化改革的呼声日渐高涨,其服务意识和服务能力正在逐渐增强。近年来,国家相继出台的支持广告产业发展的政策文件与国家工商行政管理部门和中国广告协会的积极参与是分不开的。广告协会在规范广告市场行为、引导广告资本流向、提升广告产业竞争力方面发挥着越来越重要的作用。

(7)机遇

从全球经济的发展来看,欧美经济发达国家受到经济危机的影响,经济持续低迷,广告产业也受到影响,增长缓慢,甚至在有些国家出现下滑趋势。中国已成为世界第二大经济体,经济总量仅次于美国排在第二位,同时中国也是全球第二大广告市场,中国经济的强劲增长为广告产业持续发展提供了强大动力,是中国广告产业国际竞争力提升的重要保证。

从中国的经济环境和产业政策来看,国家经济发展方式转型的国家战略需要广告产业贡献力量。党的十七大报告指出,要实现由出口、投资拉动经济增长转向消费、投资、出口协同拉动经济增长,"消费"成为中国经济新的关键词。广告作为刺激消费、塑造品牌的重要营销传播工具,在推动国家经济发展方式转型上发挥着重要作用。政府相继出台一系列支持广告产业发展的政策,与国家经济发展方式战略转型有着重要关联。此外,国家文化产业振兴战略,对于推动广告产业发展也有积极价值。广告产业是文化产业的主导性产业之一,广告产业规模扩大和广告产业竞争力提升,将极大地促进国家文化产业战略的实施。此外,中国企业"走出去"战略,对于广告企业国际化发展是一个重大机遇,同时也对广告产业提出了更高要求。

2. 科学的广告监管有利于提升广告产业国际竞争力

在广告产业国际竞争力评价模型中,要素禀赋、广告公司策略、广告市场结构与广告市场竞争、跨国广告公司、企业需求状况、媒介产业、其他相关与支持性产业、政府与广告协会、机遇等七大因素相互作用,共同影响着广告产业国际竞争力状况。在七大因素中,政府与广告协会对于其他六个因素产生或是积极或是消极的影响。事实上,一个具有竞争力的广告产业,必然是在一种规范和开放的市场环境下产生的,而规范开放的市场竞争环境,需要政府和广告协会组织扮演市场竞争秩序维护者的角色。政府和广告协会组织科学的广告监管与自律,对于提升广告产业国际竞争力具有重要意义,主要表现在以下三个方面:

(1)规范广告市场行为与提升广告产业国际竞争力

规范广告市场行为包括规范本土广告公司和国际广告公司市场行为两个部分,对于本土广告公司而言,同质化竞争和低水平价格竞争,扰乱了广告市场秩序,降低了广告产业整体声誉,不利于广告产业健康发展,广告协会组织可以通过制定行业规范,开展培训、讲座或学术研讨,提升广告公司经营理念和专业能力。对于国际广告公司而言,"零代理"和"负代理"的价格竞争,扰乱了正常市场秩序,对本土广告公司产生极大冲击,广告协会可以通过行业规范的形式予以有效约束。同时针对国际广告公司对中国本土广告公司和营销传播公司展开的并购活动,以及国际媒介购买公司对媒介集中采买导致的垄断风险,政府和广告协会组织利用《中华人民共和国反垄断法》《外商投资广告企业管理规定》等,及时予以评估,并制定相关政策,防止国际广告公司对中国广告市场的垄断。

（2）引导广告产业发展与提升广告产业国际竞争力

科学的广告监管也包含为广告企业提供服务、引导广告产业科学发展的内容。针对中国广告产业在人力资源、知识资源、资本资源、媒介资源和客户资源等资源禀赋方面的短板，政府和广告协会应发挥积极作用，引导广告公司与媒介构建新型战略联盟，消解国际媒介购买公司对中国广告产业发展的负面影响，同时鼓励本土广告企业积极发展媒介购买公司和市场调研公司，实现广告公司战略转型，以本土广告公司为主导提高广告产业市场集中度，鼓励广告公司开展差异化竞争和品牌竞争。引导广告产业积极开展跨国广告经营，提升广告公司国际竞争力。

（3）制定广告产业政策与提升广告产业国际竞争力

政府和广告协会是广告产业政策的制定者，中国广告协会隶属于国家工商行政管理总局，实质上也承担着广告产业政策意见的征集与草拟职责。激励性的广告产业政策会对中国广告产业国际竞争力的提升产生积极影响。近年来，中国广告产业经营额快速增长，广告公司专业代理能力显著提升，实际上与政府广告产业政策息息相关。科学的广告监管既包括监督，也包括管理，国家工商行政管理部门既是广告行政监督机构，同时也肩负着推动广告产业发展的职责，是广告产业政策的制定者与执行机构。

第二节　中国广告产业发展的问题审视

一、广告产业的外资并购及其市场垄断风险

1. 国际广告公司在中国的发展现状

20 世纪 90 年代中期以来，国际广告公司优势逐渐显现。2005 年年底中国广告市场完全对外资开放，国际广告集团开始在中国市场以并购为特征的产业扩张，市场势力不断增强。考量国际广告集团在中国发展的情况有以下几个重要指标：

（1）中国广告公司营业额排名前 100 位中国际广告公司所占比重

《2011 年中国广告业统计数据报告：广告业创近十五年最大增幅》显示，

2011 年,中国专业广告公司数量 170215 户,广告公司经营额为 13576098 万元,户均广告经营额仅为 79.76 万元。① 如果按 15% 利润来计算,每家公司平均利润仅为 11.96 万元,这一数据包括国际广告公司和本土广告公司,本土广告公司高度分散与高度弱小的现状可见一斑。

根据《现代广告》杂志社公布的 2011 年中国广告公司(包括媒体服务类和非媒体服务类)营业额排名前 100 位的统计数据,笔者进行了重新统计。2011 年营业额排名前 100 位的广告公司总营业额 10298038 万元,其中国际广告公司有 36 家,占前 100 位广告公司营业额的 56.2%,户均营业额 160772 万元;本土广告公司有 64 家,占前 100 位广告公司营业额的 43.8%,户均营业额 70473 万元。前 100 位中国际广告公司数量仅为本土广告公司数量的 56%,而营业额为本土广告公司的 1.28 倍,户均营业额为本土广告公司的 2.28 倍(如表 9.2 所示)。可以说,前 100 家公司代表了中国最具竞争实力的广告企业,在这 100 位广告公司中,国际广告公司的强势显而易见,本土广告公司市场竞争力亟待提升。

表 9.2　2011 年中国广告公司营业额排名前 100 位中国际广告
公司与本土广告公司营业额与户均营业额比较

	户数 (户)	营业额及所占比重		户均营业额 (万元)
		营业额 (万元)	比重 (%)	
国际广告公司	36	5787774	56.2	160772
本土广告公司	64	4510264	43.8	70473
总　　计	100	10298038	100.0	102980

在 2011 年中国广告公司营业额排名前 100 位中,非媒体服务类广告企业有 48 家,媒体服务类广告企业 52 家。非媒体服务类广告企业中国际广告公司营业额占 58.0%,本土广告公司占 42.0%,媒体服务类广告企业中国际广告公司占 53.8%,本土广告公司占 46.2%(如表 9.3 所示)。国际广告公司在

① 宋阳:《2011 年中国广告业统计数据报告:广告业创近十五年最大增幅》,《现代广告》2012 年第 5 期。数据经过重新统计整理。

非媒体代理领域和媒体代理领域均具有比较强的竞争优势,其营业额和户均营业额都明显高于本土广告公司。近年来,国际广告公司在保持非媒体代理竞争优势的同时,不断提升在媒体代理领域的竞争力。

表9.3　2011年中国广告公司营业额排名前100位中非媒体
服务类与媒体服务类广告公司营业额比较

	非媒体服务类			媒体服务类		
	户数（户）	营业额（万元）	比重（%）	户数（户）	营业额（万元）	比重（%）
国际广告公司	19	3454665	58.0	17	2333109	53.8
本土广告公司	29	2504533	42.0	35	2005731	46.2
总　　计	48	5959198	100.0	52	4338840	100.0

（2）中国广告公司营业额排名前10位中国际广告公司的数量

1996年以来,中国广告公司营业额前5位基本上被国际广告公司所占据,智威汤逊-中乔广告有限公司上海分公司、上海李奥贝纳广告有限公司、盛世长城国际广告有限公司、麦肯·光明广告有限公司、北京电通广告有限公司等,隶属于全球五大广告集团。2011年,中国前十大广告公司中国际广告公司占据七席,本土广告公司仅占三席,分别是昌荣传播集团、广东省广告股份有限公司、上海新兴媒体信息传播有限公司。2006—2011年中国广告公司营业额前10位排名情况如表9.4所示。

表9.4　2006—2011年中国广告公司营业额前十位排名情况①

年度	排序	本土广告公司	国际广告公司
2006年	1-5		上海李奥贝纳广告有限公司 盛世长城国际广告有限公司 麦肯·光明广告有限公司 智威汤逊-中乔广告有限公司上海分公司 北京电通广告有限公司

① 资料来源:根据中广协和《现代广告》杂志历年发布的中国广告经营单位排序报告整理。

续表

年度	排序	本土广告公司	国际广告公司
	6—10	北京未来广告公司(7) 广东省广告有限公司(8) 上海广告有限公司(10)	上海新结构广告有限公司 分众传媒(中国)控股有限公司
2007 年	1—5		盛世长城国际广告有限公司 上海李奥贝纳广告有限公司 麦肯·光明广告有限公司 智威汤逊-中乔广告有限公司 分众传媒(中国)控股有限公司
	6—10	北京未来广告公司(7) 广东省广告股份有限公司(8)	北京电通广告有限公司 北京恒美广告有限公司上海分公司 广东凯络广告有限公司上海分公司
2008 年	1—5		分众传媒(中国)控股有限公司 麦肯·光明广告有限公司 上海李奥贝纳广告有限公司 智威汤逊-中乔广告有限公司上海分公司 盛世长城国际广告有限公司
	6-10	北京未来广告公司(7) 广东省广告股份有限公司(8)	北京电通广告有限公司 北京恒美广告有限公司上海分公司 广东凯络广告有限公司上海分公司
2009 年	1—5		智威汤逊-中乔广告有限公司上海分公司 上海李奥贝纳广告有限公司 盛世长城国际广告有限公司 分众传媒(中国)控股有限公司 麦肯·光明广告有限公司
	6—10	广东省广告股份有限公司(8)	北京电通广告有限公司 北京恒美广告有限公司上海分公司 凯帝珂广告(上海)有限公司 广东凯络广告有限公司上海分公司
2010 年	1—5	昌荣传播集团(4)	李奥贝纳广告有限公司 盛世长城国际广告有限公司

年度	排序	本土广告公司	国际广告公司
			北京电通广告有限公司 北京恒美广告有限公司上海分公司
	6—10	广东省广告股份有限公司(7)	智威汤逊-中乔广告有限公司上海分公司 上海分众德峰广告有限公司 凯帝珂广告(上海)有限公司 阳狮广告有限公司上海分公司
2011 年	1—5	昌荣传播有限公司(5)	群邑(上海)广告有限公司 盛世长城国际广告有限公司 上海李奥贝纳广告有限公司 北京电通广告有限公司
	6—10	广东省广告股份有限公司(8) 上海新兴媒体信息传播有限公司(9)	北京恒美广告有限公司上海分公司 智威汤逊-中乔广告有限公司上海分公司 上海分众德峰广告传播有限公司

（3）主要国际广告公司在中国市场的营业额及其增长率

笔者选取五大国际广告公司智威汤逊-中乔广告有限公司上海分公司（WPP 集团）、上海李奥贝纳广告有限公司（阳狮集团）、盛世长城广告有限公司（阳狮集团）、麦肯·光明广告有限公司（IPG 集团）、北京电通广告有限公司（电通集团），通过统计 1997—2011 年各家广告公司的营业额及增长率情况（如表 9.5 所示）。可以看出，这些大型国际广告公司营业额增长迅速，市场份额进一步扩大，其中有两个增长高峰时期，第一个时期是 2001 年年底中国加入世界贸易组织之后，2002 年和 2003 年五大国际广告公司营业额呈现高速增长态势；第二个时期是 2005 年年底中国广告市场完全开放之后，2006 年和 2007 年五大国际广告公司营业额快速增长，这并非偶然现象。随着中国经济的迅猛发展和广告市场的完全开放，国际广告公司开始在中国市场强势扩张，广告产业越来越向大型国际广告集团集中。

由于市场准入门槛低，中国本土广告公司目前仍处于"高度分散、高度弱小、零散化运作"的低水平发展阶段，"大量小公司、少量大公司"，难以与强势国际广告公司抗衡。随着中国广告市场完全对外资开放,中国广告产业已处于没有任何政策保护的全面开放格局。近年来,国际广告公司不断加大对中国市场的投入,或成立独资子公司,或并购中国本土优秀广告公司与营销传播公司,其扩张战略对中国本土广告公司与营销传播公司发展构成极大威胁。如果不改变本土广告公司与国际广告公司的失衡结构,中国广告产业未来前景堪忧。

表 9.5 1997—2011 年主要国际广告公司在中国市场的营业额及增长率

年度（年）	智威汤逊-中乔广告有限公司上海分公司		上海李奥贝纳广告有限公司		盛世长城国际广告有限公司		麦肯·光明广告有限公司		北京电通广告有限公司	
	营业额（万元）	增长率（%）	营业额（万元）	增长率（%）	营业额（万元）	增长率（%）	营业额（万元）	增长率（%）	营业额（万元）	增长率（%）
1997	64928	40.30	8549	42.40	142000	80.30	76149	59.00	37168	20.10
1998	64646	-0.40	11135	30.20	167329	17.80	110261	44.80	38304	3.10
1999	111536	72.50	18118	62.70	183542	9.70	126705	14.90	38000	-0.80
2000	121109	8.58	67558	272.88	138390	-24.60	137200	8.28	70400	85.26
2001	94607	-21.88	109292	61.78	140060	1.21	136274	-0.68	109925	56.14
2002	121298	28.20	169305	54.90	219558	56.80	180986	32.80	154980	41.00
2003	170532	40.59	246426	45.55	274774	25.13	266199	47.08	233707	50.80
2004	30574	-82.07	421768	71.15	311079	13.21	277545	4.26	250374	7.13
2005	240638	687.07	381722	-9.49	338429	8.79	309930	11.67	250657	0.11
2006	350000	45.45	393796	12.63	375102	10.84	365432	17.91	286379	14.25
2007	416972	19.13	429942	9.18	431367	15.00	423488	15.89	343520	19.95
2008	471009	12.96	475578	10.61	427792	-0.83	492835	16.38	356886	3.89
2009	566800	20.34	496205	4.34	421895	-1.38	368590	-25.21	367416	2.95

年度 (年)	智威汤逊-中乔 广告有限公司 上海分公司		上海李奥贝纳 广告有限公司		盛世长城国际 广告有限公司		麦肯·光明广 告有限公司		北京电通广告 有限公司	
2010	376756	-33.53	567599	14.41	559302	32.57	—	—	456924	24.36
2011	376756	0.00	621328	9.53	666822	19.22	23423	—	573372	25.49

2. 国际广告公司的市场并购战略及风险

(1)国际广告公司在中国市场的并购战略

国际广告集团发展为提供整合营销传播服务的营销传播集团,主要采用并购本土优秀营销传播公司的方式。并购可以降低经验曲线,快速进入新市场,大大减少新建公司所花费时间,通过利用现有生产能力和市场份额,把握市场机会,获得先入优势,迅速完成战略布局。在竞争日趋激烈的环境下,并购投资是对竞争对手战略调整做出快速反应的有效方式。从企业间效率存在差异的角度出发,并购还是获得规模经济效益、管理效率溢出以及经营协同收益的有效方式,可以获得最大产业协同效益。

以英国 WPP 集团为例,2002 年并购中国本土最大公关公司西岸咨询策划公司 60%股份,从而提升了该公司在公关领域的服务能力;2006 年并购擅长通路促销的专业营销公司上海奥维思 65%股份,加强了专业的线下零售市场营销服务能力;2006 年并购中国历史最久、拥有覆盖全国城市及乡镇地区庞大数据采集网络的北京华通现代信息咨询有限公司 95%股份,加强了公司在数据分析与营销咨询方面的实力;2006 年并购国内领先的互联网广告代理公司北京世纪华美广告公司,增强了互联网广告代理、数字媒体广告代理服务能力;2007 年 6 月收购星际回声集团,获得星际回声集团遍布全国上千个城市的物流执行网络;同年 10 月,收购广州达生整合营销传播机构,获得达生的 4 个办公室、33 个办事处和覆盖全国超过 500 个城市的营销执行网络;2008 年 9 月,WPP 获得欧盟同意,以 11 亿英镑收购全球第三大市场研究公司 TNS(法国索福瑞集团),与 WPP 集团的市场调研部门 Kantar 合并,合并后的新公司成为全球第二大市场研究、信息和咨询公司。CSM(央视—索福瑞)是 TNS

的子公司,WPP 通过收购兼并 TNS,也就实际控股中国最大电视收视率监测机构——CSM。"WPP 集团在中国目前已经拥有 150 多个公司,分布在企业管理、营销咨询、品牌策划、市场调查、创意制作、媒体购买、促销管理、公共关系、活动赞助、网络营销、互动传播、娱乐营销、公益营销等企业经营和营销传播等价值链条的各个环节上。"①2002—2009 年 WPP 集团在中国市场的并购情况如表 9.6 所示。

表 9.6　2002—2009 年 WPP 集团在中国市场并购情况②

目标公司	并购时间	并购股份	并购公司实力	并购效果
西岸咨询策划公司	2002 年	60%股份	中国本土最大的公关公司之一	进一步发展了在中国的网络,实现了"高度本土化的国际公司"的承诺
BrandOne	2002 年	60%股份	直效营销公司	增强直效营销能力
上海广告公司	2003 年	25%股份	本土大型国有广告公司	借助上广本土广告优势,增强市场影响力
福建奥华广告公司	2004 年	51%股份	福建最大的广告公司	向福建的二级城市拓展,在中国东部沿海地区建立起一个稳固的立足点
广州旭日因赛广告有限公司	2004 年	30%股份	华南地区规模最大、最具专业实力的广告公司之一	填补智威汤逊·中乔广州分公司撤离的空缺,重新打回华南地区
iPR	2005 年	多数股份	精于财经公关,服务大陆公司在香港上市。2005 年,iPR 负责大约 20%在港上市项目的公关顾问服务	抓住更多大陆企业到香港资本市场融资的市场机会,拓展其在财经公关领域的专业实力及网络
北京华扬联众广告公司	2006 年	49%股份	中国互联网最大购买实体,拥有目前在国内最专业和庞大的互联网广告团队,以及一批国内一线企业和世界 500 强企业	增强群邑的互联网广告购买能力和互动行销能力

---

① 刘国基:《广告生态变迁与广告公司进化——关于宋秩铭对奥美中国年终谈话的随想》,《广告大观(综合版)》2009 年第 5 期,第 46 页。

② 廖秉宜、付丹:《广告产业经济学理论与实践研究》,学习出版社 2012 年版,第 86—89 页。

续表

目标公司	并购时间	并购股份	并购公司实力	并购效果
黑狐广告公司	2006 年	60% 股份	专业房地产传播公司	获得黑狐在房地产领域的客户，以及在二、三线城市已经建立起来的资源和渠道
阳光加信广告有限公司	2006 年	49% 股份	国内领先的专业领域全案广告服务提供商	获取北方市场（沈阳、长春等）
北京世纪华美广告公司	2006 年	—	国内领先的互联网广告代理公司	增强互联网广告代理、数字媒体广告代理服务能力，成立奥美世纪作为 Neo@ Ogil-vy 中国子公司，2006 年一举成为国内排名第四的互联网广告代理公司
上海奥维思市场营销服务有限公司	2006 年	65% 股份	通路促销的专业营销公司，已经在全国建立了最大的促销网络	加强专业的线下零售市场营销服务能力
北京华通现代信息咨询有限公司	2006 年	95% 股份	中国历史最久、拥有覆盖全国城市及乡镇地区的庞大数据采集网络	融合双方优势给国内外客户提供研究分析
成都阿佩克思广告有限公司	2007 年	51% 股份	擅长以整合营销进行品牌推广和策划，占据四川和西部地区市场	以此为基点向整个西部扩散业务，在成都、北京、西安分别合资成立公司
广州达生整合营销传播机构	2007 年	51% 股份	中国最大的整合营销服务公司之一，提供全方位的企业战略咨询及市场解决方案，公司服务超过 50 个国际知名品牌及全国著名企业	获得达生的 4 个办公室、33 个办事处和覆盖全国超过 500 个城市的营销执行网络，大大提高了集团在中国市场的整合营销传播代理实力
星际回声集团（Star Echo）	2007 年	51% 股份	中国领先的营销服务代理机构，业务范围遍布中国 150 个城市	深化集团在直销、品牌推广与设计以及互动性购买者营销等方面独特的营销服务能力
互动通控股集团（HDT）	2008 年	少数股份	中国领先的富媒体广告公司	旗下 WPP Digital 收购互动通，加强了在数字媒体领域的代理能力

续表

目标公司	并购时间	并购股份	并购公司实力	并购效果
广州智道市场研究有限公司（Zdology）	2008 年	多数股份	智道市场研究有限公司是一家专注于购物者研究和渠道、终端研究的专业咨询型市场研究公司，拥有丰富的行业经验和专业领先的研究分析技术	WPP 旗下 Research International 收购广州智道，增强了中国市场研究能力
央视—索福瑞媒介研究有限公司（CSM）	2008 年	—	中国规模最大、最具权威的收视率调查专业公司	WPP 获得欧盟同意，以 11 亿英镑收购全球第三大市场研究公司 TNS（法国索福瑞集团），从而控股 CSM，进一步增强了在中国的媒介市场研究实力
央视市场研究股份有限公司（CTR）	2008 年	—	中国最大的专业媒介与市场研究公司之一	WPP 收购 TNS 后，从而控股 CTR，进一步增强在中国的专业媒介和市场研究实力
上海施达勒脉达思广告有限公司（MDS）	2009 年	60%股份	国内领先的保健品代理机构	WPP 集团所属的医疗营销机构 Sudler & Hennessey 通过收购在上海和北京运营的国内保健品代理机构 MDS，扩大了在该领域的市场占有率

　　除 WPP 之外，宏盟集团和阳狮集团在中国营销传播领域的并购也很频繁。2006 年 3 月宏盟集团控股中国领先的终端营销公司尤尼森，该公司主要为消费行业、制药行业和服务行业提供多种渠道解决方案，有遍布全国 22 个城市的终端营销网络，收购尤尼森对宏盟集团中国网络的拓展有重要意义。法国阳狮集团目前在中国的业务主要有广告代理、媒介购买、公关、互动与专业营销服务等，近年来阳狮集团在中国并购频繁，积极介入数字互动与营销服务领域，拓展全国网络。2006 年，阳狮集团收购本土专业营销服务公司百达辉琪 51%股份；2007 年 4 月，收购售后、零售、促销服务公司永阳绝大多数股份；同年 7 月，完成对中国最大独立互动营销公司 CCG 的收购，奠定阳狮在数字营销和互动沟通领域的领导地位。

2005 年年底中国广告市场完全开放之后,国际广告集团开始在中国广告市场新一轮强势扩张。"据不完全统计,2006—2007 年,共有 6 家领先的大型本土营销服务公司被跨国集团收入囊中,包括尤尼森、奥维思、百达辉珠、永阳、星际回声、达生等。"①通过并购中国本土大型营销传播公司,国际广告集团迅速提升了在专门领域的服务能力和整合营销传播能力,利用国内这些公司在营销传播服务领域的专业实力和已经建立起来的全国性网络,实现的全国性扩张。

国际广告集团并购本土大型营销传播公司,主要有两类:一类是在营销传播服务专门领域领先的公司;另一类是在行业领域领先的公司。并购前一类公司可以将自身服务领域拓展到除广告核心业务之外的营销咨询、公关、促销、直销、数字营销以及其他专门营销传播领域,从而大大提升国际广告集团在各营销传播服务领域的专业服务能力和整合营销传播服务能力。并购本土大型的专注服务于某行业的广告公司和营销传播公司,则可以迅速进入新的利基市场,扩大国际广告集团的赢利空间。比如,2006 年 WPP 收购国内领先的专业房地产传播公司黑狐 60% 股份,进军中国成长迅速的房地产市场;2007 年 9 月,宏盟集团收购医药咨询和营销传播服务公司康斯泰克公司多数股份,并将其归入 DAS 的运营品牌旗下,康斯泰克公司是国内最早的医药专业咨询和营销公司之一,拥有诺华制药、诺和诺德、西安杨森、益普生、华润集团等客户。并购康斯泰克公司,标志着宏盟集团深入拓展中国医疗保健市场。

(2)国际广告公司中国市场并购的垄断风险及影响

国际广告公司进入中国市场,带来先进的经营方式、策划创意理念和广告运作模式,对于中国广告业整体水平提升具有重要意义。近年来,中国本土广告公司和营销传播公司实力大幅提升。然而,相比较国际广告公司而言,本土广告公司和营销传播公司在规范管理与专业代理能力方面还存在一定差距。随着中国经济的快速发展,国际广告加速在中国市场扩张,实现了经营额和利润率的快速增长,也进一步提升了在中国的市场势力。国际广告公司公司中国并购的垄断风险及其影响主要体现在以下几个方面:

---

① 陈徐彬等:《2007 中国广告业的春秋图》,《广告大观(综合版)》2008 年第 1 期,第33 页。

①国际广告公司在中国市场加速并购,导致广告产业的外资主导倾向,加剧了对广告市场的垄断。从上文的分析中可以看到,国际广告公司在中国广告市场上表现出绝对的强势,2011 年中国广告公司营业额前 10 位中本土广告公司仅占三席。"2007 年营业额排名前 100 位的广告公司总营业额 5638599 万元,占全年广告公司经营总额的 81.9%,其中外资广告公司 25 家,占广告公司营业额 100 强市场份额的 54.5%,占全年广告公司总营业额的 44.63%,而且市场份额有继续扩大的趋势。"①表 9.2 数据显示,2011 年营业额排名前 100 位的广告公司总营业额 10298038 万元,其中国际广告公司有 36 家,占前 100 位广告公司营业额的 56.2%,本土广告公司有 64 家,仅占前 100 位广告公司营业额的 43.8%。

②国际广告公司并购中国本土优秀广告公司和营销传播公司,在提升其整合营销传播代理能力的同时,也进一步削弱了中国本土广告公司和营销传播公司的市场竞争力。国际广告公司并购本土优秀广告与营销传播公司通常有两个目的:一是本土广告与营销传播公司在某些方面的代理能力很强,国际广告公司进入门槛和进入成本比较高,通过并购可以快速提升国际广告公司在该领域的代理能力;二是国际广告公司为加强对市场的控制,通过并购减少有实力的竞争对手数量,削弱本土广告公司与国际广告公司相抗衡的实力。目前,国际广告公司在中国市场大举并购,抑制了中国本土广告公司与营销传播公司的国际化发展进程,严重危及了中国广告产业持续发展后劲与广告产业国际竞争力提升,必须引起政府主管部门、行业协会组织和广告产业界人士高度警觉和重视。

③外资主导中国广告产业将会对民族产业、传媒安全和文化安全产生重大而深远的影响。广告业作为一个提供智力服务的行业,其发展对于民族品牌市场竞争力提升以及民族品牌国际化进程具有举足轻重的作用。从世界范围来看,广告公司国际化是伴随企业国际化而推进的。一些大型跨国广告公司和媒介购买集团利用自身拥有的资金优势,垄断中国优势媒体资源,服务于跨国企业在中国拓展市场的需要,必然会挤压我国民族企业的市场空间。对

---

① 廖秉宜:《自主与创新:中国广告产业发展研究》,人民出版社 2009 年版,第 76 页。

于一些无力支付高昂广告费用的中小型民族企业而言,则更是雪上加霜。在国家自主经济建设背景下,高度分散与高度弱小的本土广告企业难当自主产业推广与自主品牌传播的历史重任,与中国自主经济建设的内在要求形成极大冲突,可能严重影响国家经济安全和产业安全。跨国媒介购买集团携巨资介入中央级和省市级媒体可经营性资产的运营,可能会使我国信息传播技术和资本受制于人。目前,国际资本开始大举进入中国可经营性资产运营领域,如参与媒体节目制作、买断媒体版面和时段等,将会极大地影响媒体经营自主权,进而影响节目内容的编播和导向功能的发挥,由此降低媒介公信力。跨国广告公司创作的广告很多反映西方主流的价值观念和消费文化,大众媒介广告传播的西方价值观念对传统价值观念的消解不容忽视,这种代表西方消费时尚、消费潮流的国际广告大量涌入,影响了青少年的生活方式和价值观念取向,威胁到传统文化的传承与发展,导致文化身份认同危机。

二、媒介购买公司对于广告和传媒业的影响

1. 欧美媒介购买公司在中国的发展战略

1996 年成立的实力媒体和 1998 年成立的传立媒体,是跨国广告集团在中国创立最早的媒介购买公司。媒介购买公司庞大的媒介采买量对中国传媒业和广告业构成极大威胁,国家工商行政管理总局在 1998 年下发了《关于停止核准登记媒介购买企业的通知》,要求各地一律不得受理媒介购买企业设立登记申请;已经办理了核准登记手续的,应在进行本年度广告经营资格检查时,重新核定经营范围,将核准的媒介时间、版面批发和零售经营项目予以核销。但是,由于政府没有严格的监督执行机制,跨国媒介购买公司以挂靠母集团的方式仍继续开展经营业务,规避政府规制的限制,而且发展迅猛,全球十大媒介购买集团目前均已在中国落户。欧美媒介购买公司在中国市场的扩张态势呈现出以下五个方面特点:

(1)由分散经营向整合经营方向发展,通过整合集团客户资源,集中采买媒介,从而增强与媒体的谈判议价实力。例如,WPP 集团整合旗下媒介购买公司组建群邑,阳狮集团整合旗下实力传播和星传媒体构筑全新战略业务单位博睿传播,并在北京、上海和广州设立办事机构,跨国媒介购买公司在中国

呈现整合化、集团化发展态势。

（2）对于一些进入壁垒比较高的领域，跨国广告公司和媒介购买公司通常选择与本土公司合资组建媒介购买公司或建立战略联盟。例如，在美国纽约挂牌上市的全球最大户外广告公司 Clear Channel 与白马合资组建海南白马广告媒体投资有限公司，进军中国户外媒体广告市场；德国 BMC 商务传媒集团与北京铁路局合作开发北京站等四个重点火车站户外交通广告媒体。

（3）收购、兼并中国本土最有实力的专业传播机构，如户外媒体公司、新媒体公司等，从而提升在中国市场的整合传播服务能力。例如，WPP 旗下公司群邑收购中国最大网络广告代理公司之一的北京华扬联众广告公司，组建华扬群邑，进军增长迅速的中国网络广告市场，华扬联众拥有中国网络广告市场 10% 的份额。

（4）跨国媒介购买公司开始由中国的一线城市进入二、三线城市，帮助跨国企业、跨国广告公司在区域市场拓展业务。例如，传立媒体先后在深圳、南京布点，2006 年 4 月成立成都分公司，并与杭州思美广告结成战略联盟，进军中国二、三线城市市场。2010 年 6 月，全球领先的户外媒体策划及购买机构凯帝珂继北京、上海、广州之后，在南京设立第四家办事处。

（5）在维护本集团广告客户媒介业务的同时，积极开发新客户，并为广告集团带来新的客户资源。2010 年，传立媒体赢得广东电信媒介业务，星传媒体赢得上海家化媒体业务，凯洛媒体获得西安杨森业务等，跨国媒介购买公司在中国市场加速发展。"当媒介购买公司形成庞大的垄断性规模时，就能决定媒体价格，影响广告主的媒体决策，这必然为其所服务的跨国广告集团带来巨大的优势，进而打压本土广告公司。"①

2. 欧美媒介购买公司发展的深层影响

（1）对中国传媒业的影响

跨国媒介购买公司将客户资源整合起来集中采买媒介，增强了与媒体谈判议价的砝码，这种"以量定价"的方式，无疑会大大压缩媒体利润空间。媒

---

① 周畅：《跨国媒介购买机构冲击之下的思索》，《广告大观（综合版）》2006 年第 8 期，第39—40 页。

介与媒介购买公司之间关系十分复杂,对于媒介而言,与媒介购买公司合作的好处在于集中采买可以降低媒介运营成本和经营风险,保证稳定的经济来源,而不利因素则在于追求利益最大化的媒介购买公司会无限压低媒体价格,实际降低媒体盈利能力。以电视为例,"20世纪末期在中国通行的所谓'4A价惯例'(4A Rate Convention,各个电视台,主要是省台,给予4A公司的折扣不得低于各台刊例价的七折!)完全溃堤。现在这些媒介购买集团取得的折扣突破五折,甚至二、三折。甚至他们要求电视台保证'收视点成本'(CPRP),如果换算成刊例价,有的已经突破一折。"①有些媒介甚至允许跨国媒介购买公司买断广告经营权,短期来看可以保证媒体营业额和利润上升,但长期来看,这种方式会导致媒体对媒介购买公司过度依赖,在经济形势比较好的时期可以实现双赢格局,然而一旦经济下滑,合作关系将很难维持,媒体会面临极大经营风险。

跨国媒介购买公司庞大媒介购买量和年媒介购买额,以及对广告公司、广告主媒介选择的决定性影响,对中国中小媒体的发展构成极大威胁。全球权威独立媒介代理评估机构RECMA的数据显示,2013年,群邑在中国的560多个市场进行投资,拥有1800多名员工,业务承揽额超过98亿美元,约合人民币593亿元,承揽额占所有中国4A媒介代理公司总量的31.6%,跨国媒介购买公司的实力可见一斑。国内一些中小媒体在跨国媒介购买公司媒介计划、组合与购买格局中面临边缘化的威胁。"外资媒介购买公司的强势,使本土除中央电视台之外的省、地、市和县级电视台全部都笼罩在外资媒介购买公司的垄断式不公平竞争之下。"②

跨国媒介购买公司参与媒介节目内容的制作,影响媒体的未来发展。跨国媒介购买公司、企业赞助商、媒体或节目制作公司形成新的利益组合,媒介内容的商业化、娱乐化倾向将愈发明显。跨国媒介购买公司目前在中国介入内容市场主要是植入式广告运作。例如,传立媒体与其客户联合利华同北京

---

① 刘国基:《必须立法管理媒介购买公司的垄断行为》,《广告大观(综合版)》2007年第1期,第5页。

② 郑维东、左翰颖:《全球化与媒体利益:跨国公司对本土电视传媒的影响》,《新闻大学》2008年春季刊,第135页。

响巢国际传媒有限责任公司紧密合作,将联合利华旗下多芬沐浴乳、清扬去屑洗发露、立顿奶茶等品牌自然植入电视剧《丑女无敌》剧情中。综观全球媒介购买公司的发展,参与媒介内容策划与制作必将成为一种趋势。

(2)对中国广告业的影响

跨国媒介购买公司发展挤压广告公司的利润空间。策划创意费和媒体代理费是广告公司的重要收入来源,跨国媒介购买公司抢占媒体代理市场,使得本土广告公司丧失这部分利润,生存面临巨大挑战。

跨国媒介购买公司积极开发本土新客户,开源"截"流,对本土广告公司发展极为不利。"广告主—广告公司—广告媒介"的广告产业链被"广告主—媒介购买公司—广告公司—广告媒介"的广告产业链代替,广告公司主导产业链的格局逐渐转变为媒介购买公司主导。跨国媒介购买公司利用自己掌握的媒体资源,吸引本土品牌企业,再将其营销传播和广告代理业务委托给母公司,跨国媒介购买公司的开源"截"流对中国广告产业发展影响深远。

三、集中于低层级价格竞争的广告竞争行为

1. 中国广告市场的逆向选择现象

"逆向选择"是信息经济学的一个重要概念。1970 年,美国著名经济学家阿克洛夫创立了旧车市场模型,也称为"柠檬"模型。这一模型的建立开创了逆向选择理论的先河。在旧车市场上,逆向选择问题主要来自于买者和卖者有关旧车质量信息的不对称。卖者知道车的真实质量,而买者不知道,他只知道车的平均质量,因而只愿意根据平均质量支付价格,但这样一来,质量高于平均水平的旧车就会退出交易,只有质量低的旧车进入或留在市场。其结果是,市场上出售的旧车的质量逐步下降,买者愿意支付的价格也随之进一步下降,更多的较高质量的旧车退出市场。最后,在均衡的情况下,只有低质量的车成交。在极端情况下,市场可能没有任何旧车成交,或者说,旧车市场根本不存在。因此,旧车市场的帕累托改进是无法实现的。① 简言之,所谓"逆向选择"现象,就是由于市场交易双方之间的信息不对称,使得信息劣势方只愿

---

① 陈瑞华编:《信息经济学》,南开大学出版社 2003 年版,第 212—213 页。

意根据平均质量支付平均价格,从而导致高质量商品退出市场,最终消费者只能购买到质量低的商品,而非质量高的商品。

广告市场同样存在"逆向选择"问题。广告主和广告公司之间是一种委托代理关系,作为委托方的广告主和代理方的广告公司总是处于一种信息不对称状态,广告公司拥有自身广告服务的完全信息,包括广告公司自身的实力和广告服务的质量和费用等,而广告主则拥有广告公司的非完全信息。处于信息劣势方的广告主在选择广告代理公司时,只愿意根据广告公司的平均服务质量来支付平均代理费用,这就使得高于平均服务质量而且期望收益高于广告主愿意支付的平均价格的广告公司退出广告市场,留下来的则是那些服务质量低于平均水平的广告公司,继续类推,广告主愿意支付的平均价格更低,在极端的情况下,广告主和广告公司的交易就不会发生。

广告市场逆向选择的严重后果在于,服务高质量的广告公司将会被服务低质量的广告公司挤压出市场,使得广告公司的服务质量大大降低,不利于中国广告产业整体竞争力的提升。事实上,广告市场的逆向选择对于广告主而言,同样是非常不利的,广告主只能选择到服务质量低于或等于平均水平的广告公司,感觉好像是节约了成本,实质却造成营销成本的大幅提升,因为广告公司的服务如果不能达到预期的市场效果和传播效果,广告主所支付的广告费用实际上就是浪费掉了。

广告市场逆向选择存在,关键原因在于广告主和广告公司间的信息不对称。从广告主的角度来看,一方面是对广告公司的具体情况缺乏了解,所以在选择广告公司时必然存在心理风险;另一方面认为广告公司之间没有太大差异,所以愿意支付的价格肯定就低于市场的平均价格。从广告公司的角度来看,确实也存在同质化竞争的问题。为了消解因信息不对称引发逆向选择,广告主和广告公司都需要进行有效的信息搜寻、信号甄别和信号传递。对于广告主而言,比稿就是一种进行信息搜寻、信息比较和信号甄别的重要途径,尽管目前广告市场比稿还存在很多不规范的地方,比如,广告主利用比稿窃取广告公司的智力成果而不支付相应的报酬、广告主的暗箱操作、广告公司的恶性价格竞争等现象,值得深刻检讨,但是比稿也是一种合理的存在,它是广告主减少与广告公司之间信息不对称,降低广告主消费风险的一种有效途径。对于广告公司而言,就是要形成自己的核心竞争优势,产生广告公司的品牌效应,进而在广告市场树立良好的口碑。

2. 同质化与恶性价格竞争是市场逆向选择的根源

广告公司的同质化和恶性价格竞争已经严重削弱了中国广告产业的竞争力,广告公司同质化竞争的事实和广告主对广告公司同质化的认知,使得广告市场的"信号失灵",广告公司的信号传递以及广告主的信息搜寻和信号甄别都无法发生作用,从而进一步加剧了广告主和广告公司之间的信息不对称,导致了广告市场逆向选择的发生。正是从这个角度来说,笔者认为,广告公司的同质化和恶性价格竞争是产生广告市场逆向选择的根源。

目前,广告服务的同质化和价格竞争现象愈演愈烈——无论是大型的还是中小型广告公司,在服务内容、服务方式和服务水准上走向趋同。由于服务趋同,找不到核心专长,广告公司之间往往相互压价抢单,陷入激烈的价格竞争,造成广告公司营业额利润空间狭小,无力投入公司升级运作,无法集聚更多资源,而这一状况又使得广告公司核心竞争力的打造更为艰难。经营趋同,缺乏个性,已经成为当前限制我国广告公司发展的重大瓶颈。

广告公司是市场专业化分工的必然产物,广告公司存在的核心价值就在于为企业提供高度专业化的营销传播服务。长期以来,企业对我国本土广告公司专业服务水平认同度较低,由此导致企业对广告公司专业服务能力的普遍质疑,引发广告市场的"逆向选择",导致"劣币驱逐良币",将那些真正服务优秀的本土广告公司置于一种非常不利的竞争境地。广告市场的规范化运作一方面需要广告市场主体加强自律,另一方面政府和广告行业协会组织也要积极引导和强化自律。

四、媒介数据不透明与广告市场不规范竞争

1. 媒介市场数据不规范现象的具体表现

(1)媒介数据虚假问题

媒介发行量、收视率/收听率、点击率等一直是衡量媒介影响力的重要指标。媒介发行量、收视率/收听率、点击率是媒介制定广告刊播价格的主要依据,也是广告公司和广告主选择媒体的重要依据。媒介发行量、收视率/收视

率、点击率的高低关乎媒体的生存与发展,媒介出于经济利益的考虑,存在虚报发行量、收视率/收听率、点击率的现象。

媒介市场之所以存在数据虚假问题,主要原因有三个方面:一是媒介出于经济利益的驱使,为了获得更多广告客户,获取最大经济利益,隐瞒或虚报发行量、收视率/收听率、点击率;二是媒介市场缺乏有效的政府监管和行业自律,法律法规的缺失和政府监管的缺位导致媒介数据虚假问题成为行业内"公开的秘密";三是缺乏权威的第三方审核机构,以报纸发行量为例,在公布发行量方面,报社掌握了充分的主动权,也给发布制造了太多的随意性。

近年来,关于媒介数据虚假的问题不断见诸报端。例如,2010年7月1日起,《人民日报》短时间内连续进行系列报道,对"个别卫视'收买'样本户电视收视率发现造假行为"进行调查,一石激起千层浪。2012年8月,中视丰德影视版权有限公司董事长王建锋公开真实身份,在微博上揭批某公司可以运作收视造假,短时间内引发诸多媒体关注。媒介数据虚假问题再次成为业界关注的焦点。媒介数据虚假问题,不利于媒体市场公平竞争,也不利于广告市场公平竞争。媒介数据虚假会误导广告主和广告公司,加剧广告业无序竞争。

(2)媒介数据合谋问题

目前市场上尽管有一些媒介调研公司作为独立的第三方机构发布媒介发行量和收视率/收听率等数据,但是却存在诸多问题。一是媒介调研公司的专业调研能力不高,而且往往调研的范围比较窄,不能全面反映媒体的各项指标。二是媒介数据合谋问题。例如,中视丰德影视版权有限公司董事长王建锋公开真实身份,在微博上揭批某公司可以运作收视造假,这一事件从一个侧面反映出我国媒介数据市场上的乱象,即一些媒介调研公司在商业利益驱使下,摒弃基本职业道德和行业规范,提供虚假媒介数据。媒介数据调研市场上的合谋问题,是媒介虚假数据问题的一种特殊表现,严重影响了第三方机构声誉,对于中国传媒业和广告业发展也产生了错误引导和不利影响。

(3)媒介数据垄断问题

媒介数据垄断问题,已经成为制约中国广告产业竞争力提升的重要因素之一。当前,我国媒介数据调研市场基本被跨国公司主导,央视—索福瑞公司和AC尼尔森公司是该领域的两大领导企业。1996年,央视调查咨询中心与法国索福瑞集团(TNS)合作成立合资公司央视—索福瑞媒介研究有限公司(CSM)。2001年,中国国际电视总公司和世界领先的市场研究集团TNS又合资成立央视市场研究股份有限公司。媒介数据研究公司的成立,为广告媒介的科学化投放提供了数据基础,也提升了媒介及其所属广告公司的核心竞争力。2008年9月,WPP以11亿英镑收购全球第三大市场研究公司TNS,从而控股央视—索福瑞媒介研究有限公司、央视市场研究股份有限公司。TNS与AGB尼尔森的视听率调查业务形成直接竞争关系,由于欧盟的反垄断条款,WPP退出AGB尼尔森,并从尼尔森处得到SRDS(为媒体购买业务提供数据库的原尼尔森子公司)以及其他小型调研资讯业务。国际广告公司对媒介研究公司的垄断,对中国传媒业和广告业产生了重大影响。国际广告公司与国际媒介数据公司的战略联盟,提高了广告市场进入壁垒,从而赢得了更多本土大客户。而对于一些本土中小型广告公司而言,由于无力支付高昂媒介数据费用,生存将会变得愈发艰难。

2. 媒介数据不透明对传媒业和广告业的影响

一是加剧媒介市场的不公平竞争,导致媒介市场的逆向选择。2003年1月23日,《中国新闻出版报》以一整版的篇幅刊载了《对报刊虚报发行量说不》的报道,并发表记者述评说:"在当地发行量大的报刊,一般不会虚报发行数量,并以各种方式证明自己的诚信。而发行量越少的报刊,虚报的成分越大,有的甚至可虚报10倍20倍。如北京一家高档消费类杂志,公开宣称发行量为44万册,而一家广告公司通过详细调查,发现连4万册都不到。上海一家财经类杂志,号称发行24万册,一家调查公司通过调查发现,该杂志在上海仅发行180册,在北京发行450册,推算结果是,全国最多1.8万册,虚报达13倍之多。"报刊发行数据虚假问题,导致广告公司和广告主对于媒介数据整体质疑,广告价格也会大打折扣,导致媒介市场的"劣币驱逐良币"现象,导致媒介市场"逆向选择",不利于传媒产业发展。

二是媒介数据调研行业公信力遭受质疑,对于调研数据行业发展造成不利影响。媒介数据调研市场存在的不规范现象,对于整个媒介数据调研行业将会产生极大负面效应,会造成广告主、广告公司对媒介数据调研市场整体质疑,短期来看,一些媒介数据调研公司通过非法手段从中谋取暴利,但是损害的却是公司长期利益和整个媒介数据调研行业的整体信誉。因而,亟须政府和行业协会对媒介数据调研市场进行有效规范。

三是加剧广告市场的无序竞争,不利于广告主和广告公司科学的媒体决策。广告公司代理广告主业务,进行媒体的选择与组合投放,需要媒体数据作为决策依据。然而,媒介数据市场的虚假问题、合谋问题和垄断问题,已经严重影响到广告公司科学的媒体决策。媒体数据不透明,也使得广告公司的媒体决策遭受广告主质疑,加大了广告传播风险,使得广告主和广告公司之间的合作关系变得更加不稳定,从而对于广告产业可持续发展和产业竞争力提升产生不利影响。

第三节　中国广告市场的监管对策分析

一、对外资并购行为与市场垄断的监管

1. 尽快出台相关法律法规,加强对外资广告并购的监管力度

"长期以来,相关行政立法缺失、外资监管力度薄弱、政策执行疏漏、以吸引外资多寡作为政绩考核指标的陈旧观念,都使本土广告公司在面对跨国广告集团大举入侵时显得形单影只。"①我国政府和行业协会要做好以下四方面工作:一是出台相关法律法规,对外资广告公司在中国市场并购行为进行有效监管,防止外资并购加剧外资主导倾向;二是建立外资并购登记审批制度,组建广告业外资并购风险评估委员会,对外资并购活动进行动态评估与监管,防止国际广告公司利用我国法律法规漏洞进行"暗箱操作";三是政府和行业协会要完善广告产业数据统计指标体系,切实提高统计数据的准确性和权威性,这有利于科学评价和有效规范外资并购活动;四是严格执行关,外资并购法律法规出台之后,还需要专门政府机构进行严格监管,把工作落到实处。此外,政府和行业协会还需要加强对国际媒介购买公司的监管,防止国际媒介购买公司垄断中国媒介广告市场,这就需要政府完善对媒介购买行为的立法,发挥

---

① 卢德华、林升梁、关岑:《中国广告业的并购时代》,《广告研究》2009 年第 5 期,第 91 页。

媒介协会作用,制定针对媒介采购活动的自律规则。通过发展媒介广告公司,鼓励本土媒介购买公司发展,构建本土广告公司与媒介集团战略联盟,进而提高本土媒介购买公司竞争力,降低媒介对国际媒介购买的公司依赖,维护媒体安全和产业安全。

2.政府加大广告业资金扶持力度,拓宽广告业的投融资渠道

从广告公司与资本市场的关系来看,银行体系对本土广告业扶持的先天不足、资本市场配套服务措施的相对不完善、开拓民间融资渠道所可能遭遇到的政策壁垒,都导致我国本土广告公司普遍存在借贷难、入市难、融资难的问题。当前,政府必须加大对广告业的资金扶持力度,拓宽投融资渠道,主要可以通过以下三种方式:(1)从国家文化产业振兴战略和推进国家广告战略实施的高度,认识广告产业价值,加大金融政策、信贷政策和财税政策、土地政策等方面扶持力度,促进广告业又好又快发展;(2)政府要制定政策鼓励银行等金融机构为本土有实力和发展潜力大的广告公司和营销传播公司提供融资上的便利,资本市场要为本土有实力和发展潜力大的广告公司和营销传播公司敞开大门;(3)适当放开民间资本的限制,使国内中小型广告公司和营销传播公司的融资渠道更趋多元化,一方面可以解决中小型广告公司和营销传播公司融资难问题,另一方面也可以缓解我国金融体系压力。

3.本土广告公司积极开展资本运作,提升企业规模和专业实力

跨国广告公司对国内有实力和发展潜力的广告公司和营销传播公司的并购之所以屡屡得手,其中有一个重要原因就是一些本土广告公司和营销传播公司的投机心理和对短期利益的追求。一些广告公司和营销传播公司只注重眼前经济实利而轻视企业长期建设,缺乏战略性的全局思维和长远的品牌建设考虑。这种企业经营上的短视行为,导致我国广告业虽已历经三十多年的发展,却仍是一盘散沙,各家公司圈地为王、各自为政,没有能实现强强联手、资源整合,进而催生本土广告集团与跨国广告集团分庭抗礼。

本土广告公司和营销传播公司的短视行为,对于中国广告产业可持续发展和产业竞争力提升产生了极大负面效应。解决这一问题,主要可以通过以下途径:(1)政府和行业协会组织针对广告业界开展广告素养教育,积极引导广告产业界人士树立企业战略观,从中国广告产业整体发展和广告公司竞争

力提升高度,审视广告公司短期利益和长期发展之间的关系,树立一批优秀广告企业家榜样,扶持一大批优秀本土广告公司和营销传播公司发展;(2)本土广告公司和营销传播公司要尽快熟悉资本运作特点,充分利用资本市场扩大企业规模实力,缩短企业成长周期并提升专业实力。近年来,一批优秀广告公司纷纷通过上市融资发展壮大,迅速构建起全国性代理网络。如 2001 年 12 月,白马广告在香港挂牌上市;2003 年年初,山东宏智广告集团成功在美国纳斯达克上市,进行资本重组后,宏智广告集团更名为泛亚国际传媒集团;2003 年 11 月,南京大贺户外传媒在香港创业板上市;2008 年 7 月,中视金桥国际传媒有限公司在港交所上市;2008 年 8 月,广而告之合众国际广告有限公司在纽交所上市等。上述广告企业集中于两类,一类是拥有媒体资源的户外广告公司,另一类是代理优势媒体资源的广告公司。《文化产业振兴规划》的出台以及一系列支持包括广告产业在内的文化产业政策的颁布实施,为广告公司上市融资提供了政策保证。2010 年 5 月,广东省广告股份有限公司在深交所中小板上市,昌荣传播在美国纳斯达克成功上市,成为中国第一家上市的综合性广告代理公司;(3)本土广告公司和营销传播公司通过跨地区、跨行业和跨媒介的并购与联合等资本运作方式,实现公司规模的快速壮大,进而催生了一批有实力的广告集团和营销传播集团。比如,2002 年,旭日因赛由旭日广告核心团队和因赛品牌顾问(Insight Brand)合并重组而成;2004 年,维传意达广告与凯普九歌广告合并组建成立维传凯普传播机构等。

二、对媒介购买公司行为的政府监管与媒体自律

1. 多管齐下,政府和广告协会加强对跨国媒介购买公司的监管

随着中国传媒的市场化和日益开放,西方媒介购买公司对中国的渗透越来越深,中国传媒不仅将面临经济风险,还会面临文化安全问题。由于资本对利润最大化的追求,媒介购买公司必将向垄断发展以获得绝对利润。由于西方广告业是线性发展的过程,企业、媒体和广告公司是同步成长的,所以,媒介购买公司的出现及其形成的垄断对欧美广告行业更多地起到了一定的制衡作用。但对于中国广告业而言,由于广告公司和媒体的发展都还不够充分和成熟,西方媒介购买公司的出现和势必形成的市场垄断,将加剧恶性竞争,并有

可能对整个广告行业的发展造成巨大伤害。西方媒介购买公司在中国台湾地区的发展及其造成的严重影响已经充分证实了这一点。因此,要严格防范西方媒介购买公司对中国媒介广告市场的垄断,限制其对中国本土专业传播机构的收购行为,在电信媒介等领域设置较高的门槛禁止西方媒介购买公司的进入。近年来,西方媒介购买公司开始大力向中国网络媒体市场领域拓展,提升广告程序化购买实力,值得引起广告产业界人士的高度重视。

多方人士曾大力呼吁加强对西方媒介购买公司的监管,但由于多方面原因,尤其是西方媒介购买公司通过多年发展积累了丰富的逃避规制的经验,所以监管效果并不佳。尽管西方媒介购买公司在中国发展很快,但其实际上一直在以不完全合法的身份发展。由于媒介购买公司庞大的媒介采买量对中国传媒业和广告业构成极大威胁,国家工商行政管理总局在 1998 年下发了《关于停止核准登记媒介购买企业的通知》,但是此后由于一直缺乏强有力的监管措施,跨国媒介购买公司采取多种规避策略,以挂靠母集团等方式继续在中国大肆扩张。"面对西方媒介购买公司在中国发展的事实,我们可以利用已颁布的《反垄断法》和《广告法》等法规,充分发挥行业协会的作用,多管齐下,加强监管。"①

2. 积极引导,鼓励媒介集团和本土广告公司组建媒介购买公司

中国大型媒介集团可以独立组建媒介广告公司,或是并购国内有实力的媒介代理公司,从而降低对跨国媒介购买公司的过度依赖。日本广告产业发展的成功经验可资借鉴,在日本,媒介广告公司和企业广告公司主导日本广告市场,日本前十大广告公司中,大广属于朝日新闻集团,读卖广告社属于读卖新闻集团,朝日广告社属于朝日新闻集团,日本经济广告社属于日本经济新闻集团,电通、博报堂和旭通属上市公司,脱胎于媒体,目前媒体股份也占有相当大的比重。东急、JR 东日本企画、Delphys 分别属于东急集团、JR 东日本铁路公司和丰田集团下属的 In-house 广告公司。② 由此可见,日本的媒介广告公司大都依托强势媒体。中国目前经营比较好的媒介广告公司,也大都诞生于

---

① 刘瑞生:《西方媒介购买公司"渗透"中国风险何在》,《中国党政干部论坛》2012 年第 5 期。

② 廖秉宜:《日本媒介型广告公司的发展及其启示》,《新闻与传播》2007 年第 7 期,第 70 页。

全国性或区域性的强势媒体集团,并发展成为大型整合传播集团。例如,中央电视台的北京未来广告公司,北京电视台的京视博传媒有限公司,湖南广播电视台控股的湖南电广传媒股份有限公司旗下的北京韵洪广告有限公司、广州韵洪广告有限公司,成都商报的成都博瑞传播股份有限公司等。媒介广告公司由于依托强势媒体,拥有优质的媒体资源和雄厚的资金支持,可以获得初期的快速发展。然而,当媒介广告公司发展到一定阶段之后,必须实现公司转型,即由单一媒体的广告代理走向多媒体甚至是全媒体的广告代理,从而提高媒介广告公司的整合传播代理能力,为广告客户提供科学有效的媒体组合解决方案。

由于媒介购买公司逐渐向广告产业链上游发展,本土广告公司要获得市场主动权,组建媒介购买公司成为一种战略必需。从广告公司发展角度来看,媒介购买公司市场势力的增强,挤压了广告公司的利润空间,本土广告公司要提升市场竞争力,媒介购买公司成为必不可少的战略构成;从产业扩张角度来看,国内一些上市广告企业如分众传媒、广而告之、中视金桥、合力昌荣传播、广东省广等也在积极寻找新的盈利增长点,媒介购买公司将会成为公司利润的重要构成。目前,本土媒介购买公司主要采用独立组建和联合组建两种方式,如昌荣广告于2002年独立组建合力昌荣传播,广东省广与广东广旭、省广博报堂于2003年联合组建三赢传播等。对于一些中小规模的广告公司,或调整经营战略,走专门化发展道路,将公司定位于专业的策划创意公司、广告设计制作公司;或联合多家本土广告公司,建立以资本为纽带的媒介购买公司。随着本土上市广告公司的快速发展,并购、联合等资本运作方式成为媒介购买公司发展的重要途径,进而发展为提供专业广告与营销传播代理、媒介代理的整合营销传播集团。

此外,新媒体的快速发展正在深刻改变着广告产业的竞争格局,一些大型互联网企业通过资本并购、联合和自建等方式发展DSP公司和AdExchange广告交易平台,提升广告程序化代理的专业实力,成为影响中国数字广告产业未来发展的重要力量。大数据时代,大数据、技术和创意的水平决定数字广告公司的核心竞争力。大型互联网企业既是经营性企业,也是发布广告的媒介平台。大型互联网企业具有资金资源、受众资源、技术资源、客户资源和大数据资源等核心优势,因而依托大型互联网企业的数字广告公司具有天然发展优势。本土广告公司也在积极向数字营销传播代理领域拓展业务,通过独立组建 DSP 公司,或与 DSP 公司和大型互联网企业建立战略联盟,或是并购 DSP 公司等方式,提升广告公司的数字营销传播代理水平和广告程序化购买能力。

3. 精心谋划,倡导媒介集团与本土广告代理业构筑战略合作联盟

韩国广告产业发展的成功经验值得借鉴。20 世纪 80 年代,《韩国放送广告公社法》和《关于广告公司代理广播电视广告的规则》对从事广播电视广告代理业务的广告公司资格进行了严格的限制,使得广告公司通过对广播电视广告资源的代理资格获得了更多广告客户,从而实现了规模化发展。韩国广告业发展的经验为中国广告业发展提供了重要的借鉴,即通过对优势媒体资源的占有吸引更多广告客户,从而提升广告公司的竞争力。中央电视台的广告授权代理模式值得借鉴和推广,广告代理公司可以通过成为国内优势媒体集团的广告授权代理商,提高跨国媒介购买公司进入的壁垒,还可以通过参股媒介广告公司、企业广告公司,与媒介、企业建立战略联盟,形成竞争优势。

同时,政府和行业协会可以适度提高进入壁垒,促进媒介资源和客户资源向品牌广告公司集中。广告业行业标准制定,主要是两个方面:一是广告企业代理资质标准,二是广告从业人员从业资质标准。广告企业代理资质,重在资本量与专业水平考虑,建立一级、二级、三级代理资质制,不同代理资质,赋予不同代理权限。广告从业人员资质,应区分两个大的等级层次,一是从业资质,获从业资质认定的,即具有基本从业资格;二是广告代理师资质,一家广告公司拥有多少名广告代理师,应成为核准广告公司代理资质的硬性指标。在广告业发展过程中,也曾做过一些尝试。可惜没有建立严格标准,没有严格的考试、考核的资质认定程序,很多都流于形式。重新制定严格的、合理的行业标准,有助于产业资本组合,有助于产业专业化发展,有助于淘汰市场"过江龙",避免"劣币驱逐良币"的不良竞争,有助于加快产业升级。

在数字媒体环境下,构建大型互联网企业与本土广告公司、本土 DSP 公司的战略联盟,是提升中国广告产业竞争力的战略选择。例如,2015 年 1 月,阿里巴巴集团宣布将战略投资并控股易传媒。依托于易传媒的 TradingOS 平

台以及阿里大数据和云计算能力,通过双方数据的打通,将合作建立端到端的数字广告技术和大数据营销基础设施平台,帮助网络媒体更好地提升流量变现能力,向广大商家及第三方专业机构提供领先的技术和数据产品。有学者指出,阿里的大数据是对中国程序化购买发展的改进、加速与提升,并开创了中国程序化购买的三级跳模式,即从 Cookie 数据到账户系统、从单枪匹马到数据全打通、从隐私争议到友好体验。

三、广告公司品牌竞争行为的规范引导

1.通过对品牌广告公司的政策扶持来引导广告市场行为

广告产业集群是指大量高度专业化的广告公司和营销传播公司,以及健全的外围支持产业体系(包括大学、科研机构、政府相关职能部门、广告行业协会、消费者协会等)在一定空间范围内的柔性集聚并结合成的一种既竞争又合作的创新型网络。近年来,国家高度重视广告产业。2009 年,国务院常务会议审议通过《文化产业振兴规划》,将包括广告业在内的九大行业列为重点文化产业。2011 年,《产业结构调整指导目录(2011 年本)》明确地把"广告创意、广告策划、广告设计、广告制作"列为鼓励类,为广告业发展提供了强有力的政策支持。2012 年,国家工商行政管理总局先后发布《关于推进广告战略实施的意见》和《广告产业发展"十二五"规划》,为"十二五"期间广告产业发展绘制蓝图。国家广告产业园区建设是助推中国广告产业升级、提升广告产业国际竞争力的重大战略举措。国家工商行政管理总局目前已经建设有32 个国家广告产业园区和试点园区,并给予每个园区连续 3 年享受中央财政每年不低于 3000 万元配套资金的扶持。国家广告产业园区建设的成效,直接关系中国广告产业在未来全球广告产业中的竞争格局。同时,国家广告产业园区不仅是广告产业升级的战略需要,同时也是广告市场规范化运作的需要。

以北京国家广告产业园为例,北京市朝阳区专门制定了《促进广告产业发展加速国家广告产业园区建设的办法(试行)》。按照规定,对新注册并迁入产业园区的一定规模以上广告企业,给予一次性资金奖励,其中注册资本在2000 万元以上的,奖励 200 万元。新注册并进驻的龙头广告企业,在享受上述优惠政策的同时,还可享受房租补贴,标准为每年每平方米 200 元人民币,

连续补贴3年。对于进驻园区广告企业在境外资本市场上市以及通过借壳或买壳上市,给予400万元的资金补助。完成股份改制、上市辅导、首次公开发行股票上市的广告企业,也可以得到50万元到200万元不等的补助。另外,对聘用紧缺急需的广告人才,还可申办北京户口或《北京市工作居住证》等。这些优惠政策对于广告公司而言非常具有吸引力,但是笔者认为,国家级广告产业园区中的广告公司和营销传播公司,必须是广告和营销传播业中的领袖企业,无论是企业规模和代理实力方面,还是诚信经营方面,都应该起到表率作用,代表行业发展的方向。因而,在国家级广告产业园区的建设上,除了一些经济指标外,还需要设立信誉指标,如广告公司是否有违法记录,广告公司代理声誉如何,广告公司是否有违反社会道德和行业规范的行为等,以此来评定广告公司的信誉等级,作为入驻园区的指标之一。通过设立信誉指标,可以规范广告公司的市场行为,引导广告公司开展诚信经营和守法经营,提升广告公司品牌实力。

2.鼓励和扶持本土广告公司积极开展差异化的市场竞争

广告市场的同质化竞争和恶性价格竞争,是导致市场逆向选择的重要因素,为了避免广告市场逆向选择对整个产业可持续发展造成伤害,我们主张广告协会组织和广告公司需要积极行动,鼓励开展差异化竞争,提升广告公司的专业代理实力,构建品牌广告公司的信号传递机制。广告代理服务差异化包含两层含义,即广告公司提供的是差别化代理服务,同时这一代理服务是高度专业化的,只有高度专业的差别化代理服务才能形成广告公司核心竞争力和品牌优势,引起广告公司需求价格弹性显著变化。广告公司差异化可以通过以下途径来实现:

(1)代理业务范围差异化。广告主通常有不同营销传播问题,广告公司可以通过代理业务范围不同形成公司差异化。如在广告代理领域,既可以定位于广告运作某个环节,也可以定位于为广告客户提供全方位广告代理服务;在营销传播代理领域,既可以定位于营销传播某个领域,如营销咨询、市场调查、广告传播、公关活动、促销策划、网络行销、直效行销等,也可以定位于为客户提供全方位整合营销传播代理服务,发展成为大型整合营销传播集团。

(2)代理行业领域差异化。广告行业与其他服务行业不同的是,广告公司所服务的客户分属于不同行业,任何一家广告公司都不可能代理所有行业领域的广告业务,也不可能在每个行业代理领域做到高度专业化,跨国广告公司也只是集中代理某些行业业务。广告公司既可以将业务范围定位在一些广告投入量大的行业,如房地产、药品、食品、汽车、化妆品、服务业、保健食品、家用电器、医疗服务行业等,也可以定位于一些新兴成长行业。

(3)代理公司空间差异化。同样服务水平的两家广告公司,在不同地域,广告主对其专业服务能力的认同往往也有差异。广告主往往认为经济发达地区的广告公司比经济欠发达地区的广告公司在专业代理能力方面要强,并且愿意支付更高代理费,尽管事实并不一定如此,这就是由于广告公司居于不同地域空间而造成的广告主心理认知差异。地区性强势广告公司,为拓展全国市场,将总部迁至北京、上海、广州等广告业发达城市,或在这些城市设立分支机构,广告主的选择心理无疑是广告公司空间布局战略的重要考量因素。

(4)代理公司品牌差异化。在同一地理区域,相同代理业务范围,相同代理行业的广告公司,也会存在差异,原因就在于代理公司品牌的差异,广告公司品牌差异化是一个综合评价指标,主要表现在广告公司规模,代理经验,行业声誉,广告作品影响力,获奖情况,与政府、金融机构及媒体关系等方面。

3. 利用广告协会的力量规范广告市场恶性价格竞争行为

价格竞争行为是一种基本的定价行为,包括限制性定价和掠夺性定价。从本质上看,价格竞争行为的两种类型是企业行使的非合作策略行为。之所以称为非合作,是因为商家试图通过改善自己相对于竞争对手的地位而使自己的利润最大化。[1] 与限制性定价不同的是,掠夺性定价并不直接针对那些尚未进入市场的企业,而主要是为了驱除或消灭现有的竞争对手,并对潜在进入者产生一种恫吓效应,使其不敢轻易进入该市场,从而垄断市场。由于掠夺性定价中价格水平的降低并非来自于效率的提高和成本的节约,而仅是一种策略性行为,因而降价企业不可避免地要在短期内承受一定的损失,而一旦将对手逐出市场,它再行提高价格,以弥补前期降价造成的亏损。[2]

---

[1]　参见杨建文等主编:《产业经济学》,学林出版社2004年版,第99—100页。

[2]　臧旭恒、徐向艺、杨蕙馨主编:《产业经济学(第二版)》,经济科学出版社2004年版,第200页。

广告服务有不同于一般有形产品的特性,但上述两种定价行为在广告行业同样存在。零代理就是广告市场恶性价格竞争的一种重要表现,它是广告市场领导者为阻止或驱除竞争对手所实施的一种策略性定价行为。传统广告公司15%的代理佣金基本上是客户服务5%、创意制作5%、媒介策划与购买5%。如果广告主的媒介投放量够大,通常可以不必支付广告代理公司任何服务费用,广告公司透过媒介购买业务,直接向媒介业者提取购买总量的15%佣金,作为自己为客户全面服务的报酬。事实上,今天就算是品牌过硬的4A广告公司,在收取广告代理服务费时,很少有能够超过10%的,一般都在8%以内,本土综合型广告代理公司一般能够拿到3%—5%就算不错。2001年国内一家国际广告公司率先实行"零代理",在广告界掀起一场轩然大波。事实上,"随着广告市场的竞争日趋激烈,为了争夺客户,排挤竞争对手,广告公司之间竞相压价,将媒介支付给自己的代理费优惠给广告主,低价代理甚至零代理便不可避免地出现了。"①

零代理是广告公司非专业化媒介代理的必然结果,同时它也是中国广告市场过度竞争的产物。零代理首先是由作为中国广告市场领导者的国际广告公司发起的,其目的是以压低价格的方式,使竞争公司因无利可图或利润微薄而放弃竞争,从而获取广告客户。这种价格策略的定价接近成本,目的是驱除竞争对手,驱除对手后提高价格,近乎一种掠夺性定价行为。这种定价行为主要是为了争夺本土客户,国际广告公司为了提高自身赢利空间,纷纷将目光投向本土具有发展潜力的民族企业或民族品牌。为了赢得更多本土客户,国际广告公司不惜压低价格。这种价格策略一方面可以把本土优秀的、有竞争实力的广告公司驱逐出市场,加速广告客户向少数国际广告公司集中,进而形成国际广告公司的垄断格局;另一方面从长期来看,市场上的竞争对手被逐除之后,国际广告公司再提高价格。由国际广告公司发起的零代理风暴迅速席卷整个中国广告产业,使得本土广告公司不得不投入这场价格战中,引发了广告市场恶性价格竞争。从这个角度而言,对于本土广告公司和民族企业长远发

---

① 陈刚等:《对中国广告代理制目前存在问题及其原因的思考》,《广告研究》2006年第1期,第9页。

展都极为不利。

广告市场竞争行为的规范,需要广告行业协会发挥积极作用。2008年中国广告协会发布的《中国广告行业自律规则》(以下简称《规则》)第十八条规定:"广告经营者应通过提高服务质量争取客户,不得恶意竞争、扰乱市场秩序,代理费的收取不得低于服务的成本费用。"《规则》的出台对于促进全国广告行业的自我约束、自我完善,维护广告市场秩序,树立良好的行业风气,起到重要的引导和规范作用。当前,广告协会需要通过对广告市场的恶性价格竞争行为进行有力的引导和规范,避免"零代理"和"负代理"行为,为中国广告产业发展营造良好的市场竞争环境。

四、建立媒介发行量、视听率和点击率审核制度

1. 政府完善对媒介数据市场的法律法规

媒介数据的虚假问题、合谋问题与垄断问题,已经严重影响了媒体发展与广告产业竞争力提升,也影响了社会诚信体系建设,亟须政府部门和行业协会组织采取有效措施,解决我国媒介数据市场存在的诸多问题,为传媒业和广告业发展创造良好市场环境。目前,我国针对媒介数据市场的法律法规还不健全,已有法律法规缺乏操作性。例如,《广告法(1995年)》第三十条规定:"广告发布者向广告主、广告经营者提供的媒介覆盖率、收视率、发行量等资料应当真实。"据此,媒介有义务公开真实发行量和收视率/收听率等数据,但在对违反者如何惩罚方面,《广告法(1995年)》并无细则,广告法律法规不完善使得媒介制造虚假数据得不到有效规制。《广告法(2015年修订)》第三十六条规定:"广告发布者向广告主、广告经营者提供的覆盖率、收视率、点击率、发行量等资料应当真实。"《广告法(2015年修订)》出台之后,还需要政府相关职能部门完善法律法规,对媒介市场的数据虚假问题、数据合谋问题和数据垄断问题采取相应措施,规范媒介和媒介数据调研公司行为,从而为广告业和传媒业创造公平竞争环境。

2. 组建独立的第三方媒介数据稽核机构

缺乏权威、公正的媒介数据认证组织和体系,已成为制约我国传媒业和广告业发展的瓶颈之一。当前,迫切需要从国情出发,制定多方认可的行之有效

的媒介数据认证制度。我们可以在借鉴国外先进经验基础上,由政府和行业协会组织牵头,组成一个包括报业、广告主与广告代理商、行业协会、政府管理部门等多方代表的机构,使之具有代表性和权威性。不仅对要求进行数据认证的媒介进行认证,也进行一些随机性核查,对报纸发行量、电视收视率、广播收听率、网络媒体点击率数据等进行认真核实。以此大大提高媒介数据的真实性和客观性,还可以使该媒介数据稽核机构在得到社会认可的同时提升公信力,有助于机制的完善。

3. 建立媒介数据调研市场的进入退出机制

针对媒介数据调研市场中存在的不规范行为,可以通过行业协会予以劝诫、警告,并通报相关主管部门,予以行政处罚,情节严重的可以责令该公司退出市场。通过这种方式,对媒介数据调研市场的企业行为进行有效约束和正确引导,防止媒介数据造假现象,从而为媒介数据调研市场营造风清气正的竞争环境,这不仅有利于媒介数据调研市场的健康发展,也有利于传媒业和广告业的公平竞争。对于广告行业来说,准确的媒介数据有利于广告公司科学的媒介决策,也有利于提高广告投资回报率,提升广告传播效果,为广告公司和广告主之间构建长期稳定合作关系创造条件。同时,政府和行业协会组织要制定相关产业政策和行业规范,引导本土媒介数据调研公司提升竞争力并开展规范化经营,进而打破国际市场调研公司垄断我国数据市场的格局,推动我国广告业健康发展。

结语　基于国家利益、市场利益与
公众利益的广告市场监管

中国广告监管制度建设首先必须要符合国家利益,有利于国家经济和社会发展战略目标的实现。广告产业是国民经济的先导产业,西方发达国家高度重视广告产业发展,广告产业竞争力的提升与全球市场拓展大大提升了跨国企业的国际竞争力。西方发达国家广告产业起步较早,广告法律法规体系相对比较完善,广告市场也相对成熟和规范。在广告市场监管中,政府、广告协会、社会公益组织和公众在广告监管中发挥着重要作用。市场经济本质上是一种诚信经济,规范的广告市场对于推动广告产业发展、提升广告产业竞争力、提高广告行业社会声誉具有积极作用。广告市场是社会子系统的重要构成,广告市场监管创新也是社会管理创新的重要内容。广告市场监管创新既有利于广告产业的健康发展,也有利于服务国家社会管理创新战略。

2011年3月,第十一届全国人民代表大会第四次会议批准《中华人民共和国国民经济和社会发展第十二个五年规划纲要》(以下简称《规划》),提出要"促进广告业健康发展"。《规划》作为国家中期发展战略,对广告业发展的指导性意义深远。广告业健康发展包括两个方面的内容:一是广告产业国际竞争力的提升;二是中国广告市场的规范化运作。科学的广告监管制度体系构建是"促进广告业健康发展"的内在要求。广告市场监管制度创新必须服务于国家经济发展战略目标的实现。中国企业要实现"走出去"战略,塑造一批国际著名品牌,需要本土广告公司和营销传播公司的强大支撑。西方跨国企业的发展历程充分证明,跨国广告公司伴随跨国企业的国际化走向国际化,跨国广告公司和跨国企业的战略联盟对于提升双方的国际竞争力意义重大。

在经济全球化背景下,中国广告市场呈现一种本土广告公司和国际广告公司竞争的二元市场结构。在全面开放广告市场背景下,国际广告公司开始了在中国市场新一轮的强势战略扩张,高度分散、高度弱小的本土广告公司和营销传播公司生存空间被进一步挤压,严重削弱了本土广告公司和营销传播公司的竞争力,也必将影响民族品牌的国际化进程。中国广告产业存在的产业低集中度问题、产业结构性失衡问题、产业主体缺乏竞争力问题、产业外资主导倾向问题等,正深刻影响广告产业的可持续发展,更深层地影响中国经济发展方式转变的国家战略。广告市场监管制度创新必须体现鲜明的国家利益原则,服务于国家的经济和社会发展战略目标。

中国广告监管制度建设也必须符合市场利益,要有利于促进广告产业良性健康发展。中国广告产业目前仍处于起飞期,面临诸多问题,集中表现为广告公司之间的不规范市场竞争,国际广告公司对中国广告市场垄断趋势日渐明显,报刊发行量、收视率/收听率、点击率数据的不透明导致媒体不规范市场交易等。广告监管制度创新必须针对中国广告市场核心问题,采取针对性措施,通过出台相关广告规制政策,规范广告市场行为,提升广告产业竞争力。广告主、广告公司和广告媒体是广告市场的三大主体,广告监管的目的是规范广告市场主体的经营行为,维护广告市场主体的正当权益,为广告市场营造公平竞争的产业环境,从而促进中国广告产业又好又快发展。工商行政管理部门不仅扮演着广告市场的管理者角色,更需要扮演好服务者角色,这不仅是服务型政府建设的内在需要,更是广告产业健康发展的重要内容。长期以来,重管理职能轻服务职能,重约束性规制政策制定轻激励性规制政策供给,大大影响了我国广告市场监管的绩效,这不仅不利于广告监管职能的发挥,更不利于广告产业的科学发展。广告行业协会是广告市场主体的利益共同体,具有"规范行为,提供服务,反映诉求"的社会职能,广告行业协会组织作为联系政府主管部门和广告市场主体之间的桥梁,发挥着重要的作用。科学的广告市场监管必须兼顾市场利益,维护广告市场主体的合法权益,尽量避免部门利益的过分张大损害行业利益。

科学的广告监管可以促进广告产业发展;反过来,广告产业的繁荣发展会提高广告市场主体合法经营的自觉性,提高广告监管的绩效。以发展促监管,可以说是广告监管的创新性思路。近年来,国家出台一系列激励性产业政策,鼓励和扶持广告产业快速发展。2006 年 3 月,第十届全国人民代表大会第四次会议批准《中华人民共和国国民经济和社会发展第十一个五年规划纲要》,首次将广告业的定位问题纳入国家级规划中,把广告业纳入商务服务业之中,把"推动广告业发展"列入"加快发展服务业"的规划范围中。2008 年 4 月,国家工商行政管理总局、国家发展和改革委员会颁布实施《关于促进广告业发展的指导意见》。2009 年 7 月,国务院常务会议审议并通过《文化产业振兴规划》,指出要以文化创意、影视制作、出版发行、印刷复制、广告、演艺娱乐、文化会展、数字内容和动漫等产业为重点,加大扶持力度,完善产业政策体系,实现跨越式发展,广告产业发展问题被提到国家战略发展高度。同年 7 月,财政部、国家税务总局发布《关于部分行业广告费和业务宣传费税前扣除政策的通知》,规定对化妆品制造、医药制造和饮料制造(不含酒类制造)企业发生的广告费和业务宣传费支出,不超过当年销售(营业)收入 30% 的部分,准予扣除;超过部分,准予在以后纳税年度结转扣除。2011 年 3 月,国家发展和改革委员会颁布《产业结构调整指导目录(2011 年本)》,体现广告行业核心竞争力的"广告创意、广告策划、广告设计、广告制作"进入了指导目录中的鼓励类。2012 年,国家工商行政管理总局相继出台《国家广告产业园区认定与管理暂行办法》《关于推进广告战略实施的意见》《广告产业发展"十二五"规划》等政策文件。2012 年 7 月,财政部办公厅、国家工商总局办公厅印发《关于开展 2012 年现代服务业试点支持广告业发展有关问题的通知》,正式开展 2012 年中央财政支持广告业发展试点工作。广告产业激励性政策的相继出台,对于促进广告产业发展,提升本土广告公司和营销传播公司市场竞争力,引导广告公司和营销传播公司注重公司品牌建设、规范公司经营行为等具有重要意义。

　　中国广告监管制度建设还要符合公众利益,要有助于维护公众的合法权益。公众是广告的传播对象,也是广告商品的最终消费者,是虚假违法广告的直接受害者。消费者与广告主、广告公司和广告媒体之间处于一种信息不对称状态,广告主、广告公司和广告媒体可能会利用自己的信息优势,做出损害消费者利益的"败德行为"。广告监管制度创新的根本出发点在于保护消费者利益不受虚假违法广告侵害,促进社会和谐发展。

我国实行政府主导型广告监管体制,其内涵表现为"以行政监管为主,行业自律和社会监督为辅"。这一体制对于规范广告市场行为,促进广告产业发展发挥了重要作用。但是由于长期以来广告行业协会的缺位以及社会监督的缺失,导致广告行政监管成本大大增加,影响了广告市场监管绩效。科学的广告监管必须充分发挥广告行业协会组织的功能和作用,提高公众认知和识别虚假违法广告以及利用法律手段开展维权的能力。广告监管机构和立法机构则需要完善广告法律法规,规范广告审查与广告监管运作流程,建立广告行政监管与行业自律和社会监督的协同创新机制,切实维护行业主体和公众的合法权益,促进广告产业可持续发展。

可见,中国广告监管的制度安排与优化必然是基于国家利益、市场利益和公众利益的多重因素的考量,并寻求国家利益、市场利益和公众利益的统一。

参 考 文 献

一、译著类中文文献

1.［美］查克·马丁：《数字化经济》，孟成祥译译，中国建材工业出版社、科文（香港）出版有限公司 1999 年版。

2.［美］丹尼尔·F.史普博：《管制与市场》，余晖等译，上海三联书店、上海人民出版社1999 年版。

3.［美］克利福德·G.克里斯蒂安：《媒体伦理学——案例与道德论据》，张晓辉译，华夏出版社 2000 年版。

4.［美］迈克尔·波特：《国家竞争优势》，李明轩、邱如美译，华夏出版社 2002 年版。

5.［美］迈克尔·波特：《竞争优势》，陈小悦译，华夏出版社 2002 年版。

6.［美］迈克尔·波特：《竞争战略》，陈小悦译，华夏出版社 2005 年版。

7.［美］T.巴顿·卡特等：《大众传播法概要》，黄列译，中国社会科学出版社 1997 年版。

8.［美］汤姆·邓肯等：《品牌至尊：利用整合营销创造终极价值》，廖宜怡译，华夏出版社 2000 年版。

9.［美］汤姆·邓肯：《整合营销传播：利用广告和促销建树品牌》，周洁如译，中国财政经济出版社 2004 年版。

10.［美］唐·E.舒尔茨等：《整合营销传播：谋霸 21 世纪市场竞争优势》，吴怡国等译，内蒙古人民出版社 1998 年版。

11.［美］唐·E.舒尔茨等：《全球整合营销传播》，何西军等译，中国财政经济出版社2004 年版。

12.［美］唐·E.舒尔茨等：《整合营销传播：创造企业价值的五大关键步骤》，何西军等译，北京：中国财政经济出版社，2005 年版。

13.［美］托马斯·奥吉恩等：《广告学》，程坪译，机械工业出版社 2002 年版。

14.［美］威廉·阿伦斯：《当代广告学（第 7 版）》，丁俊杰等译，华夏出版社 2001 年版。

15.［日］益植草：《微观规制经济学》，朱绍文译，中国发展出版社 1992 年版。

16.［英］奥格斯：《规制：法律形式与经济学理论》，骆梅英译，中国人民大学出版社2008 年版。

二、国内论著类中文文献

1.《国外广告法规选译》,安青虎译,中国工商出版社 2003 年版。

2. 曹康泰主编:《〈中华人民共和国广告法〉释义》,法律出版社 1995 年版。

3. 陈刚主编:《当代中国广告史(1979—1991)》,北京大学出版社 2010 年版。

4. 陈季修主编:《广告监督管理》,北京工业大学出版社 1996 年版。

5. 陈柳裕、唐明良:《广告监管中的法与理》,社会科学文献出版社 2009 年版。

6. 陈培爱主编:《广告学概论》,高等教育出版社 2004 年版。

7. 陈瑞华主编:《信息经济学》,南开大学出版社 2003 年版。

8. 陈绚:《广告道德与法律规范教程》,中国人民大学出版社 2010 年版。

9. 陈月明主编:《文化广告学》,国际文化出版公司 2002 年版。

10. 陈正辉编:《广告伦理学》,复旦大学出版社 2008 年版。

11. 丛新强、梁绪敏编:《广告法规与管理》,山东大学出版社 2004 年版。

12. 崔银河编:《广告法规与职业道德》,中国传媒大学出版社 2008 年版。

13. 邓小兵、冯渊源:《网络广告行政监管研究》,人民出版社 2014 年版。

14. 丁俊杰、杨福和编:《见证:中国广告三十年》,中国传媒大学出版社 2009 年版。

15. 丁俊杰:《现代广告通论——对广告运作原理的重新审视》,中国物价出版社 1997 年版。

16. 范鲁斌:《中国广告 25 年》,《中国大百科全书出版社》2004 年版。

17. 范如国编:《博弈论》,武汉大学出版社 2011 年版。

18. 范志国主编:《中外广告监管比较研究》,中国社会科学出版社 2008 年版。

19. 国际广告杂志社、北京广播学院广告学院、IAI 国际广告研究所主编:《中国广告猛进史(1979—2003)》,华夏出版社 2004 年版。

20. 国家工商局广告司编:《广告法律理解与适用》,工商出版社 2000 年版。

21. 国家工商行政管理总局编:《广告业发展与监管》,中国工商出版社 2012 年版。

22. 国家工商行政管理总局广告监管司编:《中国广告法律法规汇编》,工商出版社 2003 年版。

23. 国家工商行政管理局广告监管司编:《广告法规集成》,工商出版社 2001 年版。

24. 黄升民:《新广告观》,中国物价出版社 2003 年版。

25. 黄升民、丁俊杰主编:《营销·传播·广告新论——华文广告世纪论坛论文集》,北京广播学院出版社 2001 年版。

26. 蒋恩铭:《广告法律制度》,南京大学出版社 2007 年版。

27. 孔祥俊:《反不正当竞争法的适用与完善》,法律出版社 1998 年版。

28. 孔祥俊:《反不正当竞争法新论》,人民法院出版社 2002 年版。

29. 寇非:《广告·中国(1979—2003)》,中国工商出版社 2003 年版。

30. 李德成:《广告业前沿问题法律策略与案例》,中国方正出版社 2005 年版。

31. 李德成:《网络广告法律制度初论》,中国方正出版社 2000 年版。

32. 李明合、史建:《国外广告自律研究》,河南人民出版社 2010 年版。

33. 李明伟编:《广告法规与管理》,中南大学出版社 2010 年版。

34. 李淑芳:《广告伦理研究》,中国传媒大学出版社 2009 年版。

35. 廖秉宜:《广告产业经济学理论与实践研究》,学习出版社 2012 年版。

36. 廖秉宜:《自主与创新:中国广告产业发展研究》,人民出版社 2009 年版。

37. 刘凡:《中国广告业监管与发展研究》,中国工商出版社 2007 年版。

38. 刘林清编:《广告监管与自律》,中南大学出版社 2003 年版。

39. 刘林清主编:《广告法规与管理》,高等教育出版社 2009 年版。

40. 罗明宏:《不实广告案例解读》,中国政法大学出版社 2003 年版。

41. 吕蓉编:《广告法规管理》,复旦大学出版社 2003 年版。

42. 倪宁编:《广告学教程》,中国人民大学出版社 2001 年版。

43. 倪嵎编:《广告法规与管理》,上海人民美术出版社 2012 年版。

44. 倪嵎编:《广告法规实用实训新编教程》,文汇出版社 2008 年版。

45. 彭曙曦、吴予敏主编:《深圳广告 26 年:1979—2005》,社会科学文献出版社 2006 年版。

46. 史本林:《社会管理创新研究》,黑龙江人民出版社 2011 年版。

47. 宋玉书、张晓东主编:《广告管理法规》,中南大学出版社 2008 年版。

48. 唐见林、王超英主编:《中华人民共和国广告法 100 问》,武汉大学出版社 1995 年版。

49. 王军:《广告管理概论》,中国政法大学出版社 1996 年版。

50. 王军:《广告管理与法规》,中国广播电视出版社 2006 年版。

51. 王瑞龙:《中国广告法律制度研究》,湖北人民出版社 2003 年版。

52. 王润泽编:《最新日本广告实务》,中国人民大学出版社 2002 年版。

53. 王忠诚主编:《广告经营管理》,中国财经出版社 1998 年版。

54. 汪涛编:《广告管理》,武汉大学出版社 2003 年版。

55. 卫军英:《广告经营与管理》,浙江大学出版社 2001 年版。

56. 魏永征:《中国新闻传播法纲要》,上海社会科学院出版社 1999 年版。

57. 吴予敏:《多维视界:传播与文化研究》,北京大学出版社 2001 年版。

58. 夏晓鸣主编:《现代广告管理学》,华中理工大学出版社 1997 年版。

59. 现代广告杂志社编:《中国广告业二十年统计资料汇编》,中国统计出版社 2000 年版。

60. 肖汉奇、郑国生主编:《广告法实用教程》,中国法制出版社 1995 年版。

61. 徐顽强编:《社会管理创新:理论与实践》,科学出版社 2012 年版。

62. 徐卫华:《中国广告管理体制研究》,岳麓书社 2009 年版。

63. 许小君主编:《广告法律与案例》,中国广播电视出版社 1995 年版。

64. 杨海军主编:《现代广告学》,河南大学出版社 2007 年版。

65. 杨同庆编：《广告监督管理》，北京工业大学出版社 2003 年版。

66. 药恩情：《广告规制法律制度研究》，中国广播电视出版社 2009 年版。

67. 喻国明、丁汉青、李彪、王菲、吴文汐：《植入式广告：操作路线图（理论、实务、规制与效果测定）》人民日报出版社 2012 年版。

68. 于林洋：《虚假广告侵权研究》，中国检察出版社 1995 年版。

69. 张炳贤：《社会管理创新研究》，东南大学出版社 2011 年版。

70. 张大镇、吕蓉编：《现代广告管理》，复旦大学出版社 1999 年版。

71. 张金海：《广告经营学》，武汉大学出版社 1996 年版。

72. 张金海：《20 世纪广告传播理论研究》，武汉大学出版社 2002 年版。

73. 张金海、程明：《广告经营与管理》，高等教育出版社 2006 年版。

74. 张龙德主编：《广告法规案例教程》，上海大学出版社 2006 年版。

75. 张龙德、姜智彬、王琴琴主编：《中外广告法规研究》，上海交通大学出版社 2008 年版。

76. 张艳蕊：《民事公益诉讼制度研究：兼论民事诉讼机能的扩大》，北京大学出版社 2007 年版。

77. 郑国生、肖汉奇主编：《广告法实用教程》，中国法制出版社 2008 年版。

78. 郑杭生主编：《中国社会发展研究报告 2006——走向更讲治理的社会：社会建设与社会管理》，中国人民大学出版社 2006 年版。

79. 郑和平主编：《广告管理概论》，中国政法大学出版社 1996 年版。

80. 周茂君编：《广告管理学》，武汉大学出版社 2002 年版。

三、论文类中文文献

1. 陈刚：《广告管理必须革新》，《广告大观（综合版）》2006 年第 1 期。

2. 陈刚、季尚尚：《微妙地前行——谈中国广告行业协会层面的变化》，《广告大观（综合版）》2007 年第 8 期。

3. 陈刚：《中国广告管理的四个问题》，《广告大观》2005 年第 5 期。

4. 陈刚：《由户外广告的管理谈起》，《广告大观》2004 年第 8 期。

5. 陈季修：《规范市场秩序，完善广告监管体系》，《中国工商管理研究》2001 年第 5 期。

6. 陈柳裕：《〈广告法〉上的"广告"——兼论〈广告法〉之修改和完善》，《商业经济与管理》2007 年第 10 期。

7. 陈柳裕、唐明良：《广告监管方式和手段研究——兼论〈广告法〉之修改与完善》，《法治研究》2007 年第 9 期。

8. 陈培爱、林升梁：《〈广告法〉十大问题及对策》，《广告大观（综合版）》2006 年第 6 期。

9. 陈绚：《跨文化广告传播中的社会责任和道德——从赵薇"旗装"事件说开去》，《国际新闻界》2002 年第 4 期。

10. 陈月明:《"文化广告学"论纲》,《宁波大学学报(人文科学版)》2003 年第 12 期。

11. 程士安:《中国广告行业协会在实践中探索与发展》,《广告大观(综合版)》2007 年第 8 期。

12. 程士安、章燕:《广告伦理研究体系的构建基础》,《新闻大学》2008 年春季刊。

13. 陈正辉:《多管齐下,重塑广告形象》,《广告大观(综合版)》2006 年第 6 期。

14. 陈正辉:《广告传播的社会责任和伦理规范研究》,《广告大观(综合版)》2006 年第 10 期。

15. 陈正辉:《广告社会责任的缺失和重塑》,《广告研究》2010 年第 6 期。

16. 丁俊杰、黄河:《为广告重新正名——从主流媒体的广告观开始》,《国际新闻界》2007 年第 9 期。

17. 丁俊杰:《WTO 与广告监管(上)》,《广告导报》2002 年第 6 期。

18. 丁俊杰:《WTO 与广告监管(下)》,《广告导报》2003 年第 1 期。

19. 杜国清、黄升民、徐冉:《中国药品广告传播存在的问题及对策研究》,《中国药事》2011 年第 1 期。

20. 范志国:《日本广告监管给我们的启示》,《广告人》2008 年第 1 期。

21. 范志国、殷国华:《构建中国广告监管长效机制》,《广告人》2011 年第 9 期。

22. 范志国、毕小青:《欧盟广告自律机制研究》,《广告人》2010 年第 6 期。

23. 范志国、何鸽志:《关于构建我国广告自律审查机构的探讨》,《技术经济与管理研究》2008 年第 2 期。

24. 范志国、殷国华:《日本广告自律机制给我们的启示》,《中国广告》2010 年第 5 期。

25. 高运锋:《人们从来都不信任广告吗?——基于美国广告信任度研究的考察》,《广告研究》2008 年第 5 期。

26. 黄合水:《医药广告——医疗市场痼疾的始作俑者?》,《广告大观(综合版)》2005 年第 6 期。

27. 黄升民:《户外广告告急》,《广告大观(综合版)》2005 年第 11 期。

28. 黄迎新:《关于广告社会监督的重新思考》,《现代广告》2006 年夏季学术刊。

29. 寇非:《谨记职责把好关——对做好党报广告编审工作的几点思考》,《新闻战线》2002 年第 11 期。

30. 李德成:《建立户外广告设施设置规划非常必要》,《广告大观(综合版)》2009 年第 5 期。

31. 李德成:《户外广告清理整顿工作的法律思考与策略》,《广告大观(综合版)》2005 年第 11 期。

32. 李德成:《网络虚假广告管理与规制问题研究》,《中国工商管理研究》2001 年第 7 期。

33. 李明伟、尚彦卿:《论中国广告的行政监管》,《国际新闻界》2013 年第 7 期。

34. 李明伟:《论网络广告治理的现实问题与学术回应》,《现代传播(中国传媒大学学报)》2012 年第 4 期。

35. 李明伟:《"更正广告"的法理研究》,《国际新闻界》2009 年第 5 期。

36. 李明伟:《中国广告的罪与罚——以首例虚假医疗广告案为例》,《法治研究》2008 年第 2 期。

37. 李淑芳:《广告跨文化传播的文化伦理辨析》,《广东外语外贸大学学报》2011 年第 6 期。

38. 李缨:《公益诉讼应对虚假广告的理论探析》,《西南民族大学学报(人文社会科学版)》2008 年第 8 期。

39. 廖秉宜:《当代广告审查制度:回顾与反思》,《中国社会科学报》2015 年 8 月 6 日第 3 版。

40. 廖秉宜:《广告素养教育的多维价值、推广困境及实施路径》,《广告研究》2015 年第 1 期。

41. 廖秉宜:《国际广告集团在华发展历程、战略及对策分析》,《新闻界》2014 年第 23 期。

42. 廖秉宜:《中国广告产业制度的回顾、反思与优化路径》,《国际新闻界》2013 年第 7 期。

43. 廖秉宜:《中国广告审查制度的历史变迁、问题及优化路径》,《广告研究》2013 年第 6 期。

44. 廖秉宜:《欧美媒介购买公司的发展、影响及对策分析》,《新闻与传播研究》2011 年第 3 期。

45. 廖秉宜:《中国广告市场的结构失衡问题及对策研究》,《湖北大学学报(哲学社会科学版)》2011 年第 3 期。

46. 廖秉宜:《中国广告产业市场结构、行为及绩效分析》,《国际新闻界》2010 年第 9 期。

47. 林升栋:《国内网络广告主要问题及对策探讨》,《新闻与传播研究》2000 年第 4 期。

48. 刘凡:《开创广告协会改革发展新局面》,《中国广告》2009 年第 10 期。

49. 刘凡:《中国广告的监管、发展与社会责任》,《中国工商管理研究》2008 年第 1 期。

50. 刘凡:《广告的经济学分析》,《中国工商管理研究》2005 年第 11 期。

51. 刘林清:《让广告守法》,《企业管理》2002 年第 3 期。

52. 刘林清:《论广告行业自律》,《中国工商管理研究》2001 年第 7 期。

53. 刘灵:《公众广告素养:从批判接收到公共监督——当前公众广告素养教育中需要重视的几个问题》,《现代传播(中国传媒大学学报)》2009 年第 2 期。

54. 吕蓉:《浅析我国网络广告的发展与监管》,《中国工商管理研究》2005 年第 6 期。

55. 吕蓉:《刍议我国网络广告的发展与监管》,《中国广告》2006 年第 10 期。

56. 吕蓉：《关于比较广告有关问题的思考》，《工商行政管理》2003 年第 13 期。

57. 倪宁、谭宇菲：《广告权力研究的基本问题及模式建构》，《中国地质大学学报（社会科学版）》2012 年第 2 期。

58. 倪嵋：《关于确立广告协会为行业协会的独立法律地位的研究暨广告协会改革设想》，《中国广告》2009 年第 10 期。

59. 倪嵋：《从法律角度看广告回扣》，《中国广告》2005 年第 11 期。

60. 吴予敏：《中国广告法规体系亟待改革完善》，《广告大观（综合版）》2005 年第 11 期。

61. 阮卫：《美国广告法规对我国〈广告法〉修订的启示》，《新闻界》2008 年第 6 期。

62. 宋玉书：《商业广告的生态伦理批评》，《中国地质大学学报（社会科学版）》2011 年第 3 期。

63. 宋玉书：《商业广告的文化功能与文化责任》，《新闻与传播研究》2000 年第 4 期。

64. 王军：《广告治理和监管的法规政策研究》，《中国广播电视学刊》2011 年第 12 期。

65. 王军：《广告媒介公信力从何而来》，《青年记者》2010 年第 10 期。

66. 王瑞龙：《虚假广告罪初探》，《河北法学》1998 年第 1 期。

67. 王瑞龙：《广告活动中不正当竞争行为的表现与控制》，《中南民族学院学报（哲学社会科学版）》1996 年第 5 期。

68. 王瑞龙：《商业广告审查的法律思考》，《中南民族学院学报（哲学社会科学版）》1998 年第 3 期。

69. 汪涛：《西方国家的儿童广告及其法律限制》，《国际商务研究》1994 年第 4 期。

70. 徐卫华：《论我国"政府主导型"广告监管体制》，《湖南大众传媒职业技术学院学报》2006 年第 4 期。

71. 徐卫华：《浅谈〈广告法〉修订讨论的误区》，《法制与经济（下半月）》2008 第 4 期。

72. 徐卫华：《从"缺位"到"强化"——我国广告行业自律改革的合理性路径》，《现代广告》2006 年夏季学术刊。

73. 许正林、陈妍：《广告专业主义的核心内涵与实践价值探讨》，《中国广告》2007 年第 12 期。

74. 杨海军：《广告伦理与广告文明缔构》，《新闻与传播研究》2007 年第 3 期。

75. 杨景越、杨同庆：《广告法增加公益广告规定的建议》，《广告人》2009 年第 11 期。

76. 杨同庆：《广告市场经营活动规范》，《城市党报研究》2005 年第 5 期。

77. 杨同庆、郑文科：《规范公众人物商业广告行为的立法设计》，《广告研究》2008 年第 1 期。

78. 药恩情：《广告荐证者的法律责任》，《长春理工大学学报（社会科学版）》2011 年第 3 期。

79. 药恩情、赵婷、胡爱花：《论媒体广告违法行为的法律规制》，《中北大学学报（社会科学版）》2009 年第 3 期。

80. 药恩情:《论广告活动主体的社会责任》,《山西高等学校社会科学学报》2010 年第 1 期。

81. 应飞虎:《对虚假广告治理的法律分析》,《法学》2007 年第 3 期。

82. 于林洋、朱艳英:《论广告主虚假广告侵权的过错推定责任》,《扬州大学税务学院学报》2006 年第 3 期。

83. 于林洋:《完善虚假广告侵权民事救济的法律思考——基于社会化责任视角》,《云南大学学报(法学版)》2007 年第 4 期。

84. 于林洋:《虚假广告泛滥根源的法经济学解释》,《经济问题探索》2007 年第 7 期。

85. 张大镇:《网络广告现状及管理对策》,《工商行政管理》1999 年第 16 期。

86. 张金海:《论我国政府主导型广告监管体制》,《现代广告》2006 年夏季学术刊。

87. 张金海、廖秉宜:《不对称信息与广告传播——兼论网络与数字传播时代广告告知功能的回归》,《现代广告》2007 年学术刊。

88. 张金海、廖秉宜:《广告代理制的历史检视与重新解读》,《广告研究》2007 年第 2 期。

89. 张金海、廖秉宜等:《中国广告产业发展与创新研究》,《中国媒体发展研究报告》2007 年卷。

90. 张金海、廖秉宜:《广告:消费者的绝对必需》,《现代广告》2005 年第 12 期。

91. 张金海等:《广告社会价值评判要看本质》,《现代广告》2005 年第 12 期。

92. 张金海、张燕:《谁来保护广告创意人》,《中国广告》2008 年第 4 期。

93. 张金海、周丽玲:《广告素养的概念框架与影响因素》,《新闻与传播研究》2008 年第 4 期。

94. 张翔:《系统看待〈广告法〉的修订——兼谈意识变革与广告监管的关系》,《广告大观(综合版)》2006 年第 6 期。

95. 张翔:《明码实价是广告业走向规范服务的必经之途》,《广告大观(综合版)》2006 年第 4 期。

96. 郑和平:《关于广告执法办案工作的几个问题》,《工商行政管理》1997 年第 20 期。

97. 周茂君:《建立我国"行业类型"广告审查制度构想》,《武汉大学学报(哲学社会科学版)》2011 年第 6 期。

98. 周茂君:《关于我国广告管理体制改革的思考》,《武汉大学学报(人文科学版)》2002 年第 3 期。

99. 周茂君:《建立我国独立广告审查制度刍议》,《湖北社会科学》2001 年第 11 期。

四、英文文献

1. Abernethy A M and Wicks J L, "Self-regulation and Television Advertising: A Replication and Extension", *Journal of Advertising Research*, 41(3), 2001.

2. Abernethy A M, "Advertising Clearance Practices of Radio Station: A Model of Advertising Self-regulation", *Journal of Advertising*, 22(3), 1993.

3. Abernethy A M and Teel J E,"Advertising regulations Effect Upon Demand for Cigarettes",*Journal of Advertising*,15(4),1986.

4. Beltramini F F,"From Platitudes to Principles An Advertising Ethics Call to Action",*Journal of Advertising Research*,51(3),2011.

5. Boddewyn J J,"Advertising Self-regulation – True Purpose and Limits",*Journal of Advertising*,18(2),1939.

6. Drumwright M E and Murphy P E,"The Current State of Advertising Ethics:Industry and Academic Perspectives",*Journal of Advertising*,38(1),2009.

7. Drumwright M E and Murphy P E,"How Advertising Practitioners View Ethics - Moral Muteness, Moral Myopia, and Moral Imagination",*Journal of Advertising*,33(2),2004.

8. Gao Z H,"Harmonious Regional Advertising Regulation? A Comparative Examination of Government Advertising Regulation in China,Hong Kong, and Taiwan",*Journal of Advertising*,34(3),2005.

9. Gould S J, "Sexuality and Ethics Advertising – A Research Agenda and Policy Guidelines Perspective",*Journal of Advertising*,23(3),1994.

10. Greer T V and Thompson P R,"Development of Standardized and Harmonized Advertising Regulation in the European Economic-Community",*Journal of Advertising*,14(2),1985.

11. Hansen Z K and Law M T,"The Political Economy of Truth-in-Advertising Regulation during the Progressive Era",*Journal of Law & Economics*,51(2),2008.

12. Hoy M G ,Childers C C and Morrison, M,"The Evolution of Self-regulation in Food Advertising An Analysis of CARU Cases From 2000—2010",*International Journal of Advertising*,31(2),2012.

13. Hyman M R,Tansey R and Clark J W,"Research on Advertising Ethics – Past, Present, and Future",*Journal of Advertising*,23(3),1994.

14. Nairn A and Fine C,"Who's Messing With My Mind? The Implications of Dual-process Models For the Ethics of Advertising to Children",*International Journal of Advertising*, 27(3),2008.

15. Parsons P R, "Self-regulation and Television Advertising",*Journal of Advertising*, 19(4),1990.

16. Rotfeld H J and Taylor C R,"The Advertising Regulation and Self-regulation Issues ripped from the Headlines with (Sometimes Missed) Opportunities for Disciplined Multidisciplinary Research",*Journal of Advertising*,38(4),2009.

17. Rotfeld H J and Parsons P R,"Self-regulation and Magazine Advertising",*Journal of Advertising*,18(4),1989.

18. Rubin, Paul H.(2008),"Regulation of information and advertising", Competition Policy International,4(1),PP. 169—192.

19. Snyder W, "Making the Case for Enhanced Advertising Ethics How a New Way of Thinking about Advertising Ethics：May Build Consumer Trust", *Journal of Advertising Research*, 51(3), 2011.

20. Stanaland A J S, Lwin M O and Miyazaki A D, "Online Privacy Trustmarks Enhancing the Perceived Ethics of Digital Advertising", *Journal of Advertising Research*, 51(3), 2011.

21. Treise D Weigold M F Conna J and Garrison H, "Ethics Advertising－Ideological Correlates of Consumer Perceptions", *Journal of Advertising*, 23(3), 1994.

22. Young B M, "Advertising to Children on TV：Content, Impact, Regulation", *International Journal of Advertising*, 25(3), 2006.

23. Zanot E J, "Unseen But Effective Advertising Regulation－The Clearance Process", *Journal of Advertising*, 14(4), 1985.

24. Zinkhan G M, "Advertising Ethics－Emerging Methods and Trends", *Journal of Advertising*, 23(3), 1994.

后　记

　　自 1979 年中国广告市场重开以来,伴随中国经济的快速发展,中国广告产业增长迅猛,目前产业规模已经跃居世界第二位,仅次于美国。近年来,国家高度重视广告产业,国务院常务会议审议通过的《文化产业振兴规划》将包括广告业在内的九大产业列为国家重点支持的文化产业。国家发展和改革委员会公布的《产业结构调整指导目录(2011 本)》,首次将广告业列为鼓励类产业。国家工商行政管理总局印发的《关于推进广告战略实施的意见》《广告产业发展"十二五"规划》《国家广告产业园区认定和管理暂行办法》,明确了广告产业的发展战略和路径。这些政策的出台对于提升中国广告产业竞争力和规模实力具有重要作用。广告对于国民经济和社会发展的重大价值日益得到政府部门和社会各界的广泛认同,广告产业发展有利于推动国家经济发展方式由依赖投资、出口模式向消费、投资、出口协同模式转变,有利于推动文化产业成为国民经济支柱性产业的国家经济发展战略,有利于推动中国企业"走出去"战略实施,提升中国民族企业和民族品牌的国际竞争力。中国广告产业的健康发展,一方面需要国家激励性政策的制度供给,另一方面需要建立科学的广告监管制度。当前,我国广告市场的负外部性问题突出,亟须完善广告监管制度体系,提高广告监管效能和水平。中国广告监管制度研究成为广告学术界的重大课题之一。

　　广告监管制度建设是国家社会管理创新战略的重要构成,也是促进国家治理体系与治理能力现代化的组成部分。科学的广告监管制度必须要有利于促进广告产业竞争力提升,有利于规范广告市场主体行为,有利于建立公平、公正的广告市场环境。长期以来,我国广告监管的任务被简单理解为规范广告市场主体行为,而缺乏对广告产业发展的政策指导,不利于广告产业的健康发展。本书运用社会管理创新理论、市场规制理论、信息经济学和博弈论等理论范式,构建了一个系统的广告监管制度研究框架,即国家发展战略框架下的广告产业、信息不对称与广告市场道德风险、广告审查的制度安排与制度创新、广告法律法规体系的合理化构建、广告行业自律组织体制机制创新、广告社会监督机制的建立与完善、广告素养教育的理念与实践探索、基于产业发展的广告监管与自律。通过对国内外广告监管制度与运作机制的比较研究,以及对中国广告监管制度与运作机制现状及问题的深入分析,提出中国广告监管制度优化的具体策略。

本书是我主持的湖北省社会科学基金项目的最终成果,同时也是中央高校基本科研业务费专项资金资助 2015 年度武汉大学自主科研项目(人文社会科学)、武汉大学"351 人才计划"的研究成果。感谢武汉大学新闻与传播学院领导和同事在工作上给予的鼓励和支持。感谢广告学界前辈及同仁在学术上给予的支持和帮助。在本书出版之际,我还要特别感谢一直默默支持我的家人!

本项研究成果非常荣幸地入选了湖北省社会科学基金项目,在此向湖北省社会科学规划办领导、评审专家表示由衷的感谢!

由于笔者水平所限,书中不妥之处,敬请各位专家同仁和广大读者批评指正。

廖秉宜

2015 年 6 月于武大珞珈山

图书在版编目（CIP）数据

中国广告监管制度研究/廖秉宜著.—北京：人民出版社，2015.11

ISBN 978－7－01－015407－7

Ⅰ.①中… Ⅱ.①廖… Ⅲ.①广告-监督管理-研究-中国 Ⅳ.①F713.82

中国版本图书馆 CIP 数据核字（2015）第 251699 号

中国广告监管制度研究

ZHONGGUO GUANGGAO JIANGUAN ZHIDU YANJIU

廖秉宜　著

策划编辑　刘智宏
责任编辑　苏向平
出版发行　人民出版社
地　　址　北京市东城区隆福寺街 99 号
邮　　编　100706
邮购电话　（010）65250042/65289539
印　　刷　北京京都六环印刷厂
经　　销　新华书店
版　　次　2015 年 11 月第 1 版　2015 年 11 月北京第 1 次印刷
开　　本　710 毫米×1000 毫米　1/16
印　　张　19.75
字　　数　300 千字
书　　号　ISBN 978－7－01－015407－7
定　　价　46.00 元